Le Québec
mis en échec

Infographie : Chantal Landry, Marie-Josée Lalonde
et Jean Sirois
Révision : Céline Sinclair

Catalogage avant publication de Bibliothèque et
Archives nationales du Québec et Bibliothèque et
Archives Canada

Sirois, Bob
    Le Québec mis en échec : la discrimination envers
    les Québécois dans la LNH

    ISBN 978-2-7619-2674-4

1. Ligue nationale de hockey. 2. Hockey - Repêchage.
3. Discrimination dans les sports. I. Titre.

GV847.8.N3S57 2009 796.962'64 C2009-942168-2

10-09

Dépôt légal : 2009
Bibliothèque et Archives nationales du Québec

ISBN 978-2-7619-2674-4

DISTRIBUTEURS EXCLUSIFS :

• Pour le Canada et les États-Unis :
MESSAGERIES ADP*
2315, rue de la Province
Longueuil, Québec J4G 1G4
Tél. : 450 640-1237
Télécopieur : 450 674-6237
Internet : www.messageries-adp.com
* filiale du Groupe Sogides inc.,
    filiale du Groupe Livre Quebecor Media inc.

• Pour la France et les autres pays :
INTERFORUM editis
Immeuble Paryseine, 3, Allée de la Seine
94854 Ivry CEDEX
Tél. : 33 (0) 1 49 59 11 56/91
Télécopieur : 33 (0) 1 49 59 11 33
Service commandes France Métropolitaine
Tél. : 33 (0) 2 38 32 71 00
Télécopieur : 33 (0) 2 38 32 71 28
Internet : www.interforum.fr
Service commandes Export – DOM-TOM
Télécopieur : 33 (0) 2 38 32 78 86
Internet : www.interforum.fr
Courriel : cdes-export@interforum.fr

• Pour la Suisse :
INTERFORUM editis SUISSE
Case postale 69 – CH 1701 Fribourg – Suisse
Tél. : 41 (0) 26 460 80 60
Télécopieur : 41 (0) 26 460 80 68
Internet : www.interforumsuisse.ch
Courriel : office@interforumsuisse.ch
Distributeur : OLF S.A.
ZI. 3, Corminboeuf
Case postale 1061 – CH 1701 Fribourg – Suisse
Commandes : Tél. : 41 (0) 26 467 53 33
                        Télécopieur : 41 (0) 26 467 54 66
                        Internet : www.olf.ch
                        Courriel : information@olf.ch

• Pour la Belgique et le Luxembourg :
INTERFORUM BENELUX S.A.
Fond Jean-Pâques, 6
B-1348 Louvain-La-Neuve
Téléphone : 32 (0) 10 42 03 20
Fax : 32 (0) 10 41 20 24
Internet : www.interforum.be
Courriel : info@interforum.be

Gouvernement du Québec – Programme de crédit
d'impôt pour l'édition de livres – Gestion SODEC –
www.sodec.gouv.qc.ca

L'Éditeur bénéficie du soutien de la Société de développement des entreprises culturelles du Québec
pour son programme d'édition.

Le Conseil des Arts du Canada
The Canada Council for the Arts

Nous remercions le Conseil des Arts du Canada de
l'aide accordée à notre programme de publication.

Nous reconnaissons l'aide financière du gouvernement du Canada par l'entremise du Programme d'aide
au développement de l'industrie de l'édition (PADIÉ)
pour nos activités d'édition.

Bob Sirois

Le Québec mis en échec

La discrimination envers les Québécois dans la LNH

LES ÉDITIONS DE L'HOMME
Une compagnie de Quebecor Media

Les francophones sont nettement désavantagés
et se doivent d'être meilleurs que les autres
pour réussir dans la LNH.

Maurice Richard
(*La Presse*, 28 septembre 1986)

Préface

On dit que les amateurs de sport sont souvent des fanatiques de statistiques, qu'ils en mangent et en veulent toujours plus ! Eh bien, le livre de Bob Sirois va leur permettre de s'en gaver encore davantage. Bob Sirois a abattu un travail titanesque en compilant les principales statistiques concernant tous les Québécois, tant francophones qu'anglophones, qui ont été repêchés par les équipes de la Ligue nationale de hockey ou qui ont joué dans la LNH au cours des 40 dernières années. Quand, pour la première fois, il m'a présenté le fruit de sa recherche, j'ai été absolument stupéfié devant la minutie et l'ampleur de ce travail, d'autant plus que Bob Sirois a compilé tout ce matériel pendant ses heures de loisirs, bien qu'il soit un dirigeant d'entreprise fort occupé, comme j'ai pu en juger selon le nombre record d'appels qu'il recevait durant nos rencontres.

Bob Sirois détient un avantage marqué sur les universitaires, qui, comme moi, se sont penchés sur la situation des Canadiens français ou des Québécois francophones dans la Ligue nationale. Il a lui-même joué durant plusieurs saisons dans la Ligue nationale, il a été l'administrateur délégué par l'association des anciens de la LNH pour le transfert des Chevaliers de Longueuil dans la ville de Victoriaville et, deux ans plus tard, le responsable de la vente des Tigres de la LHJMQ à un groupe d'hommes d'affaires de la région. Il a aussi été associé pendant cinq années à Gilles Lupien comme agent de joueur de hockey. Il connaît donc bien mieux que nous l'origine et la provenance des différents joueurs de hockey. De plus, il a vécu de l'intérieur les rouages du repêchage des joueurs amateurs, la manière dont les joueurs sont sélectionnés au sein des équipes et la façon dont fonctionnent les réseaux d'information entre dépisteurs, entraîneurs et dirigeants.

Habituellement, de peur de brûler des ponts, les gens impliqués de près ou de loin dans la LNH n'osent pas aborder la délicate question de la possible discrimination contre les joueurs francophones, mais Bob Sirois fait exception – et c'est tout à son honneur. Dans des travaux antérieurs, j'ai montré que selon toute vraisemblance les défenseurs francophones étaient sous-payés par rapport aux défenseurs canadiens-anglais et que les joueurs francophones étaient sous-estimés lors du repêchage, puisqu'un joueur francophone repêché au même rang qu'un anglophone performait bien mieux par la suite, amassant en moyenne près d'une dizaine de points de plus par saison complète, même en tenant compte de la qualité du jeu défensif. J'avais alors attribué cette situation au mythe véhiculé ici même, au Québec, selon lequel les joueurs francophones avaient un piètre rendement défensif ainsi qu'au rôle crucial joué par les réseaux de connaissances, dominés par les anglophones, lors du repêchage universel.

Bob Sirois démontre clairement que les joueurs francophones repêchés par la LNH ou ayant joué dans des équipes de la LNH ne sont pas distribués de façon aléatoire. Évidemment, on savait que les Canadiens et les Nordiques recrutaient de nombreux joueurs francophones, mais les données de Bob Sirois nous permettent aussi de constater que si certaines équipes recrutent un assez grand nombre de joueurs francophones, d'autres équipes semblent plutôt allergiques à la chose. Bob peut nous dévoiler les réseaux d'amitiés qui aident à comprendre l'inégalité de cette répartition.

Un autre aspect particulièrement original de l'étude de Bob Sirois est son analyse de l'évolution des joueurs midgets québécois, notamment le pourcentage de ces joueurs qui sont ultimement repêchés par les équipes de la Ligue nationale. Bob découvre une autre facette de la francophobie volontaire ou inconsciente qui semble régner dans la LNH, puisque, sur la base du nombre de joueurs midgets québécois francophones et anglophones entre 1968 et 2006, il constate qu'entre 1970 et 2009 un hockeyeur québécois anglophone a eu presque deux fois plus de chances de se faire repêcher par la LNH qu'un hockeyeur québécois francophone. Il souligne aussi qu'un joueur québécois anglophone repêché a légèrement plus de chances de jouer un jour dans la LNH qu'un joueur québécois francophone repêché. Pourtant, jusqu'à l'âge de 16 ans environ, tous les joueurs bénéficient d'un encadrement identique, dans les mêmes ligues et les mêmes structures. Ce résultat renforce l'hypothèse évoquée précédemment, à savoir l'existence de préjugés et de réseaux d'information qui seraient défavorables aux joueurs de hockey francophones.

Dans un autre ordre d'idées, la lecture des listes de joueurs québécois de la LNH m'a fait réaliser que, parmi les rares hockeyeurs qui sont parvenus à accéder un jour à la LNH, bien peu réussissent à s'y maintenir. Alors que la durée de vie moyenne d'une carrière dans la LNH est de cinq saisons, la moitié des joueurs québécois francophones jouent moins d'une centaine de parties dans la Ligue nationale, et plus du quart n'en joueront jamais plus d'une trentaine. Bien des juniors et des parents devraient s'en souvenir...

MARC LAVOIE

Professeur titulaire en science économique à l'Université d'Ottawa
Auteur d'*Avantage numérique : l'argent et la Ligue nationale de hockey,*
Éditions Vents d'Ouest, 1997 et de *Désavantage numérique :*
les francophones dans la LNH, Éditions Vents d'Ouest, 1998.

Avant-propos

À l'âge de 9 ans, le 18 décembre 1963, à une époque où tous les ti-culs canadiens-français rêvaient d'être Maurice Richard, je m'apprêtais à jouer une partie de hockey dans une des nombreuses patinoires extérieures de Montréal, au parc Ahuntsic, dans le nord de la ville. Après avoir gratté la neige de la patinoire et nous être réchauffés au vestiaire, près du four à bois, nous allions enfin commencer notre fameux match de l'année. Nous rêvions tous d'être comme le Rocket et, à nos heures, nous nous prenions pour lui.

La rencontre opposait mon équipe des Loisirs Saint-Alphonse du quartier de la Petite-Patrie à l'équipe d'André Richard, l'un des fils de Maurice, soit les Braves d'Ahuntsic. Le père d'André, notre héros à tous, était alors présent en tant que simple spectateur. La pression était à son maximum dans le vestiaire, puisqu'à nos yeux il s'agissait d'un match ultime, notre coupe Stanley à nous. Pour la toute première fois de ma carrière de hockeyeur, j'avais des papillons dans l'estomac et les mains moites. J'avais juste hâte que la partie débute enfin.

Mes coéquipiers étaient tout aussi nerveux que moi et, comme dans la Ligue nationale de hockey, certains d'entre eux ont dû faire une visite plutôt précipitée aux toilettes. Quelle équipe a remporté la partie? Je ne m'en souviens pas. Ce dont je me souviens très bien, par contre, c'est que Maurice Richard applaudissait autant notre équipe que l'équipe de son fils. Nous étions tous ses enfants. Pour lui, compte tenu de l'espoir que représentaient nos 9 et 10 ans, nous étions les enfants du Canadien de Montréal.

De retour à la maison, j'ai aussitôt pris ma décision : je voulais jouer dans la Ligue nationale de hockey. Et qui plus est, je jouerais pour l'équipe du Canadien de Montréal. Simplement parce que ce rêve habitait l'esprit de tous les jeunes de mon âge, ceux de la nation québécoise.

Je suis un homme très chanceux, puisqu'à peine 10 ans plus tard, en 1973, j'évoluais pour le Junior de Montréal au Forum. Je portais le numéro 9 et j'étais capitaine de l'équipe. Toute autre comparaison avec Maurice Richard s'arrête ici, mais, dites-moi, qu'est-ce que j'aurais pu demander de plus ?

Je suis vraiment un homme très chanceux, puisque quatre années plus tard, en 1978, je participais à Buffalo au match des étoiles de la Ligue nationale de hockey. Ce qui m'a surpris lors de ce match, c'est que, de l'alignement des 40 joueurs qui composaient les deux formations, soit celles des conférences Campbell et Prince-de-Galles, 36 étaient de provenance canadienne. Parmi ces 36 joueurs, 13 étaient québécois, soit un pourcentage impressionnant de 36 % dans une ligue qui ne comptait pourtant que 15 % de Québécois par rapport au nombre total de joueurs canadiens.

Mais qu'est-il finalement advenu des Québécois francophones dans cette Ligue nationale de hockey ? Qu'est-il advenu de tous ces jeunes québécois talentueux qui espéraient faire carrière au hockey et suivre ainsi le chemin tracé par le Canadien de Montréal, l'équipe consacrée de la nation québécoise ? Ont-ils bénéficié d'un traitement juste, légitime et équitable ? Reçoivent-ils un traitement différent en 2009 ?

Le débat existe pourtant bel et bien au Québec, depuis le temps que Maurice Richard, un Québécois francophone, a été suspendu par le président de la Ligue nationale de hockey Clarence Campbell, un unilingue anglophone, et que cette suspension a dégénéré en une terrible émeute. Le débat est pourtant encore et toujours d'actualité. Que celles et ceux qui veulent voir voient. Et vous, chère lectrice et cher lecteur, vous pourrez en juger !

Chapitre 1

Introduction

Le 22 novembre 2006, le premier ministre du Canada Stephen Harper déclarait que le Québec est une nation. Qui plus est, il déclarait qu'il y avait eu deux peuples fondateurs au Canada. C'est un groupe d'hommes d'affaires canadiens-anglais qui ont créé la Ligue nationale de hockey en 1917, mais les pionniers de la LNH font partie des deux peuples fondateurs du pays.

Le club de hockey le Canadien de Montréal : la fierté d'une nation

Au début des années 1900[1], il existait deux grandes équipes de hockey canadiennes-françaises : le National et le Montagnard. Ces équipes recrutaient leurs joueurs dans les collèges classiques de Montréal. Elles étaient de grandes rivales, car elles se disputaient rien de moins que la suprématie du hockey canadien-français. Toutefois, en 1907, le club Montagnard a été dissous, puis, en 1908, le National s'est retiré à son tour du circuit professionnel. Il n'est alors resté aucune équipe canadienne-française dans les grandes ligues.

En 1909, une nouvelle ligue a été créée, l'Association nationale de hockey, dont quatre des cinq équipes appartenaient à John Ambrose O'Brien. Cet entrepreneur de l'Ontario croyait mordicus que le hockey à Montréal profiterait financièrement d'une rivalité entre anglophones et francophones et que cet affrontement patriotique rehausserait l'intérêt des Canadiens français pour ce sport. Il y avait deux équipes à Montréal et une de ces deux équipes allait donc porter le nom de « Club de hockey canadien ». Les amateurs de hockey francophones se sont alors identifiés rapidement aux joueurs de la nouvelle équipe et, petit à petit, ont formé un groupe important de fidèles supporters. On a donc appelé les joueurs les *Habitants* ou encore les *Flying Frenchmen,* à cause de leur lien de sang avec la société canadienne-française. Le hockey était alors un des rares domaines dans lequel les francophones pouvaient faire concurrence aux anglophones et même avoir parfois, voire souvent, le dessus. Il était donc clair que l'équipe locale susciterait une grande fierté dans toute la nation francophone.

Le hockey était un élément distinctif autant pour les Canadiens que pour les Québécois, car, à l'époque, la passion du hockey était une des rares choses qui réunissaient les deux nations tendues, tout comme cela se passe encore aujourd'hui.

Jusqu'au milieu des années 1970, la majorité des joueurs de la Ligue nationale de hockey étaient de nationalité canadienne ou québécoise. Avec la mondialisation de la Ligue et l'arrivée de nombreux hockeyeurs européens et américains, le Canadien de Montréal a lentement perdu son identité francophone, mais il n'en demeure pas moins qu'il s'agit toujours de l'équipe de la nation et que les jeunes Québécois rêvent toujours d'en porter l'uniforme tricolore. Le centenaire du Canadien de Montréal, c'est aussi les 100 ans de l'histoire des Canadiens français dans le hockey professionnel.

Le présent ouvrage retrace l'odyssée de la nation québécoise au sein de la Ligue nationale de hockey, et ce, depuis la saison 1970-1971 jusqu'à la saison 2008-2009.

On a publié plusieurs livres sur le Canadien de Montréal et écrit un grand nombre de biographies sur les légendaires Glorieux, mais personne n'a constitué un dossier aussi étoffé que le présent livre sur le sort qui est réservé aux patineurs québécois dans la Ligue nationale de hockey. J'y ai mis quantité de statistiques sur les repêchages universels de la LNH depuis 1970, des pans de l'histoire des Québécois qui ont fait partie d'une équipe de la Ligue ainsi que des renseignements sur tous les hockeyeurs qui ont joué ne serait-ce qu'un seul match au cours des 40 dernières années. J'ai même consacré un chapitre aux instructeurs québécois francophones qui ont fait leur entrée dans la Ligue nationale durant cette période. Plusieurs études sérieuses[2] ont été faites sur le sort particulier qui était réservé aux francophones du Québec dans le hockey professionnel, mais la majorité des médias québécois les ont pratiquement ignorées. Pourquoi donc ? Je l'ignore, mais, en ce qui me concerne, je m'y réfère à maintes reprises…

Censuré !

Si vous pensez que je vais vous parler de cet être loufoque qui sévit à la télévision d'État de la très anglophone CBC, ce personnage qui s'amuse à ridiculiser les francophones, voire à cracher sur eux et sur les Européens de tout acabit, sachez que je préfère ne pas en discourir. Pourquoi donnerais-je de l'importance à qui n'en mérite tout simplement pas de notre côté de la frontière ?

Si vous croyez que je vais commenter l'incident Shane Doan, plus précisément son tout petit écart de langage envers quatre arbitres francophones au Centre Bell en décembre 2006, sachez que je vais m'en passer également. Si vous vous imaginez que je vais m'arrêter au cas de Sean Avery et Denis Gauthier, c'est-à-dire sur le fait que les francophones seraient des peureux (entendre *pea soup*) parce qu'ils portent une visière, je vous dirai là aussi que je n'en ai

DON CHERRY : PORTRAIT D'UNE GRANDE GUEULE

Don Cherry aime la controverse. La dernière remonte au 24 janvier dernier, alors même qu'une équipe d'*Enjeux* l'accompagnait pour réaliser un reportage sur lui. Il a déclaré lors de son commentaire à *Hockey Night in Canada* que les joueurs de hockey francophones et européens de la Ligue nationale de hockey étaient des mauviettes, car, selon lui, ce sont principalement eux qui portent la visière.

ALAIN GRAVEL
(à l'émission *Enjeux* du 17 février 2004)

vraiment rien à cirer. Je ne commenterai pas plus l'histoire de Patrice Brisebois, qui s'est fait traiter de *fucking frog*. Je n'ai pas l'intention de perdre mon temps, ni de vous faire perdre le vôtre, à m'exprimer sur l'affaire Gilles Gratton, qui a accusé son instructeur des Blues de

St. Louis d'être raciste. Je ne vous embêterai pas avec l'exemple de Robert Picard, qui a réglé le cas d'un de ses coéquipiers qui aurait eu malencontreusement un tout petit écart de langage… Je passerai également sous silence une autre vieille querelle sur la même ritournelle qui opposait cette fois-là deux coéquipiers des North Stars du Minnesota, soit Alain Langlais et Bill Goldsworthy.

Et si vous pensiez vraiment lire des histoires sur le fait qu'il est défendu de parler français dans certains vestiaires de la LNH, mais que les joueurs d'autres nationalités, soient les Russes, les Suédois et les Finlandais, auraient le droit de converser dans leur langue maternelle, eh bien, je n'en débattrai pas plus, puisqu'il semble notamment évident que le français déconcentre davantage certains coéquipiers anglophones particulièrement vulnérables. Là, c'est officiel ! comme dirait Ron Fournier : je ne vous en parlerai pas du tout. Je n'écrirai rien donc sur ces sujets épineux, car je risquerais de faire encore passer les Québécois pour des braillards, ce qui n'est vraiment pas le but du livre.

J'ai donc décidé de m'autocensurer, mais seulement après l'essai suivant sur la *French Blue Line*.

> **MARC-ANDRÉ BERGERON APPRÉCIE LE CÔTÉ FRANCOPHONE DU WILD**
>
> Quand je suis arrivé à Edmonton, je ne parlais pas aussi bien l'anglais. J'avais souvent l'impression que l'entraîneur Craig McTavish voulait m'arracher la tête.
>
> FRANÇOIS LEMENU
> (pour *Canoë SPORTS*,
> le 4 octobre 2008)

La *French Blue Line*

Imaginez un instant que, après une solide mise en échec de Jarome Iginla ou un énième coup de circuit de Barry Bonds, frustré de son propre désarroi, un membre de l'équipe adverse lâche au passage un «va te faire voir, sale nègre». De tels commentaires et plus particulièrement l'emploi de certains mots précis soulèveraient alors l'ire de la machine médiatique et populaire. Nul doute que, comme le dit si bien Patrick Lagacé, journaliste à *La Presse,* le frustré en question subirait «la colère de Dieu en tabarslack».

La communauté culturelle liée à l'individu, et ce, qu'elle ait la peau noire, jaune, blanche ou rouge, hurlerait avec raison sa colère sur toutes les tribunes téléphoniques et journalistiques disponibles. La politique et les groupes de pression s'empareraient de la nouvelle et, ployant sous la mouvance populaire, le commissaire de la Ligue du sport professionnel concerné infligerait probablement une sanction exemplaire au cracheur irréfléchi de propos racistes. Mais attention, là, on ne parle ici que de couleur de peau. Imaginez la scène si les insultes avaient un caractère religieux! Ouf, là, ce serait la commotion, presque la guerre civile…

Mais le racisme, au fait, qu'est-ce que c'est? C'est lorsqu'un individu affiche son mépris envers un groupe qui a une couleur de peau, une culture ou une religion distinctes. C'est un peu tout ça, finalement. Même le langage devient parfois le moteur du racisme. En somme, c'est s'attaquer vicieusement à ce qui touche à la fierté que quelqu'un tire de ses origines, de ses convictions ou de son appartenance à un groupe. Tout être humain a le droit de nourrir une estime particulière envers ses racines, son origine et son histoire propres, sans nécessairement tomber dans la xénophobie.

> ## CODERRE N'EST PAS UN *FUCKING FRENCH*
>
> [En ce qui concerne l'affaire entre Shane Doan et Denis Coderre], il sera intéressant de voir la réaction des médias canadiens-anglais, aussi. Non, je me reprends : il sera intéressant de voir la réaction des médias canadiens-anglais, SURTOUT. Je l'ai déjà écrit : les médias canadiens-anglais montent souvent en épingle des banalités pour laisser sous-entendre que les Québécois sont racistes.
>
> Patrick Lagacé
> (*La Presse,* 2 avril 2007)

Il est simplement question ici de vivre et laisser vivre !

Dans ce sens, le Québec, le seul territoire d'Amérique du Nord où une majorité d'individus parle une autre langue que l'anglais, se bat depuis des siècles pour conserver son identité propre. Les citoyens francophones de cette province canadienne affectionnent particulièrement leur langue, le français, et leur histoire, tout comme ils aiment leur sport national, le hockey. Cependant, pour ce peuple, conjuguer langue maternelle et hockey n'a pas toujours été une mince affaire au cours du XXe siècle. Les patinoires ont souvent été le théâtre d'affrontements très peu sportifs entre francophones et anglophones. Même sur le plan professionnel, la Ligue nationale de hockey n'y a pas échappé. Ainsi, à une certaine époque, on séparait par des barrières les partisans des deux camps venus encourager leur équipe au Forum de Montréal.

Ironiquement, les années passant, avec la mondialisation des cultures et l'arrivée de plusieurs joueurs européens, on aurait cru que la situation changerait, que l'on n'accepterait plus les actes et les commentaires désobligeants, voire disgracieux, à propos d'une différence culturelle. Il faut admettre toutefois que de grands pas ont été faits dans ce sens, mais on dirait que certaines différences prennent plus de temps à être valorisées que d'autres. Au Canada, un pays prétendument bilingue, en 2009, on entend toujours des propos malveillants de la part d'un commentateur sportif loufoque, tout de rouge vêtu, qui s'amuse sournoisement à cracher sur les francophones, et ce, à une télévision dite d'État, de surcroît. On constatera même souvent, et à plusieurs reprises, que la LNH passe elle-même sous silence ou rejette astucieusement du revers de la main les allusions aux commentaires racistes qui sont faits sur les *frogs* d'Amérique, et à plus forte raison lorsqu'ils sortent de la bouche d'une vedette

consacrée. Même si les politiciens de toute allégeance s'en mêlent, chaque fois, on finit par donner aux Québécois une petite tape amicale sur
l'épaule et on balaie assidûment le problème sous le tapis.

Dans plusieurs autres sports professionnels, on ne tolérerait pas que
quelqu'un tienne des propos racistes.
Les récalcitrants seraient châtiés sur-
le-champ. Mais pourquoi donc la LNH
tarde-t-elle autant à agir en ce sens ?

Les amateurs de hockey et les hockeyeurs professionnels d'origine québécoise ne veulent surtout pas être
considérés comme différents et ne
voudraient pas qu'on passe un règlement d'exception concernant la cause
francophone. Ils veulent tout simplement une même justice pour tous. Ici,
la question n'est pas de savoir qui,
des francophones ou des anglophones, est le plus raciste, puisque

> **LETTRE À UN DISTINGUÉ COLLÈGUE, SHANE DOAN**
> Comment se fait-il encore aujourd'hui que l'on tolère que des propos racistes à l'égard des *frogs* ou des *fucking frenchmen* fusent dans une ligue professionnelle sans que personne ne soit réprimandé ?
>
> VINCENT MARISSAL
> (*La Presse,* 5 mai 2007)

des tirs équivalents proviennent des deux camps. Non, le
véritable problème est qu'une fois qu'un joueur a traversé la *French Blue
Line,* l'arbitre a beau siffler, le joueur en question n'est jamais mis hors jeu.

Non censuré

Ce qu'on ne peut pas censurer, cependant, ce sont les faits rapportés
dans plusieurs essais, recherches et ouvrages écrits par des universitaires[3]
canadiens et américains au sujet d'une possible discrimination envers les
Québécois de langue française dans la Ligue nationale de hockey.

Les professeurs en sciences économiques et sociologiques ont découvert des indices troublants et stupéfiants. Après la publication[4] de leurs
études, les opposants et les critiques du Canada anglais ont contesté leurs
recherches en avançant que l'échantillonnage était minuscule et que les
faits pourraient être expliqués par d'autres facteurs que la discrimination.

LES JOUEURS FRANCOPHONES SONT SOUS-ÉVALUÉS !

Résumé du congrès de l'Association francophone pour le savoir (ACFAS), ou des universitaires francophones du Canada se penchent sur le phénomène que représente le Canadien de Montréal dans notre société.

CAROLINE BARRIÈRE
(*Le Droit*, 15 mai 2009)

Avec le présent livre, l'échantillonnage est maintenant complet. Pour ce qui est des autres facteurs, je vous en parlerai à plusieurs reprises.

« Le hockey est tout croche au Québec ! » Cette déclaration faite le 26 juin 2008 au *Journal de Montréal* par Claude Carrier, recruteur des Devils du New Jersey, quelques jours après la claque annuelle que subissent la majorité des hockeyeurs québécois lors des séances de repêchage de la Ligue nationale de hockey, est un exemple frappant de ces autres facteurs. Tout comme les mythes, les stéréotypes, les préjugés et les explications scientifiques que certains personnages du monde du hockey, autant francophones qu'anglophones, tentent de vous faire avaler depuis des décennies.

Dans un autre article du *Journal de Montréal* du 15 septembre 2008, le dépisteur des Sharks de San Jose, Gilles Côté, propose des pistes pour redresser le tir du hockey mineur québécois. Il pose aussi son propre diagnostic pour soigner Hockey Québec et ainsi aider à faire progresser le hockey mineur dans la province. Dans un autre article du *Journal de Montréal* du 5 septembre 2006, toujours sous la plume du journaliste Martin Leclerc, un autre recruteur, Mario Saraceno des Islanders de New York, nous livre lui aussi ses propres éléments de solution pour régler les problèmes de représentativité des Québécois au sein de la LNH.

La question que je me pose et que je pose à messieurs Carrier, Côté et Saraceno, la voici : Depuis combien de temps au juste le hockey est-il si croche et malade au Québec ? Est-ce depuis 1 an, 10 ans, 40 ans ou est-ce depuis toujours ? Le chapitre sur le repêchage de la LNH nous aidera à savoir si un cancer ronge notre hockey mineur ou si un virus antifrancophone s'est attaqué à certaines équipes de la LNH. Si certaines équipes sont atteintes de ce virus, j'espère qu'on trouvera la bonne médication pour les soigner. Les trois dépisteurs de la LNH que je viens de nommer ont crié sur tous les toits que le hockey est tout croche au Québec et que c'est toujours la faute de Hockey Québec s'il y a sous-représentation des hockeyeurs québécois dans la LNH. Venant de recruteurs expérimentés comme eux, ces propos sonnent comme des clichés simplistes et honteux. Le chapitre sur le repêchage universel de la LNH nous aidera peut-être à trouver une explication plus précise et éclairée. Ainsi les recruteurs comprendront-ils qu'il y a d'autres facteurs dont on ne parle pas et qui sont pourtant bien réels.

J'ai pris ici trois dépisteurs en exemple. Ils sont toutefois bien loin d'être les seuls. Plusieurs autres affirmations gratuites de divers intervenants prétendument sérieux du monde du hockey vont faire surface dans les prochains chapitres. Y aurait-il des équipes de la LNH qui ignorent complètement, voire intentionnellement, les Québécois de langue maternelle française lors des repêchages ? Car lorsqu'on parle des Québécois en tant que hockeyeurs, parle-t-on de tous les Québécois ou seulement des francophones ? Mais justement, qui est québécois ? Je vais certainement être lapidé sur la place publique devant le centre Bell, par les gens sportivement corrects de notre société, car j'ai divisé les Québécois en deux groupes : les francophones et les anglophones. Ne vous inquiétez pas trop, car tout ce beau monde sera réuni avant la fin du livre.

Pour faire cet exercice, j'ai dû identifier le lieu de naissance des hockeyeurs, qui est la province de Québec, ce qui a été assez facile. Cependant, plusieurs joueurs sont nés dans une autre province ou un autre pays, leurs parents ayant immigré au Québec pour des raisons d'affaires ou autres. Je pense à Francis Bouillon, à André Roy, à Donald Brashear, à Jere Gillis et à Scott Garland, pour ne nommer qu'eux. Étant donné que j'ai dû faire un travail de recherche un peu plus compliqué, il est possible que quelques joueurs aient été oubliés.

L'étape suivante a certainement été la plus difficile et la plus délicate. Un Québécois francophone est un individu dont la langue maternelle est le français et un Québécois anglophone est un individu dont la langue maternelle est l'anglais. Le problème majeur que m'a posé cette distinction ou cette ségrégation, si vous préférez ce terme, ça a été de classer les Néo-Québécois dans un groupe ou l'autre. Je les ai donc classés selon l'école ou le collège qu'ils ont fréquentés, et ce, en respectant le ratio de la province de Québec, qui est de 9/10, c'est-à-dire 90 % dans le groupe des francophones et 10 % dans le groupe des anglophones.

Tantôt, je vous disais que j'allais être lapidé, mais maintenant, c'est la flagellation qui m'attend pour avoir aussi séparé les fils d'immigrants de première et de deuxième générations. Mais voilà, pendant que je vous parle d'immigrants, et avant de me faire crucifier, il faut aussi que je vous dise que c'est exactement ce que je suis : un fils d'immigrant de première génération. Mon père est venu au monde le 19 juin 1927, dans le village de Saint-David, dans le Maine, aux États-Unis d'Amérique. Ce qui fait de moi le descendant de première génération d'un père franco-américain. Pendant toute ma carrière de hockeyeur, pour permettre à ma famille d'assister aux matchs de hockey auxquels je participais, j'avais toujours besoin de plus de billets à Boston qu'à Montréal. Tous les membres de la famille paternelle sont américains et ils habitent tous la grande région de Boston. Je peux aussi vous dire que les États-Unis et la langue anglaise n'étaient pas une grande découverte pour moi lorsque j'ai commencé ma carrière dans la LNH. Finalement, j'ai accompli tout cet exercice de catégorisation à contrecœur, pour pouvoir vérifier certains faits que vous allez découvrir tout au long de ce livre.

POURQUOI TOUJOURS LE HOCKEY ?

Brent Sutter, qui dirigera Team Canada, soutient qu'il va choisir les 23 meilleurs joueurs. D'accord sur ce point, mais n'allez pas me dire que le joueur francophone à talent égal n'est pas désavantagé lorsqu'il doit composer avec une administration unilingue anglaise.

Yvon Pedneault
(*Le Journal de Montréal*,
24 novembre 2004)

Puisque j'aborde le très délicat sujet de la discrimination, la grande question que vous devez vous poser, c'est : Qu'est-ce que ce reliquat fait là, dans la très sérieuse Ligue nationale de hockey ? Le *Petit Robert* (pas moi, mais bien le dictionnaire !) nous dit que la discrimination est le fait de séparer un groupe social des autres en le traitant plus mal. Très fréquemment, les économistes et les juristes considèrent qu'il y a discrimination[5] lorsque, à compétences égales, il y a une accessibilité inéquitable à une position. Dans le langage populaire, on parle de deux poids, deux mesures. Dans le monde du sport, et plus particulièrement dans celui du hockey, on dit qu'à talent égal il y a un traitement inégal.

Dans la LNH, on n'entend guère parler de discrimination, sauf lorsqu'il est question des insultes raciales que se lancent certains joueurs dans le feu de l'action. De quelle façon s'effectue la discrimination au hockey ? Je parlerai surtout de deux genres de discrimination : celle que l'on fait soit au moment de la sélection, soit au moment de l'embauche. Le premier type de discrimination se pratique lors de la sélection des hockeyeurs ou lors du repêchage universel de la LNH. C'est celle que j'appelle la discrimination à l'entrée. L'autre discrimination, celle de l'embauche, s'exerce en cours de route, au moment où les dirigeants de l'équipe de hockey décident s'ils gardent un joueur au sein de l'équipe ou s'ils le rétrogradent dans leur club école.

Finalement, pour avoir une idée plus précise du nombre de hockeyeurs québécois qui ont vraiment fait une carrière dans la LNH au cours des 40 dernières années, j'ai construit tous les tableaux sur la base de 200 matchs joués en saison régulière, ce qui représente un minimum de 3 années dans la LNH. À la lecture des différents tableaux, vous allez certainement comprendre pourquoi j'ai réalisé cet exercice !

Dans le prochain chapitre sur le repêchage universel de la LNH, vous aurez enfin des réponses à plusieurs questions, dont quelques-unes que vous ne vous étiez probablement jamais posées. C'est exactement ce qui m'est arrivé lorsque je colligeais les données de divers tableaux relatifs au repêchage de la LNH.

Chapitre 2

Le repêchage des joueurs québécois par la LNH

Pour éliminer la commandite d'équipes amateurs et de joueurs par les équipes de la LNH, en 1963, les dirigeants de Ligue nationale de hockey ont mis au point un système de repêchage permettant à chaque équipe d'avoir une chance égale de mettre la main sur les hockeyeurs amateurs. Le premier repêchage de joueurs amateurs de la LNH a eu lieu à l'hôtel Reine-Elizabeth de Montréal le 5 juin 1963. Tous les joueurs âgés de 17 ans et plus qui n'étaient pas déjà commandités par une équipe de la Ligue nationale avaient une chance d'être sélectionnés. Jusqu'au repêchage de 1969, le Canadien de Montréal avait le droit de repêcher deux joueurs du Québec au début de chaque repêchage.

Marc Tardif et Réjean Houle ont été les deux derniers joueurs de cette entente qui donnait la mainmise au Canadien de Montréal sur les meilleurs hockeyeurs de la province. Le premier vrai repêchage de l'ère moderne a donc débuté en 1970. C'est la raison pour laquelle le présent chapitre sur le repêchage universel de la Ligue nationale de hockey couvre les 40 dernières années, soit de 1970 à 2009.

La Centrale de dépistage de la LNH

Avant la saison 1975-1976, la Ligue nationale de hockey a créé la Centrale de dépistage de la LNH, qui offre aux équipes de la Ligue un service de dépistage et d'évaluation du talent des hockeyeurs amateurs. La Centrale emploie neuf dépisteurs à temps plein et six dépisteurs à temps partiel œuvrant en Amérique du Nord. Il y a aussi un personnel de cinq dépisteurs à temps plein en Europe. Chaque année, la Centrale fournit deux listes qui classent les meilleurs joueurs de l'Amérique du Nord et de l'Europe.

Le premier classement est dévoilé au mois de janvier et le classement final, au mois de mai. Les équipes de la LNH ont aussi leur propre service de dépistage et utilisent le classement de la Centrale de dépistage comme guide de référence.

Le repêchage de la LNH : un spectacle

Chaque année, au mois de juin, c'est le grand spectacle médiatique de la Ligue nationale de hockey. Cette grande foire qui réunit tout le personnel hockey et marketing des équipes de la LNH a lieu dans différentes villes de la Ligue. C'est l'occasion de montrer à la planète hockey le sérieux et le professionnalisme de la Ligue nationale de hockey. Des journalistes d'un peu partout dans le monde sont présents. L'amateur de hockey qui assiste à une séance de repêchage de la LNH croit voir là une activité hautement scientifique et presque une évaluation rigoureusement précise du talent des jeunes hockeyeurs convoités par les différentes équipes de la Ligue nationale. En ce qui me concerne, je pense plutôt le contraire : le dépistage du talent est bien plus une question d'intuition, de flair ou de *feeling*, si vous préférez. Les mythes, les préjugés, les stéréotypes et le favoritisme font partie intégrante de chacune des séances de sélection de la Ligue nationale de hockey.

> **TANGUAY, MAIS PAS UN SEUL GARS DE LA LHJMQ**
>
> Des fleurs... et le pot. C'est ce qu'il faut retenir de ce week-end de repêchage de la Ligue nationale de hockey.
>
> Réjean Tremblay
> (*La Presse*, 22 juin 2008)

Le repêchage de la LNH :
mythes, préjugés, stéréotypes et favoritisme

Pendant qu'il était directeur gérant du Canadien de Montréal, Serge Savard a fait preuve à plusieurs reprises de favoritisme envers les joueurs québécois lors des séances de repêchages de la LNH : « À talent égal[6], je vais toujours choisir un hockeyeur originaire du Québec. » Les Nordiques de Québec ont certainement fait le même exercice. Si les Flames de Calgary et les Oilers d'Edmonton font la même chose et choisissent un talent local, j'aime croire qu'on ne criera pas à la discrimination, puisque c'est normal d'agir ainsi dans la LNH. Donc, à talent égal, si toutes les équipes de la Ligue nationale de hockey agissent de la même manière, c'est aussi du favoritisme envers le talent local. Mais qu'en est-il des équipes dans lesquelles il existe très peu ou pas du tout de hockeyeurs amateurs locaux ? À travers les mythes, préjugés et stéréotypes, nous trouverons peut-être une réponse...

En 1971[7], les Remparts de Québec de la LHJMQ avec, entre autres joueurs, les Guy Lafleur, André Savard et Pierre Roy, ont remporté la coupe Memorial dans un bain de sang contre les Black Hawks de St. Catharines, de la ligue de l'Ontario, qui avaient Marcel Dionne comme tête d'affiche et Pierre Guité comme homme fort – deux Québécois de surcroît. Déjà en 1971, les connaisseurs, les analystes, les médias et le petit monde du hockey anglophone affirmaient que les Remparts de Québec ne résisteraient pas longtemps au style de jeu *canadian* des champions de l'Ontario. Plus ça change, pire c'est. Aujourd'hui, lors de chaque tournoi de la coupe Memorial, c'est encore ce qui est véhiculé. Pourtant, depuis les 10 dernières années, le Québec a participé à 8 reprises au match final ; l'Ouest canadien, 7 fois ; et l'Ontario, 5. Il me semble que la LHJMQ est bel et bien capable de concurrencer les meilleures équipes de la Ligue canadienne junior.

C'est aussi la même rengaine qu'on entend à chaque année lorsqu'il est temps de composer l'alignement final d'Équipe-Canada junior. Pire encore, maintenant ce n'est plus seulement les anglophones qui tentent de nous faire avaler ce concept mystérieux de style de jeu *canadian*. Un certain nombre de dépisteurs québécois de la LNH et des instructeurs de service[8] québécois répandent aussi maintenant les mêmes clichés, toujours véhiculés aujourd'hui, concernant les francophones qui ne peuvent pas s'adapter au style *canadian*. Voici quelques phrases entendues : « Les francophones n'aiment pas le jeu robuste » ; « Ils sont trop petit » ; « Les francophones ne pensent qu'à l'offensive » et n'ont pas de jeu défensif » ; et la meilleure citation, *« Les francophones ont des déficiences qui ne peuvent se mesurer par des statistiques. »* Tous les stéréotypes que je viens de vous énumérer ont été analysés au cours des dernières années par plusieurs chercheurs universitaires canadiens et américains.

Je vous donnerai certains des résultats de leur recherches dans le chapitre 6 « Conclusion ». Vous apprendrez ainsi certains faits qu'ils ont découverts. Les résultats et les tableaux qui suivent ont tous rapport avec les repêchages de la LNH et couvrent les quatre dernières décennies.

LES RÉSULTATS ET LES FAITS DES REPÊCHAGES DE LA LNH DES JOUEURS QUÉBÉCOIS DE 1970 À 2009

Dans les 40 derniers repêchages de la LNH, soit entre la séance de repêchage de 1970 qui a eu lieu à Montréal et le dernier spectacle de la Ligue nationale de hockey qui a aussi tenu séance à Montréal le 27 juin 2009, il y a eu 9253 hockeyeurs de plusieurs nationalités sélectionnés par les différentes équipes de la LNH. De ce nombre, il y a eu un total de 920 (9,94 %) hockeyeurs originaires de la province de Québec de repêchés. Dans les pages suivantes, vous trouverez tous les résultats de ces repêchages, concernant les hockeyeurs québécois.

Résultats du repêchage des Québécois francophones
Le tableau 2.17 (page 52) représente la liste de tous les hockeyeurs québécois francophones qui ont été sélectionnés par les différentes équipes de la LNH depuis 1970 et elle inclut aussi le dernier repêchage de 2009. Vous trouverez aussi les statistiques principales de la carrière des joueurs qui ont joué dans la LNH et de quelles ligues ils proviennent. La seule statistique dans ce tableau pour les gardiens de buts est le nombre de matchs auxquels ils ont participé dans la LNH.

Le tableau 2.18 (page 75) représente le résultat des 40 derniers repêchages des québécois francophones, vous trouverez le nombre de joueurs repêchés par année et par décennie, de quelles ligues ils proviennent, combien de joueurs ont joué au moins un match et combien ont joué plus de 200 matchs dans la LNH entre 1970 et 2009.

Des 920 joueurs québécois sélectionnés entre 1970 et 2009 :
- 763 sont des québécois francophones ;
- 693 proviennent de la LHJMQ ;
- 26 ont joué dans diverse ligues de hockey de la province de l'Ontario ;
- 37 ont joué aux États-Unis dans la NCAA ou autres ligues ;
- 7 ont joué dans d'autres ligues au Québec ou au Canada ;
- 323 francophones ont joué dans la LNH ;
- 177 ont joué entre 1 et 199 matchs ;
- 146 ont joué plus de 200 matchs.

Résultats du repêchage des Québécois anglophones

Le tableau 2.19 (page 76) représente la liste de tous les hockeyeurs québécois anglophones qui ont été sélectionnés par les différentes équipes de la LNH depuis 1970. Elle inclut aussi le repêchage de 2009. Vous trouverez aussi les statistiques principales de la carrière des joueurs qui ont joué dans la LNH et de quelles ligues ils proviennent.

Le tableau 2.20 (page 82) représente le résultat des 40 derniers repêchages des Québécois anglophones. Vous trouverez le nombre de joueurs repêchés par année et par décennie, de quelles ligues ils proviennent, combien de joueurs ont joué au moins un match et combien ont joué plus de 200 matchs dans la LNH entre 1970 et 2009.

Des 920 joueurs québécois sélectionnés entre 1970 et 2009 :
- 157 sont des Québécois anglophones ;
- 78 ont joué dans la LHJMQ ;
- 24 ont joué dans diverses ligues de hockey de l'Ontario ;
- 41 ont joué aux États-Unis dans la NCAA ou une autre ligue ;

- 5 ont joué dans des universités canadiennes ;
- 9 ont joué dans d'autres ligues au Québec ou au Canada ;
- 79 hockeyeurs québécois anglophones ont joué dans la LNH ;
- 40 ont joué entre 1 et 199 matchs ;
- 39 ont joué plus de 200 matchs.

TABLEAU 2.1

Provenance des joueurs québécois francophones sélectionnés au repêchage de 1970 à 2009

DÉCENNIE	JOUEURS REPÊCHÉS	PROVENANCE					JOUEURS QUI ONT JOUÉ	MATCHS JOUÉS	
		LHJMQ	ONT.	É.-U.	U.C.	AUTRE		1 à 199	200 +
1970-1979	203	176	18	5	–	4	85	37	48
1980-1989	165	153	2	8	–	2	91	54	37
1990-1999	234	212	6	16	–	–	107	57	50
2000-2008	161	152	–	8	–	1	40	29	11
TOTAL	763	693	26	37	–	7	323	177	146

TABLEAU 2.2

Provenance des joueurs québécois anglophones sélectionnés au repêchage de 1970 à 2009

DÉCENNIE	JOUEURS REPÊCHÉS	PROVENANCE					JOUEURS QUI ONT JOUÉ	MATCHS JOUÉS	
		LHJMQ	ONT.	É.-U.	U.C.	AUTRE		1 à 199	200 +
1970-1979	54	33	13	3	3	2	30	13	17
1980-1989	54	22	5	23	2	2	31	13	18
1990-1999	26	11	4	8	–	3	10	7	3
2000-2008	23	12	2	7	–	2	8	7	1
TOTAL	157	78	24	41	5	9	79	40	39

TABLEAU 2.3

Comparatif de la sélection des Québécois par décennie de 1970 à 2009*

	FRANCOPHONES	ANGLOPHONES	TOTAL
1970-1979	203	54	257
1980-1989	165	54	219
1990-1999	234	26	260
2000-2009	161	23	184
TOTAL	763	157	920

* Basé sur les tableaux 2.1 et 2.2.

TABLEAU 2.4

Provenance de tous les joueurs québécois sélectionnés au repêchage de 1970 à 2009

QUÉBÉCOIS	JOUEURS REPÊCHÉS	PROVENANCE					JOUEURS QUI ONT JOUÉ	MATCHS JOUÉS	
		LHJMQ	ONT.	É.-U.	U.C.	AUTRE		1 à 199	200 +
FRANCOPHONES	763	693	26	37	–	7	323	177	146
ANGLOPHONES	157	78	24	41	5	9	79	40	39
GRAND TOTAL	920	771	50	78	5	16	402	217	185
% ANGLOPHONES	17,06 %	10,11 %	48 %	52,56 %	100 %	56,25 %	19,65 %	18,43 %	21,08 %

Des 920 joueurs québécois sélectionnés entre 1970 et 2009 :

- 763 sont des francophones, pour une proportion de 82,94 % ;
- 157 sont des anglophones, pour une proportion de 17,06 %.

TABLEAU 2.5

Pourcentage des joueurs québécois anglophones sélectionnés au repêchage par décennie

QUÉBÉCOIS	1970-1979	1980-1989	1990-1999	2000-2009	GRAND TOTAL
FRANCOPHONES	203	165	234	161	763
ANGLOPHONES	54	54	26	23	157
GRAND TOTAL	257	219	260	184	920
% ANGLOPHONES	21,01 %	24,66 %	10 %	12,50 %	17,06 %

- Entre 1970 et 1979, 21,01 % des Québécois repêchés étaient des anglophones ;
- Entre 1980 et 1989, 24,66 % des Québécois repêchés étaient des anglophones ;
- Entre 1990 et 1999, 10 % des Québécois repêchés étaient des anglophones ;
- Entre 2000 et 2009, 12,50 % des Québécois repêchés étaient des anglophones.

En 2001, dans la province de Québec, selon Statistique Canada, la population québécoise anglophone est de 8,5 % (Institut de la Statisque, population du Québec, stat.gouv.qc.ca).

TABLEAU 2.6

Comparatif des hockeyeurs québécois sélectionnés au repêchage par décennie

JOUEURS QUÉBÉCOIS	DÉCENNIE 1970-1979	JOUEURS REPÊCHÉS	JOUEURS QUI ONT JOUÉ	% DE JOUEURS QUI ONT JOUÉ	MATCHS JOUÉS 200 ET +	% DE JOUEURS QUI ONT JOUÉ
FRANCOPHONES		203	85	41,87%	48	23,65%
ANGLOPHONES		54	30	55,55%	17	31,48%
TOTAL		257	115	44,75%		
	1980-1989					
FRANCOPHONES		165	91	55,15%	37	22,42%
ANGLOPHONES		54	31	57,40%	18	33,33%
TOTAL		219	122	55,70%		
	1990-1999					
FRANCOPHONES		234	107	45,73%	50	21,37%
ANGLOPHONES		26	10	38,46%	3	11,54%
TOTAL		260	117	45,00%		
	2000-2005					
FRANCOPHONES		98	37	37,75%	11	11,22%
ANGLOPHONES		15	8	53,33%	1	6,7%
TOTAL		113	45	39,83%		

TABLEAU 2.7

Comparatif des hockeyeurs québécois sélectionnés au repêchage de 1970 à 2005

JOUEURS QUÉBÉCOIS	PÉRIODE 1970-2005	JOUEURS REPÊCHÉS	JOUEURS QUI ONT JOUÉ	% DE JOUEURS QUI ONT JOUÉ	MATCHS JOUÉS 200 ET +	% DE JOUEURS QUI ONT JOUÉ
FRANCOPHONES		700	320	45,71%	146	20,85%
ANGLOPHONES		149	79	53,02%	39	26,17%
GRAND TOTAL		849	399	46,99%	185	21,79%

Conclusion du tableau 2.6

Entre 1970 et 1979 :

- 203 francophones ont été repêchés et 85 d'entre eux ont participé à au moins un match, soit une proportion de 41,87%. Des 85 joueurs qui ont joué, il y en a 48 qui ont joué plus de 200 matchs.
- 54 anglophones ont été repêchés et 30 d'entre eux ont participé à au moins 1 match, soit une proportion de 55,55%. De ces 30 joueurs, 17 ont joué plus de 200 matchs.

- 41,87% des francophones repêchés ont joué au moins 1 match.
- 55,55% des anglophones repêchés ont joué au moins 1 match.
- Le pourcentage de Québécois anglophones qui ont été repêchés et qui ont joué au moins 1 match est de **14% supérieur** au pourcentage des francophones.
- 23,65% des francophones repêchés ont joué plus de 200 matchs.
- 31,48% des anglophones repêchés ont joué plus de 200 matchs.
- Des 115 Québécois qui ont joué au moins 1 match, 26,09% étaient des anglophones.
- Des 65 Québécois qui ont joué plus de 200 matchs, 26,15% étaient des anglophones.
- Comparativement aux francophones, le pourcentage de Québécois anglophones repêchés qui ont joué plus de 200 matchs dans la LNH est d'un peu plus de 26%, **soit 3 fois plus que leur représentativité** dans la province de Québec.

Entre 1980 et 1989 :
- 165 francophones ont été repêchés et 91 d'entre eux, soit une proportion de 55,15%, ont participé à au moins 1 match. Des 91 joueurs qui ont joué, 37 ont réussi à jouer plus de 200 matchs.
- 54 Québécois anglophones ont été repêchés et 31 d'entre eux, soit une proportion de 57,40%, ont réussi à jouer au moins 1 match. Des 31 joueurs qui ont participé à au moins 1 match, il y en a 18 qui ont réussi à jouer plus de 200 matchs.
- 55,15% des francophones repêchés ont joué au moins 1 match.
- 57,40% des anglophones repêchés ont joué au moins 1 match.
- 22,42% des francophones repêchés ont joué plus de 200 matchs.
- 33,73% des anglophones repêchés ont joué plus de 200 matchs.
- Le pourcentage de Québécois anglophones repêchés qui ont joué plus de 200 matchs est de **11% supérieur** à celui des francophones.
- Des 122 Québécois qui ont joué au moins 1 match, **25,41% étaient anglophones.**
- Des 55 Québécois qui ont joué au moins 200 matchs, **32,73% étaient anglophones.** Ce nombre équivaut à presque **4 fois leur taux** de représentativité dans la province de Québec.

Entre 1990 et 1999 :

- 260 Québécois ont été sélectionnés, soit 234 francophones et 26 anglophones. Le pourcentage d'anglophones est de 10 %, ce qui représente un taux normal, car leur taux de représentativité dans la province de Québec est de 8,5 %.
- 234 francophones ont été repêchés et 107 d'entre eux, soit une proportion de 45,72 %, ont participé à au moins 1 match. Des 107 joueurs qui ont joué, il y en a 50 qui ont réussi à jouer plus de 200 matchs.
- 26 anglophones ont été repêchés et 10 d'entre eux ont participé à au moins 1 match, soit une proportion de 38,46 %. Des 10 joueurs qui ont joué, il y en a 3 qui ont joué plus de 200 matchs.
- 45,73 % des francophones ont joué au moins 1 match.
- 38,46 % des anglophones ont joué au moins 1 match.
- 21,37 % des francophones repêchés ont joué plus de 200 matchs.
- 11,54 % des anglophones repêchés ont joué plus de 200 matchs.
- Des 117 Québécois qui ont joué au moins 1 match, 91,45 % étaient des francophones et 8,55 % des anglophones, ce qui représente exactement leurs pourcentages de population respectifs dans la province de Québec.

Entre 2000 et 2009 :

- Entre 2000 et 2009, 161 francophones ont été repêchés, mais il est trop tôt pour avoir une idée précise du nombre de joueurs qui vont jouer dans la LNH. Donc, entre 2000 et 2005, 98 francophones ont été repêchés et 37 d'entre eux ont participé à au moins 1 match, soit une proportion de 37,75 %. Des 37 joueurs qui ont joué entre 2000 et 2005, il y en a 11 qui ont réussi à jouer plus de 200 matchs.
- Entre 2000 et 2009, 23 anglophones ont été repêchés et, comme dans le cas des francophones, il est trop tôt pour avoir des statistiques précises sur le nombre de joueurs qui vont jouer dans la LNH. Donc, entre 2000 et 2005, 15 anglophones ont été repêchés et 8 d'entre eux ont joué au moins 1 match, soit une proportion de 53,33 %. Des 8 joueurs qui ont joué, un seul a réussi à jouer plus de 200 matchs jusqu'à maintenant en 2009.

- 37,75 % des francophones ont joué au moins 1 match.
- 53,33 % des anglophones ont joué au moins 1 match.
- 11,22 % des francophones ont joué plus de 200 matchs.
- 6,70 % des anglophones ont joué plus de 200 matchs.
- Des 45 joueurs qui ont joué entre 2000 et 2009, 82,22 % sont des francophones et 17,78 % sont des anglophones.

TABLEAU 2.8

Comparatif des hockeyeurs québécois sélectionnés au repêchage et qui ont joué par décennie

JOUEURS QUÉBÉCOIS	DÉCENNIE 1970-1979	MATCHS JOUÉS 1 ET +	MOYENNE	MATCHS JOUÉS 200 ET +	MOYENNE
FRANCOPHONES		85	73,91 %	48	73,85 %
ANGLOPHONES		30	26,09 %	17	26,15 %
TOTAL		115	100 %	65	100 %
	1980-1989				
FRANCOPHONES		91	74,59 %	37	67,27 %
ANGLOPHONES		31	25,41 %	18	32,73 %
TOTAL		122	100 %	55	100 %
	1990-1999				
FRANCOPHONES		107	91,45 %	50	94,33 %
ANGLOPHONES		10	8,55 %	3	5,67 %
TOTAL		117	100 %	53	100 %
	2000-2005				
FRANCOPHONES		37	82,22 %	11	91,67 %
ANGLOPHONES		8	17,78 %	1	8,33 %
TOTAL		45	100 %	12	100 %

TABLEAU 2.9

Comparatif des hockeyeurs québécois sélectionnés au repêchage et qui ont joué, de 1970 à 2005

JOUEURS QUÉBÉCOIS	PÉRIODE 1970-2005	MATCHS JOUÉS 1 ET +	MOYENNE	MATCHS JOUÉS 200 ET +	MOYENNE
FRANCOPHONES		320	20,85 %	146	78,92 %
ANGLOPHONES		79	26,17 %	39	21,08 %
GRAND TOTAL		399	100 %	185	100 %

Conclusion des tableaux 2.6 à 2.9

- Entre 1970 et 2005, soit sur une période de 36 ans, 700 hockeyeurs québécois francophones ont été sélectionnés par les différentes équipes de la LNH. De ces 700 hockeyeurs, 320 ont participé à au moins 1 match, soit une proportion de 45,71 %. De ces 320 joueurs, il y en a 146 qui ont réussi à jouer plus de 200 matchs (3 ans). C'est donc dire que, des 700 joueurs francophones sélectionnés en 36 ans, 20,85 % ont réussi à faire une carrière de plus de 3 ans dans la Ligue nationale de hockey.

- Pendant la même période, 149 hockeyeurs québécois anglophones ont été sélectionnés par les différentes équipes de la LNH. De ces 149 hockeyeurs, 79 ont participé à au moins 1 match, soit une proportion de 53,02 %. Des 79 joueurs qui ont joué, il y en a 39 qui ont réussi à faire une carrière de plus de 3 ans dans la Ligue nationale de hockey. C'est donc dire que, des 149 Québécois anglophones sélectionnés en 36 ans, 26,17 % ont réussi à faire une carrière de plus de 3 ans dans la LNH.

- Entre 1970 et 2005, il y a donc eu un total de 849 Québécois qui ont été repêchés par les différentes équipes de la LNH et, de ce nombre, 185 ont fait une carrière de plus de 200 matchs dans la LNH. Le nombre de Québécois anglophones qui font partie de ce groupe est de 39, soit une proportion de 21,08 %, et ce, toujours avec une représentativité anglophone de 8,5 % dans la province de Québec !

LE REPÊCHAGE DE LA LNH DES JOUEURS QUÉBÉCOIS SELON LE RANG DE SÉLECTION

Je vous disais au début de ce chapitre que le repêchage de la LNH est plus ou moins une loterie. Outre les premiers joueurs sélectionnés lors des repêchages de la LNH, les dépisteurs sont incapables d'identifier correctement les joueurs qui vont faire carrière dans la LNH. Le tableau 2.12 montre clairement quelle est la note de passage des recruteurs qui sous-estiment souvent les hockeyeurs québécois francophones et aussi quel est le pourcentage de chances des hockeyeurs québécois francophones de jouer dans la LNH, selon leur rang de sélection.

TABLEAU 2.10

Le nombre de joueurs québécois francophones sélectionnés selon leur rang entre 1970 et 2005

DÉCENNIE	1970-1979	1980-1989	1990-1999	2000-2005	GRAND TOTAL
du 1er au 50e rang	60	53	61	14	**188**
du 51e au 100e rang	54	35	49	26	**164**
du 101e rang et +	89	77	124	58	**348**
TOTAL	**203**	**165**	**234**	**98**	**700**

Des 700 joueurs québécois francophones repêchés entre 1970 et 2005 :
- 188 ont été sélectionnés entre le 1er et le 50e rang ;
- 164 ont été sélectionnés entre le 51e et 100e rang ;
- 348 ont été sélectionnés après le 101e rang.

TABLEAU 2.11

Le nombre de joueurs qui ont joué 1 match et plus d'après leur rang de sélection entre 1970 et 2005

DÉCENNIE	1970-1979	1980-1989	1990-1999	2000-2005	GRAND TOTAL
du 1er au 50e rang	49	40	52	12	110
du 51e au 100e rang	21	20	23	10	84
du 101e rang et +	15	25	32	15	87
TOTAL	**85**	**91**	**107**	**37**	**320**

TABLEAU 2.12

Tableau récapitulatif de 1970 à 2005

RANG DE SÉLECTION	JOUEURS QUI ONT JOUÉ AU MOINS 1 MATCH	NOMBRE DE JOUEURS REPÊCHÉS	% DE CHANCE DE JOUER 1 MATCH
du 1er au 50e rang	149	188	79,25 %
du 51e au 100e rang	84	164	51,22 %
du 101e rang et +	87	348	25,00 %
TOTAL	**320**	**700**	**45,71 %**

Conclusion des tableaux 2.11 et 2.12

- Des 700 joueurs québécois francophones qui ont été repêchés entre 1970 et 2005, 320 ont joué au moins 1 match dans la LNH.
- Des 188 joueurs qui ont été sélectionnés entre le 1er et le 50e rang, 149 ont joué, soit une proportion de 79,25 % ;
- Des 164 joueurs qui ont été sélectionnés entre le 51e et le 100e rang, 84 ont joué, soit une proportion de 51,22 % ;
- Des 348 joueurs qui ont été sélectionnés après le 101e rang, 87 ont joué, soit une proportion de 25 %.
- Ces résultats montrent que plus de 53 % des 171 joueurs québécois francophones qui ont joué dans la LNH ont été sélectionnés après le 51e choix. Un grand nombre d'entre eux ont fait une très longue carrière dans la LNH. On connaît tous l'histoire de Luc Robitaille qui avait été sélectionné au 171e rang lors de l'encan de 1984, mais il y en a plusieurs autres : Maxime Talbot (264e) en 2002 ; Bruno Gervais (182e) en 2003 ; Stéphane Robidas (164e) en 1995 ; Patrick Lalime (156e) en 1993 ; Ian Laperrière (158e) en 1992 ; Donald Audette (183e) en 1989 ; et Claude Lapointe (234e) en 1988. C'est ce qui m'amène à parler d'une sous-évaluation des hockeyeurs québécois par les recruteurs de la LNH.

La sous-évaluation des hockeyeurs québécois

- Environ 10 % des joueurs de la LNH n'ont jamais été repêchés, parce qu'ils n'étaient pas considérés comme suffisamment prometteurs. Pourtant, plusieurs d'entre eux ont fait une brillante carrière dans la LNH, tels les les Ed Belfour, Joel Otto, Mike Keane, Martin St-Louis, Marc Bureau, Éric Messier et Steve Duschesne. Par conséquent, si 10 % des hockeyeurs qui ont joué dans la LNH n'ont pas été repêchés, comment se fait-il que le pourcentage des hockeyeurs québécois qui n'ont jamais été repêchés est de 19,06 % ?
- Entre 1970 et 2005, il y a eu 94 Québécois non repêchés qui ont réussi à jouer dans la LNH. De ce nombre, il y avait 72 francophones et 22 anglophones.
- Entre 1970 et 2005, 320 Québécois francophones ont été sélectionnés lors des repêchages de la LNH et ont joué. Il y a aussi eu 72 francophones

non repêchés qui ont joué dans la LNH. Ce qui porte le nombre de francophones qui ont joué à 392. Les francophones qui n'avaient pas été repêchés représentent 18,37 % de ce nombre.

- Entre 1970 et 2005, 79 Québécois anglophones qui avaient été sélectionnés lors des repêchages de la LNH ont joué. Il y a aussi eu 22 anglophones non repêchés qui ont joué dans la LNH, ce qui porte à 101 le nombre d'anglophones qui ont joué. Ainsi, le pourcentage d'anglophones non repêchés qui ont joué est de 21,78 %.

- Il y a donc eu 493 hockeyeurs québécois qui ont joué dans la LNH entre 1970 et 2005. Parmi ce nombre, 94 n'avaient jamais été repêchés, ce qui représente un pourcentage de 19,06 %, alors que la moyenne dans la LNH est de 10 %.

- À la vue de ces chiffres, ne prenez même pas la peine de vous demander s'il est vrai que les Québécois sont sous-estimés ou sous-évalués par les dépisteurs de la LNH !

L'effet papillon d'Alexandre Burrows

Alexandre Burrows est l'un des derniers arrivés dans la liste des Québécois non repêchés. Il est rapidement devenu un joueur de premier plan avec les Canucks de Vancouver.

Certains directeurs gérants d'équipes de la LNH se sont probablement réveillés et ont sommé leurs recruteurs d'observer à la loupe les hockeyeurs québécois qui ne sont plus candidats aux repêchages de la LNH, juste au cas où il y aurait d'autres Alexandre Burrows… Au mois d'avril 2009, six hockeyeurs québécois juniors ont signé des contrats avec des équipes de la LNH. Les Bruins de Boston ont ouvert la parade en signant un contrat avec Yannick Riendeau et le Canadien de Montréal a clôturé le tout quelques jours plus tard en offrant un contrat à Dany Massé. Riendeau et Massé étaient des coéquipiers avec les Voltigeurs de Drummondville de la LHJMQ.

TABLEAU 2.13

Liste des joueurs francophones non repêchés par décennie

	ANNÉE	ÉQUIPE	NOM	PRÉNOM	P	MJ	B	A	PTS	PUN
1970-1979										
1	1973	MINNESOTA	Langlais	Alain	A	25	4	4	8	10
2	1974	ST. LOUIS	Bélanger	Yves	G	78				
3	1974	TORONTO	Hamel	Pierre	G	69				
4	1975	OAKLAND	Girard	Robert	A	305	45	69	114	140
5	1978	PHILADELPHIE	Preston	Yves	A	28	7	3	10	4
6	1979	MINNESOTA	Levasseur	Jean-Louis	G	1				
7	1979	BUFFALO	Sauvé	J.-François	C	290	65	138	203	114
8	1979	PHILADELPHIE	St-Laurent	Sam	G	34				
9	1979	QUÉBEC	Bilodeau	Gilles	A	9	0	1	1	25
10	1979	DETROIT	Cloutier	Réjean	D	5	0	2	2	2
11	1979	BUFFALO	Mongrain	Robert	C	81	13	14	27	14
12	1979	QUÉBEC	Dion	Michel	G	227				
1980-1989										
1	1980	LOS ANGELES	Pageau	Paul	G	1				
2	1980	QUÉBEC	Mailhot	Jacques	A	5	0	0	0	33
3	1981	QUÉBEC	Aubry	Pierre	A	202	24	26	50	133
4	1981	MONTRÉAL	Daoust	Dan	C	522	87	167	254	544
5	1982	CALGARY	Rioux	Pierre	A	14	1	2	3	4
6	1982	PITTSBURGH	Romano	Roberto	G	126				
7	1983	BUFFALO	Langevin	Chris	A	22	3	1	4	22
8	1983	MONTRÉAL	Baron	Normand	A	27	2	0	2	51
9	1983	TORONTO	Boisvert	Serge	A	46	5	7	12	8
10	1984	LOS ANGELES	Duschesne	Steve	D	1113	227	525	752	824
11	1984	MONTRÉAL	Thibodeau	Gilles	C	119	25	37	62	40
12	1985	MONTRÉAL	Riendeau	Vincent	G	184				
13	1986	ST. LOUIS	Lavoie	Dominic	D	38	5	8	13	32
14	1986	MONTRÉAL	Gauthier	Luc	D	3	0	0	0	2
15	1986	MONTRÉAL	Lebeau	Stéphane	C	373	118	159	277	105
16	1986	MONTRÉAL	Lefebvre	Sylvain	D	945	30	154	184	674
17	1987	QUÉBEC	Richard	J.-Marc	D	5	2	1	3	2
18	1987	CALGARY	Simard	Martin	A	44	1	5	6	183
19	1987	LOS ANGELES	Germain	Éric	D	4	0	1	1	13
20	1987	QUÉBEC	Fortier	Marc	C	212	42	60	102	135
21	1988	MONTRÉAL	Richer	Stéphane	D	27	1	5	6	20
22	1988	MONTRÉAL	Roberge	Mario	A	112	7	7	14	314
23	1988	MONTRÉAL	Roberge	Serge	A	9	0	0	0	24
	ANNÉE	ÉQUIPE	NOM	PRÉNOM	P	MJ	B	A	PTS	PUN

Liste des joueurs francophones non repêchés par décennie (suite)

	ANNÉE	ÉQUIPE	NOM	PRÉNOM	P	MJ	B	A	PTS	PUN
1980-1989										
24	1989	CALGARY	Bureau	Marc	C	567	55	83	138	327
25	1989	ST. LOUIS	Mongeau	Michel	C	54	6	19	25	10
26	1989	DETROIT	Shank	Daniel	A	77	13	14	27	175
27	1989	MINNESOTA	Thyer	Mario	C	5	0	0	0	0
1990-1999										
1	1991	MONTRÉAL	Bélanger	Jesse	C	246	59	76	135	56
2	1991	LOS ANGELES	Bréault	François	A	27	2	4	6	42
3	1991	QUÉBEC	Charbonneau	Stéphane	A	2	0	0	0	0
4	1991	QUÉBEC	Chassé	Denis	A	132	11	14	25	292
5	1991	MONTRÉAL	Labelle	Marc	A	9	0	0	0	46
6	1992	MONTRÉAL	Brashear	Donald	A	989	85	119	204	2561
7	1992	NY RANGERS	Roy	Jean-Yves	A	61	12	16	28	26
8	1993	CHICAGO	Soucy	Christian	G	1				
9	1993	ANAHEIM	Jomphe	J.-François	C	111	10	29	39	102
10	1993	NEW JERSEY	Rhéaume	Pascal	C	318	39	52	91	144
11	1994	CALGARY	Royer	Gaétan	A	3	0	0	0	2
12	1994	OTTAWA	Labbé	J.-François	G	15				
13	1994	MONTRÉAL	Labrecque	Patrick	G	2				
14	1995	COLORADO	Messier	Éric	D	406	25	50	75	146
15	1995	COLORADO	Trépanier	Pascal	D	229	12	22	34	252
16	1997	CALGARY	Landry	Éric	C	68	5	9	14	47
17	1998	MONTRÉAL	Bouillon	Francis	D	485	21	81	102	371
18	1998	WASHINGTON	Lefebvre	Patrice	A	3	0	0	0	2
19	1998	CALGARY	St-Louis	Martin	A	690	238	347	585	226
2000-2009										
1	2000	COLUMBUS	Darche	Mathieu	A	101	8	16	24	26
2	2000	MINNESOTA	Dupuis	Pascal	A	506	95	107	202	228
3	2001	TORONTO	Centomo	Sébastien	G	92				
4	2001	MONTRÉAL	Michaud	Olivier	G	1				
5	2002	EDMONTON	Bergeron	Marc-André	D	339	62	98	160	161
6	2003	NY RANGERS	Dusablon	Benoit	C	3	0	0	0	2
7	2003	TAMPA BAY	Perrin	Éric	C	245	32	72	104	92
8	2004	MONTRÉAL	Côté	J.-Philippe	D	8	0	0	0	4
9	2004	DALLAS	Lessard	Junior	A	27	3	1	4	23
10	2004	WASHINGTON	Robitaille	Louis	A	2	0	0	0	5
11	2005	VANCOUVER	Burrows	Alexandre	A	288	50	53	103	483
12	2006	EDMONTON	Bisaillon	Sébastien	D	2	0	0	0	0
13	2006	VANCOUVER	Coulombe	Patrick	D	7	0	1	1	4
	ANNÉE	ÉQUIPE	NOM	PRÉNOM	P	MJ	B	A	PTS	PUN

Liste des joueurs québecois anglophones non repêchés, de 1970 à 2009

	ANNÉE	ÉQUIPE	NOM	PRÉNOM	P	MJ	B	A	PTS	PUN
14	2006	MONTRÉAL	Dannis	Yann	G	37				
1	1971	TORONTO	Mcrae	Gord	G	71				
2	1973	BOSTON	Forbes	Dave	A	363	64	64	128	341
3	1973	TORONTO	Garland	Scott	A	91	13	24	37	115
4	1974	WASHINGTON	Wolfe	Bernie	G	120				
5	1975	PHILADELPHIE	Boland	Mike	A	2	0	0	0	0
6	1979	EDMONTON	Corsi	Jim	G	26				
7	1979	DETROIT	Johnson	Brian	A	3	0	0	0	5
8	1979	WINNIPEG	Maciver	Don	D	6	0	0	0	2
9	1979	QUÉBEC	Saunders	Bernie	A	10	0	1	1	8
10	1979	WINNIPEG	Tomalty	Greg	A	1	0	0	0	0
11	1979	QUÉBEC	Weir	Wally	D	320	21	45	66	625
12	1981	HARTFORD	Yates	Ross	C	7	1	1	2	4
13	1989	MINNESOTA	Courteney	Ed	A	44	7	13	20	10
14	1990	CALGARY	Sharples	Scott	G	1				
15	1992	MONTRÉAL	Fleming	Gerry	A	11	0	0	0	42
16	1993	ST. LOUIS	Montgomery	Jim	C	122	9	25	34	80
17	1995	BOSTON	Cornforth	Mark	D	6	0	0	0	4
18	1996	BOSTON	Drouin	P. C.	A	3	0	0	0	0
19	1997	ST. LOUIS	Parent	Rich	G	32				
20	1997	NY RANGERS	Stock	P. J.	A	235	5	21	26	523
21	1998	DETROIT	Rodgers	Marc	A	21	1	1	2	10
22	2006	PHOENIX	Tordjman	Josh	G	2				
	ANNÉE	ÉQUIPE	NOM	PRÉNOM	P	MJ	B	A	PTS	PUN

L'ENTONNOIR QUÉBÉCOIS DU HOCKEY MINEUR

Vous êtes-vous déjà demandé quelles sont les chances que votre fils de catégorie midget au Québec soit repêché par une équipe de la Ligue nationale de hockey ? Les chances de voir votre fils jouer un jour, ou du moins de le voir sélectionner lors du repêchage universel de la LNH, sont très minces.

Le tableau 2.15 retrace le nombre de joueurs de catégorie midget au Québec pour les 40 dernières années. Je l'ai conçu grâce à Hockey Québec, qui m'a fourni les statistiques concernant les joueurs enregistrées par division depuis 1968.

Au Québec, le pourcentage de chances qu'un jeune midget a d'être repêché trois années plus tard par une équipe de la LNH est très différent selon qu'il est francophone ou anglophone. En effet, chez les francophones, lors des 40 dernières années, le ratio a été de 1 pour 618 joueurs de catégorie midget, tandis qu'il a été de 1 pour 334 chez les anglophones.

Si vous êtes francophone et que votre fils est talentueux au hockey mineur, anglicisez votre nom de famille et vous doublerez ainsi ses chances d'être repêché.

Pourtant, jusqu'à l'âge de 16 ans environ, tous ces joueurs profitent d'un encadrement identique, dans les ligues du hockey mineur québécois et dans les mêmes structures. Ce résultat confirme les faits, à savoir l'existence de préjugés néfastes aux hockeyeurs francophones.

Le tableau 2.15 nous montre aussi que, durant la décennie 1980-1989, à peu près le même nombre de Québécois francophones (165 joueurs) ont été repêchés que durant la dernière décennie 2000-2009 (161 joueurs). La grande différence entre ces deux décennies, c'est qu'il y avait 60 000 joueurs de catégorie midget de moins qui jouaient au hockey au Québec dans les années 2000, comparé aux années 1980, et presque le même nombre de joueurs francophones ont été repêchés par la LNH. Donc, quand on accuse Hockey Québec ou la LHJMQ d'être responsables du fait que moins de Québécois sont repêchés, on se trompe carrément de cible.

TABLEAU 2.15

Midget par année, de 1970 à 2009

ANNÉE REPÊCHAGE	ANNÉE MIDGET	TOTAL MIDGET	MIDGET FRANCO	FR. REP.	RATIO FRANCO	MIDGET ANGLO	AN. REP.	RATIO ANGLO
1970	1968	9945	8950	17	526	995	7	142
1971	1968	9945	8950	17	526	995	5	199
1972	1969	12648	11383	29	393	1265	5	253
1973	1970	12733	11460	22	521	1273	4	318
1974	1971	14841	13357	31	431	1484	5	297
1975	1972	16694	15025	21	795	1669	4	417
1976	1973	19057	17152	9	1906	1905	3	635
1977	1974	20774	18697	28	668	2077	11	189
1978	1975	21301	19171	15	1278	2130	6	355
1979	1976	22117	19905	14	1422	2212	4	553
TOTAL	**1968-76**	**160055**	144050	**203**	**1 POUR 710**	**16055**	**54**	**1 POUR 297**
1980	1977	21845	19660	14	1404	2185	6	364
1981	1978	20842	18758	20	938	2084	4	521
1982	1979	20315	18284	14	1306	2031	8	254
1983	1980	19482	17534	21	835	1948	6	325
1984	1981	18224	16402	11	1491	1822	6	304
1985	1982	17204	15484	15	1032	1720	6	287
1986	1983	16541	14887	17	876	1654	9	184
1987	1984	15725	14152	13	1087	1573	3	524
1988	1985	10965	9869	24	411	1096	2	548
1989	1986	9554	8598	16	537	956	4	239
TOTAL	**1977-86**	**170697**	153628	**165**	**1 POUR 931**	**17069**	**54**	**1 POUR 316**
1990	1987	9299	8369	23	364	930	3	186
1991	1988	8245	7421	21	353	824	4	206
1992	1989	8517	7665	20	383	852	3	213
1993	1990	8228	7405	24	309	823	1	823
1994	1991	8908	8017	28	286	891	4	178
1995	1992	8857	7971	31	257	886	2	443
1996	1993	9350	8415	30	281	935	1	935
1997	1994	9775	8798	17	518	977	3	326
1998	1995	9486	8537	26	328	949	3	316
1999	1996	9537	8583	14	613	954	2	477
TOTAL	**1987-96**	**90202**	81181	**234**	**1 POUR 347**	**9021**	**26**	**1 POUR 301**

ANNÉE REPÊCHAGE	ANNÉE MIDGET	TOTAL MIDGET	MIDGET FRANCO	FR. REP.	RATIO FRANCO	MIDGET ANGLO	AN. REP.	RATIO ANGLO
2000	1997	9163	8246	15	550	917	3	229
2001	1998	8500	7650	13	588	850	2	425
2002	1999	7854	7068	14	505	786	3	262
2003	2000	7089	6380	24	266	709	3	177
2004	2001	7684	6916	15	461	768	3	256
2005	2002	11135	10022	17	590	1113	1	1113
2006	2003	11492	10343	15	690	1149	2	575
2007	2004	12359	11123	10	1112	1236	2	1236
2008	2005	13192	11873	19	625	1319	2	660
2009	2006	14195	12776	19	672	1419	2	709
TOTAL	1997-06	102663	92397	161	1 pour 577	10266	23	1 pour 446
Total des 40 années	523617	471256	763	1 pour 618	52361	157	1 pour 334

Légende :
Midget franco : Joueurs midgets francophones, à raison de 90 % du total des joueurs midgets. Cela équivaut à la représentation des francophones au Québec.
Fr. Rep. : Francophones repêchés.
Ratio Fr. : Nombre de francophones d'âge midget nécessaires pour qu'un seul soit repêché.
Midget anglo : Joueurs midgets anglophones, à raison de 10 % du total des joueurs midgets. Cela équivaut à la représentation des anglophones au Québec.
An. Rep. : Anglophones repêchés.
Ratio anglo : Nombre d'anglophones d'âge midget nécessaires pour qu'un seul soit repêché.

LE REPÊCHAGE DES QUÉBÉCOIS PAR LES ÉQUIPES DE LA LNH DE 1970 À 2009

Quel sort les équipes de la Ligue nationale de hockey réservent-elles aux hockeyeurs québécois ? Des 763 hockeyeurs francophones sélectionnés entre 1970 et 2009, quelle est la répartition des joueurs par équipe ? J'ai classé les équipes de la LNH d'après la moyenne de Québécois sélectionnés lors des repêchages de la LNH. L'équipe qui a la meilleure moyenne est en première position, tandis que celle qui affiche le pire rendement est au dernier rang du classement.

TABLEAU 2.16

Classement des équipes de la LNH selon la répartition des Québécois francophones repêchés par équipe

ÉQUIPE	1970-1979	1980-1989	1990-1999	2000-2009	TOTAL	NB D'ANNÉES DE REPÊCHAGE	MOYENNE PAR AN
Montréal	32	31	27	15	105	40	2,63
Buffalo	20	11	8	9	48	40	1,20
Philadelphie	16	5	11	13	45	40	1,13
NY Rangers	21	6	6	3	36	40	,90
Columbus	–	–	–	9	9	10	,90
Ottawa	–	–	13	3	16	18	,89
Washington	9	7	12	5	32	36	,89
Toronto	11	7	12	5	35	40	,88
Détroit	15	6	9	4	34	40	,85
Chicago	9	9	11	3	32	40	,80
NY Islanders	12	5	8	4	29	38	,76
Boston	9	8	7	5	29	40	,73
New Jersey	–	2	12	5	19	28	,68
Los Angeles	8	5	8	6	27	40	,68
Floride	–	–	9	2	11	17	,65
Pittsburgh	7	3	7	9	26	40	,65
Edmonton	–	3	9	8	20	31	,65
Tampa Bay	–	–	9	2	11	18	,61
St. Louis	7	5	8	4	24	40	,60
Anaheim	–	–	2	8	10	17	,59
San Jose	–	–	6	5	11	19	,58
Calgary	–	5	10	2	17	30	,57
Colorado	–	–	5	3	8	15	,53
Minnesota	–	–	–	5	5	10	,50
Vancouver	5	6	2	7	20	40	,50
Caroline	–	–	1	5	6	13	,46
Atlanta	–	–	0	5	5	11	,45
Phoenix	–	–	2	3	5	14	,36
Nashville	–	–	1	3	4	12	,33
Dallas	–	–	2	1	3	17	,18
TOTAL					**682**		

Équipes de la NHL non opérantes

	1970-1979	1980-1989	1990-1999	2000-2009	TOTAL	NB D'ANNÉES DE REPÊCHAGE	MOYENNE PAR AN
Québec	2	26	10	–	38	16	2,38
Atlanta	9	–	–	–	9	9	1,00
Cleveland	1	–	–	–	1	1	1,00
Oakland	5	–	–	–	5	7	,71
Hartford	0	7	3	–	10	16	,63
Winnipeg	1	5	3	–	9	17	,59
Minnesota	5	2	1	–	8	23	,35
Kansas City	1	–	–	–	1	3	,33
Colorado	0	0	–	–	0	5	,00
TOTAL					**81**		
GRAND TOTAL					**763**		

Conclusion du tableau 2.16

Le Canadien figure au 1er rang de la Ligue avec 105 Québécois francophones sélectionnés au cours des 40 dernières années, pour une moyenne de 2,63 joueurs par année.

- Les Stars de Dallas ont surpassé toutes les autres équipes. Ils ont trouvé le moyen de repêcher 3 Québécois francophones dans les 17 dernières années, pour une moyenne de 0,18 joueurs par année. Les Stars repêchent en moyenne 1 francophone à tous les 5,5 ans. Ce qui est surprenant, c'est que Bob Gainey ait été directeur gérant des Stars pendant 8 années. Les Stars sont au dernier rang.
- Pour ce qui est de Bob Gainey, depuis son arrivée à Montréal en 2003, sa moyenne est un peu plus respectable, soit 1,57 joueur par année, pour un total de 11 joueurs québécois francophones en 7 repêchages.
- Les Sabres de Buffalo sont au 2e rang de la Ligue avec 48 Québécois francophones sélectionnés au cours des 40 dernières années, pour une moyenne de 1,20 joueur par année.
- Philadelphie vient au 3e rang, avec un total de 45 joueurs au cours des 40 dernières années, pour une moyenne de 1,13 joueur par année.
- Philadelphie vient au 1er rang depuis l'an 2000, avec une récolte de 13 Québécois francophones et de 3 Québécois anglophones, pour un total de 16 Québécois, devançant ainsi le Canadien de Montréal (15) par un joueur. Les *Habs* de l'ère moderne, ce sont maintenant les Flyers de Philadelphie.
- Les Nordiques de Québec figureraient au 2e rang s'ils étaient encore en opération. Entre 1979 et 1994, ils ont sélectionné un total de 38 Québécois francophones en 16 années de repêchage, pour une moyenne de 2,38 joueurs par année.
- Pour ce qui est des *Nordicks* du Colorado, avec les mêmes dirigeants hockey qu'à Québec, c'est un grand total de 8 joueurs québécois francophones qu'ils ont sélectionnés en 15 ans, pour une moyenne de 0,53 joueur par année, ce qui les relègue au 23e rang. C'est une diminution de presque 2 joueurs par année. C'est 30 joueurs francophones de moins que pendant la période où ils jouaient dans la ville de Québec.

Pensez-vous qu'ils auraient repêché si peu de joueurs francophones s'ils étaient demeurés dans la ville de Québec ? Je ne fais que poser la question !

- Lors des 16 années qu'a duré la rivalité entre le Canadien et les Nordiques, c'est un total de 84 joueurs québécois francophones qui ont été sélectionnés par les deux équipes. Les Nordiques en ont sélectionné 38, pour une moyenne de 2,38 joueurs par année. Le Canadien en a sélectionné 46, pour une moyenne de 2,88 par année.
- Entre le départ des Nordiques pour le Colorado en 1995 et l'arrivée du duo Timmins-Gainey en 2003, donc sur une période de 8 ans, le Canadien a sélectionné 18 Québécois francophones, pour une moyenne de 2,25 par année. Pendant l'ère de Bob Gainey, c'est 11 joueurs qui ont été sélectionnés en 7 ans, pour une moyenne de 1,57 joueur par année. Ce ratio de 1,57 joueur par année, c'est plus d'un joueur québécois francophone de moins par année que durant la rivalité Montréal-Québec.

TIMMINS SE DÉFEND DE BOUDER LES QUÉBÉCOIS

Timmins n'aime d'ailleurs pas entendre certains observateurs lui reprocher de bouder les joueurs francophones : « Nous sommes très sensibles à la question. »

MATHIAS BRUNET
(*La Presse*, 25 mars 2009)

DES CRITIQUES INJUSTIFIÉES ENVERS TIMMINS

On reproche souvent au responsable du recrutement chez le Canadien Trevor Timmins de bouder le Québec lors du repêchage. Qu'en est-il vraiment? Allons au fond des choses pour vérifier si les critiques à l'endroit de Timmins sont justifiées.

MATHIAS BRUNET
(*La Presse,* 20 mai 2009)

- Le Canadien de Montréal a sélectionné 90 joueurs francophones entre 1970 et 1999, pour une moyenne de 30 joueurs par décennie. Lors de la dernière décennie, ce sont 15 joueurs québécois francophones que l'équipe a sélectionnés. Une diminution de 50%!

- Depuis les 10 derniers repêchages, Pittsburgh et Columbus ont sélectionnés 9 Québécois francophones, pour une moyenne de 0,90 joueur par année. Ce résultat les positionne au 3e rang avec les Sabres de Buffalo.

- La surprise, pour plusieurs d'entre vous, c'est probablement la 8e position, au classement des équipes, occupée par les Maple Leafs de Toronto. Les Leafs ont sélectionné 35 Québécois francophones au cours des 40 dernières années, pour une moyenne de 0,88 joueurs par année.

- Le nombre de joueurs québécois francophones sélectionnés lors des 40 dernières années est de 763. De ce nombre, le Canadien, les Nordiques, les Sabres et les Flyers ont sélectionné un total de 236 joueurs, soit 31% de tous les hockeyeurs québécois francophones repêchés par les équipes de la LNH aux cours des 40 dernières années.

TABLEAU 2.17

Repêchage des Québécois francophones, de 1970 à 2009*

RANG	ÉQUIPE	NOM	PRÉNOM	P	LIGUE	PJ	B	A	PTS	PUN
1970										
1	BUFFALO	Perreault	Gilbert	C	ONT	1191	512	814	1326	500
11	NY RANGERS	Gratton	Normand	A	ONT	201	39	45	84	64
12	DETROIT	Lajeunesse	Serge	D	ONT	103	1	4	5	103
18	PHILADELPHIE	Clément	Bill	C	ONT	719	148	208	356	383
26	DETROIT	Guindon	Bob	A	ONT	6	0	1	1	0
27	BOSTON	Bouchard	Dan	G	ONT	655				
28	CHICAGO	Archambault	Michel	C	LHJMQ	3	0	0	0	0
40	DETROIT	Lambert	Yvon	A	LHJMQ	683	206	273	479	340
46	PHILADELPHIE	Lapierre	Jacques	A	LHJMQ	0	0	0	0	0
53	NY RANGERS	St-Pierre	André	D	LHJMQ	0	0	0	0	0
64	TORONTO	Simard	Luc	A	LHJMQ	0	0	0	0	0
70	CHICAGO	Meloche	Gilles	G	LHJMQ	788				
79	ST. LOUIS	Moreau	Claude	D	ONT	0	0	0	0	0
91	TORONTO	Larose	Paul	A	LHJMQ	0	0	0	0	0
106	NY RANGERS	Brindamour	Pierre	A	ONT	0	0	0	0	0
107	BUFFALO	Nadeau	Luc	C	LHJMQ	0	0	0	0	0
109	PHILADELPHIE	Daigle	Jean	C	LHJMQ	0	0	0	0	0
1971										
1	MONTRÉAL	Lafleur	Guy	A	LHJMQ	1127	560	793	1352	399
2	DETROIT	Dionne	Marcel	C	ONT	1348	731	1040	1771	600
3	VANCOUVER	Guèvremont	Jocelyn	D	ONT	571	84	223	307	319
5	BUFFALO	Martin	Rick	A	ONT	685	384	317	701	477
9	PHILADELPHIE	Plante	Pierre	A	LHJMQ	599	125	172	297	599
24	MONTRÉAL	Deguise	Michel	G	LHJMQ	0	0	0	0	0
29	CALIFORNIE	Leduc	Richard	A	LHJMQ	130	28	38	66	69
39	VANCOUVER	Lemieux	Richard	C	ONT	274	39	82	121	132
47	BUFFALO	Richer	Bob	D	LHJMQ	3	0	0	0	0
57	CALIFORNIE	Bélanger	Reynald	G	LHJMQ	0				
75	BUFFALO	Duguay	Pierre	C	LHJMQ	0	0	0	0	0
76	LOS ANGELES	Lapierre	Camille	A	ONT	0	0	0	0	0
90	LOS ANGELES	Dubé	Norm	A	LHJMQ	57	8	10	18	54
97	NY RANGERS	Royal	Jean-Denis	D	LHJMQ	0	0	0	0	0
111	NY RANGERS	Peloffy	André	C	LHJMQ	9	0	0	0	0
114	NY RANGERS	Lecomte	Gérald	D	LHJMQ	0	0	0	0	0
117	MINNESOTA	Coutu	Richard	G	LHJMQ	0	0	0	0	0
RANG	ÉQUIPE	NOM	PRÉNOM	P	LIGUE	PJ	B	A	PTS	PUN

1972

RANG	ÉQUIPE	NOM	PRÉNOM	P	LIGUE	PJ	B	A	PTS	PUN
2	**ATLANTA**	**Richard**	**Jacques**	**C**	**LHJMQ**	**556**	**160**	**187**	**347**	**307**
6	**MONTRÉAL**	**Larocque**	**Michel**	**G**	**ONT**	**308**				
26	**DETROIT**	Guité	Pierre	A	ONT	0	0	0	0	0
31	**NY RANGERS**	Villemure	René	A	LHJMQ	0	0	0	0	0
34	**ATLANTA**	**Lemieux**	**Jean**	**D**	**LHJMQ**	**204**	**23**	**63**	**86**	**39**
40	**PITTSBURGH**	**Herron**	**Denis**	**G**	**LHJMQ**	**462**				
41	**ST. LOUIS**	**Hamel**	**Jean**	**D**	**LHJMQ**	**699**	**26**	**95**	**121**	**766**
43	**TORONTO**	Deslauriers	Denis	D	LHJMQ	0	0	0	0	0
48	**BOSTON**	Boudreau	Michel	A	LHJMQ	0	0	0	0	0
53	**BUFFALO**	Campeau	Richard	D	LHJMQ	0	0	0	0	0
54	**CALIFORNIE**	**St-Sauveur**	**Claude**	**C**	**LHJMQ**	**79**	**24**	**24**	**48**	**23**
65	**NY ISLANDERS**	**Grenier**	**Richard**	**C**	**LHJMQ**	**10**	**1**	**1**	**2**	**2**
69	**BUFFALO**	**Gratton**	**Gilles**	**G**	**ONT**	**47**				
75	**TORONTO**	Plante	Michel	A	LHJMQ	0	0	0	0	0
77	**CHICAGO**	Giroux	Réjean	A	LHJMQ	0	0	0	0	0
86	**CALIFORNIE**	Lefebvre	Jacques	G	LHJMQ	0				
97	**NY ISLANDERS**	**Brodeur**	**Richard**	**G**	**LHJMQ**	**385**				
103	**PHILADELPHIE**	**Beaudoin**	**Serge**	**D**	**LHJMQ**	**3**	**0**	**0**	**0**	**0**
110	**MONTRÉAL**	Archambault	Yves	G	LHJMQ	0				
117	**NY ISLANDERS**	Levasseur	René	D	LHJMQ	0	0	0	0	0
120	**PITTSBURGH**	**Bergeron**	**Yves**	**A**	**LHJMQ**	**3**	**0**	**0**	**0**	**0**
127	**NY RANGERS**	Blais	Yvon	D	LHJMQ	0	0	0	0	0
129	**NY ISLANDERS**	Rolando	Yvan	A	LHJMQ	0	0	0	0	0
130	**ATLANTA**	Roy	Pierre	D	LHJMQ	0	0	0	0	0
132	**ATLANTA**	Lamarre	Jean	A	LHJMQ	0	0	0	0	0
134	**CALIFORNIE**	Meloche	Denis	A	LHJMQ	0	0	0	0	0
135	**PHILADELPHIE**	Boutin	Raymond	G	LHJMQ	0				
137	**NY RANGERS**	Archambault	Pierre	D	LHJMQ	0	0	0	0	0
146	**NY ISLANDERS**	Lambert	René	A	LHJMQ	0	0	0	0	0

1973

RANG	ÉQUIPE	NOM	PRÉNOM	P	LIGUE	PJ	B	A	PTS	PUN
1	**NY ISLANDERS**	**Potvin**	**Denis**	**D**	**ONT**	**1060**	**310**	**742**	**1052**	**1356**
6	**BOSTON**	**Savard**	**André**	**C**	**LHJMQ**	**790**	**211**	**271**	**482**	**411**
19	**VANCOUVER**	**Bordeleau**	**Paulin**	**C**	**ONT**	**183**	**33**	**56**	**89**	**47**
28	**BUFFALO**	Landry	Jean	D	LHJMQ	0	0	0	0	0
44	**BUFFALO**	Deschamps	André	A	LHJMQ	0	0	0	0	0
49	**NY ISLANDERS**	**St-Laurent**	**André**	**C**	**LHJMQ**	**644**	**129**	**187**	**316**	**749**
RANG	**ÉQUIPE**	**NOM**	**PRÉNOM**	**P**	**LIGUE**	**PJ**	**B**	**A**	**PTS**	**PUN**

* Les joueurs qui ont joué au moins 1 partie dans la LNH apparaissent en caractères gras.

Repêchage des Québécois francophones, de 1970 à 2009 (suite)

1973 (SUITE)

RANG	ÉQUIPE	NOM	PRÉNOM	P	LIGUE	PJ	B	A	PTS	PUN
52	**TORONTO**	Rochon	François	A	LHJMQ	0	0	0	0	0
60	**BUFFALO**	Dupuis	Yvon	A	LHJMQ	0	0	0	0	0
64	**MONTRÉAL**	Latulipe	Richard	A	LHJMQ	0	0	0	0	0
74	**PHILADELPHIE**	Latreille	Michel	D	LHJMQ	0	0	0	0	0
78	**NY RANGERS**	Laganiere	Pierre	A	LHJMQ	0	0	0	0	0
95	**BOSTON**	Bourgouyne	J.-P.	D	LHJMQ	0	0	0	0	0
96	**MONTRÉAL**	Patry	Denis	A	LHJMQ	0	0	0	0	0
112	**MONTRÉAL**	Belisle	Michel	A	LHJMQ	0	0	0	0	0
120	**ST. LOUIS**	Tétreault	Jean	A	LHJMQ	0	0	0	0	0
126	**NY ISLANDERS**	Desgagnés	Denis	C	LHJMQ	0	0	0	0	0
128	**MONTRÉAL**	Desjardins	Mario	A	LHJMQ	0	0	0	0	0
139	**DETROIT**	Bibeau	Raymond	D	LHJMQ	0	0	0	0	0
149	**ATLANTA**	Ross	Guy	D	LHJMQ	0	0	0	0	0
157	**BOSTON**	Bouillon	Yvan	A	LHJMQ	0	0	0	0	0
158	**MONTRÉAL**	Labrecque	Alain	A	LHJMQ	0	0	0	0	0
168	**MONTRÉAL**	Chiasson	Louis	A	LHJMQ	0	0	0	0	0
1974										
8	**PITTSBURGH**	**Larouche**	**Pierre**	**C**	**LHJMQ**	812	395	427	822	237
12	**MONTRÉAL**	**Tremblay**	**Mario**	**A**	**LHJMQ**	852	258	326	584	1043
24	**MINNESOTA**	**Nantais**	**Richard**	**A**	**LHJMQ**	53	5	4	9	79
27	**PITTSBURGH**	**Cossette**	**Jacques**	**A**	**LHJMQ**	64	8	6	14	29
28	**ATLANTA**	**Chouinard**	**Guy**	**C**	**LHJMQ**	578	205	370	575	120
33	**MONTRÉAL**	**Lupien**	**Gilles**	**D**	**LHJMQ**	226	5	25	30	416
34	**CHICAGO**	**Daigle**	**Alain**	**A**	**LHJMQ**	389	56	50	106	122
47	**BUFFALO**	Deziel	Michel	A	LHJMQ	0	0	0	0	0
53	**PHILADELPHIE**	**Sirois**	**Bob**	**A**	**LHJMQ**	286	92	120	212	42
62	**PITTSBURGH**	**Faubert**	**Mario**	**D**	**É.-U.**	231	21	90	111	222
63	**DETROIT**	**Bergeron**	**Michel**	**A**	**LHJMQ**	229	80	58	138	165
76	**NY ISLANDERS**	Toressan	Carlo	D	LHJMQ	0	0	0	0	0
119	**BUFFALO**	Noreau	Bernard	A	LHJMQ	0	0	0	0	0
125	**PHILADELPHIE**	**Lemelin**	**Réjean**	**G**	**LHJMQ**	507				
136	**BUFFALO**	Constantin	Charles	A	LHJMQ	0	0	0	0	0
147	**VANCOUVER**	Gaudreault	Marc	D	É.-U.	0	0	0	0	0
149	**ST. LOUIS**	Touzin	Paul	G	LHJMQ	0				
154	**LOS ANGELES**	**Lessard**	**Mario**	**G**	**LHJMQ**	240				
RANG	ÉQUIPE	NOM	PRÉNOM	P	LIGUE	PJ	B	A	PTS	PUN

RANG	ÉQUIPE	NOM	PRÉNOM	P	LIGUE	PJ	B	A	PTS	PUN
156	**NY RANGERS**	Arvisais	Claude	C	LHJMQ	0	0	0	0	0
162	**KANSAS CITY**	Carufel	Denis	A	LHJMQ	0	0	0	0	0
167	**ATLANTA**	Loranger	Louis	A	LHJMQ	0	0	0	0	0
174	**PHILADELPHIE**	Labrosse	Marcel	C	LHJMQ	0	0	0	0	0
181	**PITTSBURGH**	Gamelin	Serge	A	LHJMQ	0	0	0	0	0
184	**LOS ANGELES**	Locas	Jacques	C	LHJMQ	0	0	0	0	0
188	**CHICAGO**	Bernier	Jean	D	LHJMQ	0	0	0	0	0
195	**PITTSBURGH**	Perron	Richard	D	LHJMQ	0	0	0	0	0
196	**BUFFALO**	Geoffrion	Bob	A	LHJMQ	0	0	0	0	0
201	**PHILADELPHIE**	Guay	Richard	G	LHJMQ	0				
212	**WASHINGTON**	Plante	Bernard	A	LHJMQ	0	0	0	0	0
220	**WASHINGTON**	Chiasson	Jacques	A	LHJMQ	0	0	0	0	0
234	**WASHINGTON**	Plouffe	Yves	D	LHJMQ	0	0	0	0	0
1975										
15	**MONTRÉAL**	**Mondou**	**Pierre**	A	**LHJMQ**	548	194	262	456	179
17	**BUFFALO**	**Sauvé**	**Robert**	G	**LHJMQ**	420				
46	**VANCOUVER**	Lapointe	Normand	G	LHJMQ	0				
54	**PHILADELPHIE**	**Ritchie**	**Robert**	A	**LHJMQ**	29	8	4	12	10
61	**CHICAGO**	**Giroux**	**Pierre**	A	**LHJMQ**	6	1	0	1	17
65	**NY ISLANDERS**	Lepage	André	G	LHJMQ	0				
68	**BOSTON**	Daigle	Denis	A	LHJMQ	0	0	0	0	0
69	**LOS ANGELES**	Leduc	André	D	LHJMQ	0	0	0	0	0
106	**MONTRÉAL**	**Lachance**	**Michel**	D	**LHJMQ**	21	0	4	4	22
112	**MINNESOTA**	Robert	François	D	LHJMQ	0	0	0	0	0
113	**DETROIT**	Phaneuf	Jean-Luc	C	LHJMQ	0	0	0	0	0
114	**TORONTO**	Rouillard	Mario	A	LHJMQ	0	0	0	0	0
120	**RANGERS**	**Larose**	**Claude**	A	**LHJMQ**	25	4	7	11	2
150	**ATLANTA**	Sanza	Nick	G	LHJMQ	0				
164	**DETROIT**	Thibodeau	Jean-Luc	C	LHJMQ	0	0	0	0	0
165	**TORONTO**	Latendresse	Jean	D	LHJMQ	0	0	0	0	0
169	**RANGERS**	Beaulieu	Daniel	A	LHJMQ	0	0	0	0	0
190	**MINNESOTA**	Cloutier	Gilles	G	LHJMQ	0				
197	**LOS ANGELES**	Viens	Mario	G	LHJMQ	0				
201	**NY RANGERS**	Dionne	Paul	A	É.-U.	0	0	0	0	0
204	**MONTRÉAL**	Brisebois	Michel	C	LHJMQ	0	0	0	0	0
RANG	**ÉQUIPE**	**NOM**	**PRÉNOM**	**P**	**LIGUE**	**PJ**	**B**	**A**	**PTS**	**PUN**

Repêchage des Québécois francophones, de 1970 à 2009 (suite)

1976

RANG	ÉQUIPE	NOM	PRÉNOM	P	LIGUE	PJ	B	A	PTS	PUN
9	CHICAGO	Cloutier	Réal	A	LHJMQ	317	146	198	344	119
48	TORONTO	Bélanger	Alain	A	LHJMQ	9	0	1	1	6
60	NY RANGERS	Périard	Claude	A	LHJMQ	0	0	0	0	0
90	MONTRÉAL	Barette	Maurice	G	LHJMQ	0				
105	BUFFALO	Lemieux	Donald	D	LHJMQ	0	0	0	0	0
108	MONTRÉAL	Brassard	Pierre	A	LHJMQ	0	0	0	0	0
111	DETROIT	Leblanc	Fernand	A	LHJMQ	34	5	6	11	0
112	NY RANGERS	Lévesque	Rémi	C	LHJMQ	0	0	0	0	0
120	DETROIT	Legris	Claude	G	LHJMQ	4				

1977

RANG	ÉQUIPE	NOM	PRÉNOM	P	LIGUE	PJ	B	A	PTS	PUN
3	WASHINGTON	Picard	Robert	D	LHJMQ	899	104	319	423	1025
8	NY RANGERS	Deblois	Lucien	A	LHJMQ	993	249	276	525	814
18	MONTRÉAL	Dupont	Normand	A	LHJMQ	256	55	85	140	52
19	CHICAGO	Savard	Jean	C	LHJMQ	43	7	12	19	29
23	CLEVELAND	Chicoine	Daniel	A	LHJMQ	31	1	2	3	12
39	WASHINGTON	Godin	Eddy	A	LHJMQ	27	3	6	9	12
43	MONTRÉAL	Côté	Alain	A	LHJMQ	696	103	190	293	383
46	MONTRÉAL	Lagacé	Pierre	C	LHJMQ	0	0	0	0	0
62	NY RANGERS	Marois	Mario	D	LHJMQ	955	76	357	433	1746
67	PHILADELPHIE	Guillemette	Yves	G	LHJMQ	0				
71	PHILADELPHIE	Hamelin	René	A	LHJMQ	0	0	0	0	0
75	WASHINGTON	Turcotte	Denis	C	LHJMQ	0	0	0	0	0
80	NY RANGERS	Gosselin	Benoit	A	LHJMQ	7	0	0	0	33
86	BUFFALO	Sirois	Richard	G	LHJMQ	VOIR 1978				
90	MONTRÉAL	Rochette	Gaetan	D	LHJMQ	0	0	0	0	0
100	ATLANTA	Harbec	Bernard	C	LHJMQ	0	0	0	0	0
107	PHILADELPHIE	Chaput	Alain	C	LHJMQ	0	0	0	0	0
115	MINNESOTA	Sanvido	J.-Pierre	G	LHJMQ	0				
123	PHILADELPHIE	Dalpé	Richard	C	LHJMQ	0	0	0	0	0
124	MONTRÉAL	Sévigny	Richard	G	LHJMQ	176				
125	DETROIT	Roy	Raymond	C	LHJMQ	0	0	0	0	0
127	WASHINGTON	Tremblay	Brent	D	LHJMQ	10	1	0	1	6
138	BOSTON	Claude	Mario	D	LHJMQ	0	0	0	0	0
167	MONTRÉAL	Poulin	Daniel	D	LHJMQ	3	1	1	2	0
RANG	ÉQUIPE	NOM	PRÉNOM	P	LIGUE	PJ	B	A	PTS	PUN

1977 (SUITE)

RANG	ÉQUIPE	NOM	PRÉNOM	P	LIGUE	PJ	B	A	PTS	PUN
170	DETROIT	Bélanger	Alain	A	LHJMQ	0	0	0	0	0
178	DETROIT	Cloutier	Roland	C	LHJMQ	34	8	9	17	2
179	MONTRÉAL	Beslisle	Jean	G	LHJMQ	0				
182	MONTRÉAL	Boileau	Robert	C	É.-U.	0	0	0	0	0

1978

RANG	ÉQUIPE	NOM	PRÉNOM	P	LIGUE	PJ	B	A	PTS	PUN
8	MONTRÉAL	Geoffrion	Daniel	A	LHJMQ	111	20	32	52	99
42	MONTRÉAL	David	Richard	A	LHJMQ	31	4	4	8	10
60	NY RANGERS	Doré	André	D	LHJMQ	257	14	81	95	261
95	DETROIT	Locas	Sylvain	C	LHJMQ	0	0	0	0	0
98	TORONTO	Lefebvre	Normand	A	LHJMQ	0	0	0	0	0
118	NY ISLANDERS	Pepin	Richard	A	LHJMQ	0	0	0	0	0
122	WASHINGTON	Sirois	Richard	G	LHI	0	0	0	0	0
139	WASHINGTON	Pomerleau	Denis	A	LHJMQ	0	0	0	0	0
181	ST. LOUIS	Boutin	J.-F.	A	LHJMQ	0	0	0	0	0
186	MONTRÉAL	Metivier	Daniel	A	LHJMQ	0	0	0	0	0
188	ST. LOUIS	Ménard	Serge	A	LHJMQ	0	0	0	0	0
192	NY RANGERS	Daigneault	Pierre	D	COL QC.	0	0	0	0	0
193	LOS ANGELES	Larochelle	Claude	A	LHJMQ	0	0	0	0	0
229	MONTRÉAL	Leblanc	Serge		É.-U.	0	0	0	0	0
233	MONTRÉAL	Sleigher	Louis	A	LHJMQ	194	46	53	99	146

1979

RANG	ÉQUIPE	NOM	PRÉNOM	P	LIGUE	PJ	B	A	PTS	PUN
8	BOSTON	Bourque	Raymond	D	LHJMQ	1612	410	1169	1579	1141
20	QUÉBEC	Goulet	Michel	A	AMH	1089	548	604	1152	823
27	MONTRÉAL	Gingras	Gaston	D	AMH	476	61	174	235	161
44	MONTRÉAL	Carbonneau	Guy	C	LHJMQ	1318	260	403	663	820
51	TORONTO	Aubin	Normand	A	LHJMQ	69	18	13	31	30
55	BUFFALO	Cloutier	Jacques	G	LHJMQ	255				
70	CHICAGO	Bégin	Louis	C	LHJMQ	0	0	0	0	0
72	TORONTO	Tremblay	Vincent	G	LHJMQ	58				
74	BUFFALO	Hamel	Gilles	A	LHJMQ	519	127	147	274	276
82	WINNIPEG	Daley	Patrick	A	LHJMQ	12	1	0	1	13
95	BUFFALO	Haworth	Allan	C	LHJMQ	524	189	211	400	425
99	BOSTON	Baron	Marco	G	LHJMQ	86				
104	QUÉBEC	Lacroix	Pierre	A	LHJMQ	274	24	107	131	197
107	ST. LOUIS	Leduc	Gilles	D	LHJMQ	0	0	0	0	0
RANG	ÉQUIPE	NOM	PRÉNOM	P	LIGUE	PJ	B	A	PTS	PUN

Repêchage des Québécois francophones, de 1970 à 2009 (suite)

RANG	ÉQUIPE	NOM	PRÉNOM	P	LIGUE	PJ	B	A	PTS	PUN
1980										
2	CHICAGO	Savard	Denis	C	LHJMQ	1196	473	865	1338	1336
13	CALGARY	Cyr	Denis	A	LHJMQ	193	41	43	84	36
24	QUÉBEC	Rochefort	Normand	D	LHJMQ	598	39	119	158	570
29	HARTFORD	Galarneau	Michel	C	LHJMQ	78	7	10	17	34
65	WINNIPEG	Fournier	Guy	A	LHJMQ	0	0	0	0	0
76	CALGARY	Roy	Marc		LHJMQ	0	0	0	0	0
96	ST. LOUIS	Lemieux	Alain	C	LHJMQ	119	28	44	72	38
103	MONTRÉAL	Gagné	Rémi	C	LHJMQ	0	0	0	0	0
125	BUFFALO	Naud	Daniel	D	LHJMQ	0	0	0	0	0
129	QUÉBEC	Therrien	Gaston	D	LHJMQ	22	0	8	8	12
150	QUÉBEC	Bolduc	Michel	D	LHJMQ	10	0	0	0	6
160	CALGARY	Drouin	Claude		LHJMQ	0	0	0	0	0
166	MONTRÉAL	Penney	Steve	G	LHJMQ	91				
171	QUÉBEC	Tanguay	Christian	A	LHJMQ	2	0	0	0	0
1981										
14	BOSTON	Léveillé	Normand	A	LHJMQ	75	17	25	42	49
18	MONTRÉAL	Delorme	Gilbert	D	LHJMQ	541	31	92	123	520
35	BOSTON	Dufour	Luc	C	LHJMQ	167	23	21	44	199
44	DETROIT	Micalef	Corado	G	LHJMQ	113				
52	VANCOUVER	Lanthier	J.-Marc	A	LHJMQ	105	16	16	32	29
53	QUÉBEC	Gaulin	J.-Marc	A	LHJMQ	26	4	3	7	8
90	TORONTO	Lefrançois	Normand	A	LHJMQ	0	0	0	0	0
94	NY ISLANDERS	Sylvestre	Jacques	A	LHJMQ	0	0	0	0	0
121	PHILADELPHIE	Villeneuve	André	D	LHJMQ	0	0	0	0	0
151	HARTFORD	Doré	Denis	A	LHJMQ	0	0	0	0	0
152	WASHINGTON	Duchesne	Gaétan	A	LHJMQ	1028	179	254	433	629
153	TORONTO	Turmel	Richard	D	LHJMQ	0	0	0	0	0
158	QUÉBEC	Côté	André	A	LHJMQ	0	0	0	0	0
161	BOSTON	Parisée	Armel	D	LHJMQ	0	0	0	0	0
167	ST. LOUIS	Vigneault	Alain	D	LHJMQ	42	2	5	7	82
179	QUÉBEC	Brisebois	Marc	A	LHJMQ	0	0	0	0	0
198	NY RANGERS	Proulx	Mario	G	É.-U.	0				
199	VANCOUVER	Vignola	Réjean	A	LHJMQ	0	0	0	0	0
201	CHICAGO	Roy	Sylvain	D	LHJMQ	0	0	0	0	0
203	BOSTON	Bourque	Richard	A	LHJMQ	0	0	0	0	0
RANG	ÉQUIPE	NOM	PRÉNOM	P	LIGUE	PJ	B	A	PTS	PUN

1982										
RANG	ÉQUIPE	NOM	PRÉNOM	P	LIGUE	PJ	B	A	PTS	PUN
11	VANCOUVER	Petit	Michel	D	LHJMQ	827	90	238	328	1839
19	MONTRÉAL	Héroux	Alain	A	LHJMQ	0	0	0	0	0
23	DETROIT	Courteau	Yves	A	LHJMQ.	22	2	5	7	4
28	CHICAGO	Badeau	René	D	LHJMQ	0	0	0	0	0
31	MONTRÉAL	Gauvreau	Jocelyn	D	LHJMQ	2	0	0	0	0
53	VANCOUVER	Lapointe	Yves	A	LHJMQ	0	0	0	0	0
55	QUÉBEC	Gosselin	Mario	G	LHJMQ	242				
99	TORONTO	Charland	Sylvain	A	LHJMQ	0	0	0	0	0
105	NY ISLANDERS	Breton	René	A	LHJMQ	0	0	0	0	. 0
107	DETROIT	Vilgrain	Claude	A	LHJMQ	89	21	32	53	78
131	QUÉBEC	Poudrier	Daniel	D	LHJMQ	25	1	5	6	10
161	PHILADELPHIE	Lavigne	Alain	A	LHJMQ	0	0	0	0	0
163	BUFFALO	Verret	Claude	C	LHJMQ	14	2	5	7	2
223	QUÉBEC	Martin	André	D	LHJMQ	0	0	0	0	0
1983										
2	HARTFORD	Turgeon	Sylvain	A	LHJMQ	669	269	225	494	691
10	BUFFALO	Lacombe	Normand	A	É.-U.	319	53	62	115	196
26	MONTRÉAL	Lemieux	Claude	A	LHJMQ	1197	379	406	785	1756
27	MONTRÉAL	Momesso	Sergio	A	LHJMQ	710	152	193	345	1557
32	QUÉBEC	Heroux	Yves	A	LHJMQ	1	0	0	0	0
45	MONTRÉAL	Letendre	Daniel	A	LHJMQ	0	0	0	0	0
59	CHICAGO	Bergevin	Marc	D	LHJMQ	1191	36	145	181	1090
67	LOS ANGELES	Benoit	Guy	A	LHJMQ	0	0	0	0	0
92	QUÉBEC	Guénette	Luc	G	LHJMQ	0				
95	WASHINGTON	Bouliane	Martin	C	LHJMQ	0	0	0	0	0
101	PHILADELPHIE	Carrier	Jérôme	D	LHJMQ	0	0	0	0	0
103	PITTSBURGH	Emond	Patrick	C	LHJMQ	0	0	0	0	0
109	WINNIPEG	Baillargeon	Joël	A	LHJMQ	20	0	2	2	31
143	HARTFORD	Duperron	Christian	D	LHJMQ	0	0	0	0	0
162	BOSTON	Olivier	François		LHJMQ	0	0	0	0	0
195	WASHINGTON	Beaudoin	Yves	D	LHJMQ	11	0	0	0	5
209	WINNIPEG	Cormier	Éric		QC COLL.	0	0	0	0	0
215	WASHINGTON	Raymond	Alain	G	LHJMQ	1				
219	CHICAGO	Pepin	Steve	A	LHJMQ	0	0	0	. 0	0
234	BUFFALO	Hamelin	Marc	G	LHJMQ	0				
238	MONTRÉAL	Bergeron	J.-Guy	D	LHJMQ	0	0	0	0	0
RANG	ÉQUIPE	NOM	PRÉNOM	P	LIGUE	PJ	B	A	PTS	PUN

Repêchage des Québécois francophones, de 1970 à 2009 (suite)

1984

RANG	ÉQUIPE	NOM	PRÉNOM	P	LIGUE	PJ	B	A	PTS	PUN
1	PITTSBURGH	Lemieux	Mario	C	LHJMQ	915	690	1033	1723	834
10	VANCOUVER	Daigneault	J.-Jacques	D	LHJMQ	899	53	197	250	687
11	HARTFORD	Côté	Sylvain	D	LHJMQ	1171	122	313	435	545
29	MONTRÉAL	Richer	Stéphane	A	LHJMQ	1054	421	398	819	614
51	MONTRÉAL	Roy	Patrick	G	LHJMQ	1029				
123	BUFFALO	Gasseau	James	D	LHJMQ	0	0	0	0	0
167	NY ISLANDERS	Desantis	Franco	D	LHJMQ	0	0	0	0	0
171	LOS ANGELES	Robitaille	Luc	A	LHJMQ	1431	668	726	1394	1177
176	ST. LOUIS	Jomphe	Daniel	A	LHJMQ	0	0	0	0	0
179	MONTRÉAL	Demers	Éric	D	LHJMQ	0	0	0	0	0
183	QUÉBEC	Ouellette	Guy		LHJMQ	0	0	0	0	0

1985

RANG	ÉQUIPE	NOM	PRÉNOM	P	LIGUE	PJ	B	A	PTS	PUN
12	MONTRÉAL	Charbonneau	José	A	LHJMQ	71	9	13	22	67
31	BOSTON	Côté	Alain	D	LHJMQ	119	2	18	20	124
35	BUFFALO	Hogue	Benoit	A	LHJMQ	863	222	231	543	877
51	MINNESOTA	Roy	Stéphane	C	LHJMQ	12	1	0	1	0
60	WINNIPEG	Berthiaume	Daniel	G	LHJMQ	215				
74	CHICAGO	Vincelette	Daniel	A	LHJMQ	193	20	22	42	351
75	MONTRÉAL	Desjardins	Martin	C	LHJMQ	8	0	2	2	2
103	WASHINGTON	Dumas	Claude	C	LHJMQ	0	0	0	0	0
117	MONTRÉAL	Dufresne	Donald	D	LHJMQ	268	6	36	42	258
162	QUÉBEC	Brunetta	Mario	G	LHJMQ	40				
175	NY RANGERS	Brochu	Stéphane	D	LHJMQ	1	0	0	0	0
179	CHICAGO	Laplante	Richard	A	É.-U.	0	0	0	0	0
209	EDMONTON	Barbe	Mario	D	LHJMQ	0	0	0	0	0
224	BUFFALO	Larose	Guy	C	ONT	70	10	9	19	63
246	QUÉBEC	Bois	Jean	A	LHJMQ	0	0	0	0	0

1986

RANG	ÉQUIPE	NOM	PRÉNOM	P	LIGUE	PJ	B	A	PTS	PUN
6	TORONTO	Damphousse	Vincent	C	LHJMQ	1378	432	773	1205	1190
10	ST. LOUIS	Lemieux	Jocelyn	A	LHJMQ	598	80	84	164	740
27	MONTRÉAL	Brunet	Benoit	A	LHJMQ	539	101	161	262	229
39	QUÉBEC	Routhier	J.-Marc	A	LHJMQ	8	0	0	0	9
41	QUÉBEC	Guérard	Stéphane	D	LHJMQ	34	0	0	0	40
65	LOS ANGELES	Couturier	Sylvain	A	LHJMQ	33	4	5	9	4
94	MONTRÉAL	Aubertin	Éric	A	LHJMQ	0	0	0	0	0
110	BUFFALO	Baldris	Miguel	D	LHJMQ	0	0	0	0	0
RANG	ÉQUIPE	NOM	PRÉNOM	P	LIGUE	PJ	B	A	PTS	PUN

1986 (SUITE)

RANG	ÉQUIPE	NOM	PRÉNOM	P	LIGUE	PJ	B	A	PTS	PUN
111	**TORONTO**	Giguère	Stéphane	A	LHJMQ	0	0	0	0	0
119	**CHICAGO**	**Doyon**	**Mario**	D	LHJMQ	28	3	4	7	16
144	**QUÉBEC**	Nault	J.-François	A	LHJMQ	0	0	0	0	0
152	**BUFFALO**	**Guay**	**François**	C	LHJMQ	1	0	0	0	0
168	**EDMONTON**	Beaulieu	Nicolas	A	LHJMQ	0	0	0	0	0
186	**QUÉBEC**	Millier	Pierre	A	LHJMQ	0	0	0	0	0
192	**NEW JERSEY**	**Chabot**	**Frédéric**	G	MID. AAA	32				
204	**MONTRÉAL**	Bohémier	Éric	G	LHJMQ	0				
228	**QUÉBEC**	Latreille	Martin	D	LHJMQ	0	0	0	0	0

1987

RANG	ÉQUIPE	NOM	PRÉNOM	P	LIGUE	PJ	B	A	PTS	PUN
1	**BUFFALO**	**Turgeon**	**Pierre**	C	LHJMQ	1294	515	812	1327	452
11	**DETROIT**	**Racine**	**Yves**	D	LHJMQ	508	37	194	231	439
14	**BOSTON**	**Quintal**	**Stéphane**	D	LHJMQ	1037	63	180	243	1320
25	**CALGARY**	**Matteau**	**Stéphane**	D	LHJMQ	848	144	172	316	742
28	**TORONTO**	**Marois**	**Daniel**	A	LHJMQ	350	117	93	210	419
31	**NY RANGERS**	**Lacroix**	**Daniel**	A	LHJMQ	188	11	7	18	379
38	**MONTRÉAL**	**Desjardins**	**Éric**	D	LHJMQ	1143	136	439	575	757
45	**VANCOUVER**	Veilleux	Steve	D	LHJMQ	0	0	0	0	0
46	**NY RANGERS**	Gagne	Simon	A	LHJMQ	0	0	0	0	0
57	**WASHINGTON**	**Maltais**	**Steve**	A	ONT	120	8	18	27	53
58	**MONTRÉAL**	Gravel	François	G	LHJMQ	0				
185	**MONTRÉAL**	Tremblay	Éric	A	LHJMQ	0	0	0	0	0
212	**NEW JERSEY**	Charland	Alain	A	LHJMQ	0	0	0	0	0

1988

RANG	ÉQUIPE	NOM	PRÉNOM	P	LIGUE	PJ	B	A	PTS	PUN
5	**QUÉBEC**	**Doré**	**Daniel**	A	LHJMQ	17	2	3	5	59
7	**LOS ANGELES**	**Gélinas**	**Martin**	A	LHJMQ	1273	309	351	660	820
14	**PHILADELPHIE**	**Boivin**	**Claude**	A	LHJMQ	132	12	19	31	364
15	**WASHINGTON**	**Savage**	**Réginald**	A	LHJMQ	34	5	7	12	28
19	**EDMONTON**	**Leroux**	**François**	D	LHJMQ	249	3	20	23	577
20	**MONTRÉAL**	**Charron**	**Éric**	D	LHJMQ	130	2	7	9	127
24	**QUÉBEC**	**Fiset**	**Stéphane**	G	LHJMQ	390				
34	**MONTRÉAL**	**St-Amour**	**Martin**	A	LHJMQ	1	0	0	0	2
38	**DETROIT**	Anglehart	Serge	D	LHJMQ	0	0	0	0	0
47	**DETROIT**	Dupuis	Guy	D	LHJMQ	0	0	0	0	0
52	**WINNIPEG**	**Beauregard**	**Stéphane**	G	LHJMQ	90				
62	**PITTSBURGH**	**Gauthier**	**Daniel**	C	LHJMQ	5	0	0	0	0
RANG	ÉQUIPE	NOM	PRÉNOM	P	LIGUE	PJ	B	A	PTS	PUN

Repêchage des Québécois francophones, de 1970 à 2009 (suite)

RANG	ÉQUIPE	NOM	PRÉNOM	P	LIGUE	PJ	B	A	PTS	PUN
1988 (SUITE)										
63	**PHILADELPHIE**	**Roussel**	**Dominic**	**G**	**LHJMQ**	**205**				
79	**NY ISLANDERS**	Brassard	André	D	LHJMQ	0	0	0	0	0
81	**BOSTON**	**Juneau**	**Joé**	**C**	**É.-U.**	**828**	**156**	**416**	**572**	**272**
87	**QUÉBEC**	Venne	Stéphane	D	É.-U.	0	0	0	0	0
99	**NY RANGERS**	Bergeron	Martin	C	LHJMQ	0	0	0	0	0
101	**WINNIPEG**	Lebeau	Benoit	A	É.-U.	0	0	0	0	0
104	**MONTRÉAL**	**Bergeron**	**J.-Claude**	**G**	**LHJMQ**	**72**				
142	**ISLANDERS**	Gaucher	Yves	A	LHJMQ	0	0	0	0	0
152	**NY RANGERS**	Couvrette	Yves	A	LHJMQ	0	0	0	0	0
197	**CHICAGO**	Maurice	Daniel	A	LHJMQ	0	0	0	0	0
210	**CALGARY**	Darveau	Guy	D	LHJMQ	0	0	0	0	0
234	**QUÉBEC**	**Lapointe**	**Claude**	**C**	**LHJMQ**	**879**	**127**	**178**	**305**	**721**
1989										
30	**MONTRÉAL**	**Brisebois**	**Patrice**	**D**	**LHJMQ**	**1009**	**98**	**322**	**420**	**623**
41	**MONTRÉAL**	**Larouche**	**Steve**	**C**	**LHJMQ**	**26**	**9**	**9**	**18**	**10**
43	**QUÉBEC**	**Morin**	**Stéphane**	**C**	**LHJMQ**	**90**	**16**	**39**	**55**	**52**
51	**MONTRÉAL**	**Sévigny**	**Pierre**	**A**	**LHJMQ**	**78**	**4**	**5**	**9**	**64**
75	**MINNESOTA**	**Quintin**	**J.-F.**	**A**	**LHJMQ**	**22**	**5**	**5**	**10**	**4**
76	**QUÉBEC**	Dubois	Éric	D	LHJMQ	0	0	0	0	0
83	**MONTRÉAL**	**Racicot**	**André**	**G**	**LHJMQ**	**68**				
93	**ST. LOUIS**	**Laperriere**	**Daniel**	**D**	**É.-U.**	**48**	**2**	**5**	**7**	**27**
102	**LOS ANGELES**	Ricard	Éric	D	LHJMQ	0	0	0	0	0
104	**MONTRÉAL**	Deschamps	Marc	D	É.-U.	0	0	0	0	0
157	**HARTFORD**	Saumier	Raymond	A	LHJMQ	0	0	0	0	0
167	**MONTRÉAL**	**Lebeau**	**Patrick**	**A**	**LHJMQ**	**15**	**3**	**2**	**5**	**6**
178	**HARTFORD**	**Picard**	**Michel**	**A**	**LHJMQ**	**166**	**28**	**42**	**70**	**103**
183	**BUFFALO**	**Audette**	**Donald**	**A**	**LHJMQ**	**735**	**260**	**249**	**509**	**584**
234	**TORONTO**	Chartrand	Steve	A	LHJMQ	0	0	0	0	0
251	**MONTRÉAL**	Cadieux	Steve	C	LHJMQ	0	0	0	0	0
1990										
16	**CHICAGO**	**Dykhuis**	**Karl**	**D**	**LHJMQ**	**644**	**42**	**91**	**133**	**495**
20	**NEW JERSEY**	**Brodeur**	**Martin**	**G**	**LHJMQ**	**999**				
26	**CALGARY**	Perreault	Nicolas	D	ONT	0	0	0	0	0
31	**TORONTO**	**Potvin**	**Félix**	**G**	**LHJMQ**	**640**				
38	**EDMONTON**	Legault	Alexandre	D	É.-U.	0	0	0	0	0
41	**CALGARY**	Belzile	Étienne	D	É.-U.	0	0	0	0	0
RANG	ÉQUIPE	NOM	PRÉNOM	P	LIGUE	PJ	B	A	PTS	PUN

RANG	ÉQUIPE	NOM	PRÉNOM	P	LIGUE	PJ	B	A	PTS	PUN
1990 (SUITE)										
54	**ST. LOUIS**	**Tardif**	**Patrice**	C	É.-U.	65	7	11	18	78
58	**MONTRÉAL**	Poulin	Charles	C	LHJMQ	0	0	0	0	0
60	**MONTRÉAL**	Guillet	Robert	A	LHJMQ	0	0	0	0	0
67	**EDMONTON**	Blain	Joël	A	LHJMQ	0	0	0	0	0
81	**MONTRÉAL**	**Dionne**	**Gilbert**	A	ONT	223	61	79	140	108
86	**VANCOUVER**	**Odjick**	**Gino**	A	LHJMQ	605	64	73	137	2567
92	**MINNESOTA**	**Cicone**	**Enrico**	D	LHJMQ	374	10	18	28	1469
108	**DETROIT**	Barthe	Claude	D	LHJMQ	0	0	0	0	0
136	**TORONTO**	**Lacroix**	**Éric**	A	É.-U.	472	67	70	137	361
153	**NY ISLANDERS**	Fleury	Sylvain	C	LHJMQ	0	0	0	0	0
163	**CHICAGO**	Bélanger	Hugo	A	É.-U.	0	0	0	0	0
175	**LOS ANGELES**	Leblanc	Denis	A	LHJMQ	0	0	0	0	0
208	**BUFFALO**	Naud	Sylvain	A	LHJMQ	0	0	0	0	0
216	**NY ISLANDERS**	Lacroix	Martin	A	É.-U.	0	0	0	0	0
241	**TORONTO**	**Vachon**	**Nicholas**	A	É.-U.	1	0	0	0	0
246	**HARTFORD**	Chalifoux	Denis	C	LHJMQ	0	0	0	0	0
SUPP	**TORONTO**	Robitaille	Martin	C	É.-U.	0	0	0	0	0
1991										
9	**HARTFORD**	**Poulin**	**Patrick**	A	LHJMQ	634	101	134	235	299
10	**DETROIT**	**Lapointe**	**Martin**	A	LHJMQ	991	181	200	381	1417
13	**BUFFALO**	**Boucher**	**Philippe**	D	LHJMQ	748	94	206	300	702
24	**QUÉBEC**	**Corbet**	**René**	A	LHJMQ	362	58	74	132	420
25	**WASHINGTON**	**Lavigne**	**Éric**	D	LHJMQ	1	0	0	0	0
41	**CALGARY**	**Groleau**	**François**	D	LHJMQ	8	0	1	1	6
47	**TORONTO**	**Perreault**	**Yanic**	C	LHJMQ	859	247	269	516	402
50	**PHILADELPHIE**	**Dupré**	**Yanick**	A	LHJMQ	35	2	0	2	16
61	**MONTRÉAL**	**Sarault**	**Yves**	A	LHJMQ	106	10	10	20	51
62	**BOSTON**	**Cousineau**	**Marcel**	G	LHJMQ	26				
78	**EDMONTON**	Nobili	Mario	A	LHJMQ	0	0	0	0	0
83	**MONTRÉAL**	Lapointe	Sylvain	D	É.-U.	0	0	0	0	0
90	**QUÉBEC**	**Labrecque**	**Patrick**	G	LHJMQ	2				2
94	**PHILADELPHIE**	Degrace	Yanick	G	LHJMQ	0				
132	**CHICAGO**	Auger	Jacques	D	É.-U.	0	0	0	0	0
146	**WASHINGTON**	**Morissette**	**Dave**	A	LHJMQ	11	0	0	0	57
173	**CALGARY**	St-Pierre	David	C	LHJMQ	0	0	0	0	0
179	**TORONTO**	Lehoux	Guy	D	LHJMQ	0	0	0	0	0
212	**WASHINGTON**	Leblanc	Carl	D	LHJMQ	0	0	0	0	0
RANG	ÉQUIPE	NOM	PRÉNOM	P	LIGUE	PJ	B	A	PTS	PUN

➡

Repêchage des Québécois francophones, de 1970 à 2009 (suite)

1991 (SUITE)

RANG	ÉQUIPE	NOM	PRÉNOM	P	LIGUE	PJ	B	A	PTS	PUN
240	LOS ANGELES	Boulianne	André	G	LHJMQ	0				
244	QUÉBEC	Meloche	Éric	A	LHJMQ	0	0	0	0	0

1992

RANG	ÉQUIPE	NOM	PRÉNOM	P	LIGUE	PJ	B	A	PTS	PUN
28	QUÉBEC	Brousseau	Paul	A	LHJMQ	26	1	3	4	29
50	OTTAWA	Traverse	Patrick	D	LHJMQ	279	14	51	65	113
52	QUÉBEC	Fernandez	Emmanuel	G	LHJMQ	325				
61	EDMONTON	Roy	Simon	D	LHJMQ	0	0	0	0	0
70	DETROIT	Cloutier	Sylvain	C	ONT	7	0	0	0	0
71	WASHINGTON	Gendron	Martin	A	LHJMQ	30	4	2	6	10
82	MONTRÉAL	Bernard	Louis	D	LHJMQ	0	0	0	0	0
98	OTTAWA	Guérard	Daniel	A	LHJMQ	2	0	0	0	0
115	PITTSBURGH	Derouville	Philippe	G	LHJMQ	3				
122	TAMPA BAY	Tanguay	Martin	C	LHJMQ	0	0	0	0	0
129	CALGARY	Bouchard	Joël	D	LHJMQ	364	22	53	75	264
147	SAN JOSÉ	Bellerose	Éric	A	LHJMQ	0	0	0	0	0
148	QUÉBEC	Lepage	Martin	D	LHJMQ	0	0	0	0	0
158	ST. LOUIS	Laperrière	Ian	C	LHJMQ	1101	118	198	316	1794
164	MONTRÉAL	Proulx	Christian	D	LHJMQ	7	1	2	3	20
175	PHILADELPHIE	Jutras	Claude	A	LHJMQ	0	0	0	0	0
194	OTTAWA	Savoie	Claude	A	LHJMQ	0	0	0	0	0
200	NY ISLANDERS	Paradis	Daniel	A	LHJMQ	0	0	0	0	0
218	TAMPA BAY	Tardif	Marc	A	LHJMQ	0	0	0	0	0
247	PHILADELPHIE	Paquin	Patrice	A	LHJMQ	0	0	0	0	0

1993

RANG	ÉQUIPE	NOM	PRÉNOM	P	LIGUE	PJ	B	A	PTS	PUN
1	OTTAWA	Daigle	Alexandre	A	LHJMQ	616	129	198	327	186
10	QUÉBEC	Thibault	Jocelyn	G	LHJMQ	596				
24	CHICAGO	Lecompte	Éric	A	LHJMQ	0	0	0	0	0
53	OTTAWA	Charbonneau	Patrick	G	LHJMQ	0				
69	WASHINGTON	Boileau	Patrick	D	LHJMQ	48	5	11	16	26
73	MONTRÉAL	Bordeleau	Sébastien	C	LHJMQ	251	37	61	98	118
88	BOSTON	Paquette	Charles	D	LHJMQ	0	0	0	0	0
90	CHICAGO	Dazé	Éric	A	LHJMQ	601	226	172	398	176
91	OTTAWA	Dupaul	Cosmo	A	LHJMQ	0	0	0	0	0
99	MONTRÉAL	Houle	J.-F.	A	É.-U.	0	0	0	0	0
100	DETROIT	Larose	Benoit	D	LHJMQ	0	0	0	0	0
105	LOS ANGELES	Beaubien	Frédérik	G	LHJMQ	0				
RANG	ÉQUIPE	NOM	PRÉNOM	P	LIGUE	PJ	B	A	PTS	PUN

1993 (SUITE)

RANG	ÉQUIPE	NOM	PRÉNOM	P	LIGUE	PJ	B	A	PTS	PUN
135	FLORIDE	Nasreddine	Alain	D	LHJMQ	74	1	4	5	84
143	NEW JERSEY	Brûlé	Steve	A	LHJMQ	2	0	0	0	0
153	QUÉBEC	Matte	Christian	A	LHJMQ	25	2	3	5	12
156	PITTSBURGH	Lalime	Patrick	G	LHJMQ	421				
159	TAMPA BAY	Raby	Mathieu	D	LHJMQ	0	0	0	0	0
211	TAMPA BAY	Laporte	Alexandre	D	LHJMQ	0	0	0	0	0
229	MONTRÉAL	Duchesne	Alex	A	LHJMQ	0	0	0	0	0
231	QUÉBEC	Auger	Vincent	A	ONT	0	0	0	0	0
247	NEW JERSEY	Provencher	Jimmy	A	LHJMQ	0	0	0	0	0
248	NY ISLANDERS	Larocque	Stéphane	A	LHJMQ	0	0	0	0	0
265	FLORIDE	Montreuil	Éric	C	LHJMQ	0	0	0	0	0
274	NY ISLANDERS	Charland	Carl	A	LHJMQ	0	0	0	0	0

1994

RANG	ÉQUIPE	NOM	PRÉNOM	P	LIGUE	PJ	B	A	PTS	PUN
16	TORONTO	Fichaud	Éric	G	LHJMQ	95				
26	NY RANGERS	Cloutier	Dan	G	ONT	351				147
40	CHICAGO	Leroux	J.-Yves	A	LHJMQ	220	16	22	38	146
44	MONTRÉAL	Théodore	José	G	LHJMQ	501				
47	BOSTON	Goneau	Daniel	A	LHJMQ	VOIR REP. DE 1996				
49	DETROIT	Dandenault	Mathieu	D	LHJMQ	868	68	135	203	516
61	QUÉBEC	Bety	Sébastien	D	LHJMQ	0	0	0	0	0
68	ST. LOUIS	Roy	Stéphane	C	LHJMQ	0	0	0	0	0
74	MONTRÉAL	Bélanger	Martin	D	LHJMQ	0	0	0	0	0
101	PHILADELPHIE	Vallée	Sébastien	G	LHJMQ	0				
104	NY RANGERS	Blouin	Sylvain	A	LHJMQ	115	3	4	7	336
114	DETROIT	Deschesnes	Frédérik	G	LHJMQ	0				
117	VANCOUVER	Dubé	Yanick	C	LHJMQ	0	0	0	0	0
119	WASHINGTON	Jean	Yanick	D	LHJMQ	0	0	0	0	0
122	MONTRÉAL	Drolet	Jimmy	D	LHJMQ	0	0	0	0	0
129	NEW JERSEY	Gosselin	Christian	D	LHJMQ	0	0	0	0	0
130	NY RANGERS	Éthier	Martin	D	LHJMQ	0	0	0	0	0
143	WINNIPEG	Vézina	Steve	G	LHJMQ	0				
151	BOSTON	Roy	André	A	LHJMQ	515	35	33	68	1169
156	RANGERS	Brosseau	David	A	LHJMQ	0	0	0	0	0
161	PITTSBURGH	Aubin	Serge	C	LHJMQ	374	44	64	108	361
168	BUFFALO	Plouffe	Steve	G	LHJMQ	0				
183	FLORIDE	Boudrias	Jason	A	LHJMQ	0	0	0	0	0
207	NEW JERSEY	Bertrand	Éric	A	LHJMQ	15	0	0	0	4
RANG	ÉQUIPE	NOM	PRÉNOM	P	LIGUE	PJ	B	A	PTS	PUN

➡

Repêchage des Québécois francophones, de 1970 à 2009 (suite)

RANG	ÉQUIPE	NOM	PRÉNOM	P	LIGUE	PJ	B	A	PTS	PUN
1994 (SUITE)										
210	OTTAWA	Cassivi	Frédéric	G	LHJMQ	13				
211	OTTAWA	Dupont	Danny	D	LHJMQ	0	0	0	0	0
271	SAN JOSÉ	Beauregard	David	A	LHJMQ	0	0	0	0	0
SUPP	TAMPA BAY	Bouchard	François	D	É.-U.	0	0	0	0	0
1995										
13	HARTFORD	Giguère	J.-Sébastien	G	LHJMQ	457				
16	BUFFALO	Biron	Martin	G	LHJMQ	433				
20	CALGARY	Gauthier	Denis	D	LHJMQ	554	17	60	77	748
25	COLORADO	Denis	Marc	G	LHJMQ	349				
31	EDMONTON	Laraque	Georges	A	LHJMQ	667	52	98	150	1098
32	WINNIPEG	Chouinard	Marc	C	LHJMQ	320	37	41	78	123
37	DALLAS	Côté	Patrick	A	LHJMQ	105	1	2	3	377
39	NY RANGERS	Dubé	Christian	A	LHJMQ	33	1	1	2	4
45	CHICAGO	Laflamme	Christian	D	LHJMQ	324	2	45	47	282
52	DETROIT	Audet	Philippe	A	LHJMQ	4	0	0	0	0
68	BUFFALO	Sunderland	Mathieu	A	LHJMQ	0	0	0	0	0
76	PITTSBURGH	Aubin	J.-Sébastien	G	LHJMQ	218				
78	NEW JERSEY	Gosselin	David	A	LHJMQ	13	2	1	3	11
86	MONTRÉAL	Delisle	Jonathan	A	LHJMQ	1	0	0	0	0
93	WASHINGTON	Charpentier	Sébastien	G	LHJMQ	24				
95	WASHINGTON	Thériault	Joël	D	LHJMQ	0	0	0	0	0
105	WASHINGTON	Gratton	Benoit	C	LHJMQ	58	6	10	16	58
114	FLORIDE	Cloutier	François	A	LHJMQ	0	0	0	0	0
123	BUFFALO	Bienvenue	Daniel	A	LHJMQ	0	0	0	0	0
126	DÉTROIT	Arsenault	Dave	G	LHJMQ	0				
136	WINNIPEG	Daigle	Sylvain	G	LHJMQ	0				
141	DALLAS	Marleau	Dominic	D	LHJMQ	0	0	0	0	0
145	TORONTO	Tremblay	Yannick	D	LHJMQ	390	38	87	125	178
147	WASHINGTON	Jobin	Frédérick	D	LHJMQ	0	0	0	0	0
153	ST. LOUIS	Hamel	Denis	A	LHJMQ	192	19	12	31	77
157	LOS ANGELES	Larose	Benoit	D	LHJMQ	0	0	0	0	0
164	MONTRÉAL	Robidas	Stéphane	D	LHJMQ	561	30	105	135	418
175	CHICAGO	Tardif	Steve	C	LHJMQ	0	0	0	0	0
179	ST. LOUIS	Grand-Pierre	J.-Luc	D	LHJMQ	269	7	13	20	311
200	NEW JERSEY	Henry	Frédéric	G	LHJMQ	0				
216	MONTRÉAL	Houde	Éric	C	LHJMQ	30	2	3	5	4
RANG	ÉQUIPE	NOM	PRÉNOM	P	LIGUE	PJ	B	A	PTS	PUN

1996										
RANG	ÉQUIPE	NOM	PRÉNOM	P	LIGUE	PJ	B	A	PTS	PUN
3	NY ISLANDERS	Dumont	Jean-Pierre	A	LHJMQ	678	187	272	459	328
16	TAMPA BAY	Larocque	Mario	D	LHJMQ	5	0	0	0	16
19	EDMONTON	Descoteaux	Mathieu	D	LHJMQ	5	1	1	2	4
24	PHOENIX	Brière	Daniel	C	LHJMQ	591	204	269	473	459
31	CHICAGO	Royer	Rémi	D	LHJMQ	18	0	0	0	67
40	CALGARY	Bégin	Steve	A	LHJMQ	409	47	39	86	482
44	MONTRÉAL	Garon	Mathieu	G	LHJMQ	204				
47	NEW JERSEY	Dagenais	Pierre	A	LHJMQ	VOIR REP. DE 1998				
48	RANGERS	Goneau	Daniel	A	LHJMQ	53	12	3	15	14
50	TORONTO	Larivée	Francis	G	LHJMQ	0				
53	BOSTON	Naud	Éric	A	LHJMQ	0	0	0	0	0
54	BUFFALO	Methot	François	C	LHJMQ	0	0	0	0	0
94	CALGARY	Lefebvre	Christian	D	LHJMQ	0	0	0	0	0
96	LOS ANGELES	Belanger	Éric	C	LHJMQ	557	106	152	258	251
99	MONTRÉAL	Drapeau	Etienne	C	LHJMQ	0	0	0	0	0
127	MONTRÉAL	Archambault	Daniel	D	LHJMQ	0	0	0	0	0
137	SAN JOSÉ	Larocque	Michel	G	É.-U.	3				
151	TORONTO	Demartinis	Lucio	A	LHJMQ	0	0	0	0	0
156	FLORIDE	Poirier	Gaétan	A	É.-U.	0	0	0	0	0
157	TAMPA BAY	Delisle	Xavier	C	LHJMQ	16	3	2	5	8
162	DETROIT	Jacques	Alexandre	A	LHJMQ	0	0	0	0	0
163	OTTAWA	Hardy	François	D	LHJMQ	0	0	0	0	0
168	EDMONTON	Bernier	David	A	LHJMQ	0	0	0	0	0
169	ST. LOUIS	Corso	Daniel	C	LHJMQ	77	14	11	25	20
183	FLORIDE	Couture	Alexandre	D	LHJMQ	0	0	0	0	0
186	PITTSBURGH	Meloche	Éric	A	ONT	74	9	11	20	36
217	SAN JOSÉ	Thibeault	David	A	LHJMQ	0	0	0	0	0
219	LOS ANGELES	Simard	Sébastien		LHJMQ	0	0	0	0	0
226	PHOENIX	Hubert	M.-Étienne	C	LHJMQ	0	0	0	0	0
233	MONTRÉAL	Tremblay	Michel		LHJMQ	0	0	0	0	0
1997										
4	NY ISLANDERS	Luongo	Roberto	G	LHJMQ	544				
24	NEW JERSEY	Damphousse	J.-François	G	LHJMQ	6				
30	PHILADELPHIE	Pelletier	J.-Marc	G	É.-U.	7				
35	WASHINGTON	Fortin	J.-François	D	LHJMQ	71	1	4	5	42
80	CAROLINE	Lessard	Francis	A	LHJMQ	91	1	3	4	268
RANG	ÉQUIPE	NOM	PRÉNOM	P	LIGUE	PJ	B	A	PTS	PUN

Repêchage des Québécois francophones, de 1970 à 2009 (suite)

RANG	ÉQUIPE	NOM	PRÉNOM	P	LIGUE	PJ	B	A	PTS	PUN
1997 (SUITE)										
86	**ST. LOUIS**	Tremblay	Didier	D	LHJMQ	0	0	0	0	0
97	**PITTSBURGH**	Mathieu	Alexandre	C	LHJMQ	0	0	0	0	0
113	**CALGARY**	Moise	Martin	A	LHJMQ	0	0	0	0	0
125	**ANAHEIM**	Vaillancourt	Luc	G	LHJMQ	0				
145	**MONTRÉAL**	Desroches	Jonathan	D	LHJMQ	0	0	0	0	0
165	**TORONTO**	Marchand	Hugo	D	LHJMQ	0	0	0	0	0
172	**MONTRÉAL**	**Guité**	**Ben**	C	É.-U.	169	19	26	45	93
185	**TAMPA BAY**	St-Pierre	Samuel	A	LHJMQ	0	0	0	0	0
188	**NEW JERSEY**	Benoit	Mathieu	A	LHJMQ	0	0	0	0	0
200	**WASHINGTON**	Therrien	P.-Luc	G	LHJMQ	0				
218	**BOSTON**	Van Acker	Éric	D	LHJMQ	0	0	0	0	0
237	**FLORIDE**	Côté	Benoit	A	LHJMQ	0	0	0	0	0
1998										
1	**TAMPA BAY**	**Lecavalier**	**Vincent**	C	LHJMQ	787	302	367	669	561
12	**COLORADO**	**Tanguay**	**Alex**	A	LHJMQ	659	193	387	580	345
15	**OTTAWA**	Chouinard	Mathieu	G	LHJMQ	VOIR 2000 OTTAWA 2000				
16	**MONTRÉAL**	**Chouinard**	**Éric**	C	LHJMQ	90	11	11	22	16
21	**LOS ANGELES**	**Biron**	**Mathieu**	D	LHJMQ	253	12	32	44	177
22	**PHILADELPHIE**	**Gagné**	**Simon**	A	LHJMQ	606	242	242	484	231
28	**COLORADO**	Ramzi	Abid	A	LHJMQ	0	VOIR PHOENIX 2000			
38	**COLORADO**	**Sauvé**	**Philippe**	G	LHJMQ	32				
45	**MONTRÉAL**	**Ribeiro**	**Mike**	C	LHJMQ	515	117	256	373	212
48	**BOSTON**	**Girard**	**Jonathan**	D	LHJMQ	150	10	34	44	46
65	**SAN JOSÉ**	**Laplante**	**Éric**	A	LHJMQ	0	0	0	0	0
75	**MONTRÉAL**	**Beauchemin**	**François**	D	LHJMQ	246	21	69	90	172
105	**NEW JERSEY**	**Dagenais**	**Pierre**	A	LHJMQ	142	35	23	58	58
108	**CALGARY**	**Sabourin**	**Dany**	G	LHJMQ	57				
109	**PHILADELPHIE**	Morin	J.-P.	D	LHJMQ	0	0	0	0	0
124	**PHILADELPHIE**	**Bélanger**	**Francis**	A	LHJMQ	10	0	0	0	29
138	**NASHVILLE**	Beauchesne	Martin	D	LHJMQ	0	0	0	0	0
166	**CHICAGO**	Pelletier	Jonathan	G	LHJMQ	0	0	0	0	0
172	**NEW JERSEY**	Larivière	Jacques	A	LHJMQ	0	0	0	0	0
181	**TORONTO**	Gagnon	Jonathan	A	LHJMQ	0	0	0	0	0
188	**OTTAWA**	Périard	Michel	D	LHJMQ	0	0	0	0	0
RANG	**ÉQUIPE**	**NOM**	**PRÉNOM**	**P**	**LIGUE**	**PJ**	**B**	**A**	**PTS**	**PUN**

RANG	ÉQUIPE	NOM	PRÉNOM	P	LIGUE	PJ	B	A	PTS	PUN
1998 (SUITE)										
205	**ANAHEIM**	Bernier	David	A	LHJMQ	0	0	0	0	0
209	**NY ISLANDERS**	Brind'Amour	Frederik	G	LHJMQ	0				
213	**EDMONTON**	Lefebvre	Christian		LHJMQ ·	0	0	0	0	0
238	**CHICAGO**	Couture	Alexandre		LHJMQ	0	0	0	0	0
253	**PHILADELPHIE**	**St-Jacques**	**Bruno**	D	LHJMQ	67	3	7	10	47
1999										
22	**PHILADELPHIE**	**Ouellet**	**Maxime**	G	LHJMQ	12				
45	**COLORADO**	**Grenier**	**Martin**	D	LHJMQ	18	1	0	1	14
48	**OTTAWA**	**Lajeunesse**	**Simon**	G	LHJMQ	1				
80	**FLORIDE**	Laniel	J.-François	G	LHJMQ	0				
86	**PITTSBURGH**	**Caron**	**Sébastien**	G	LHJMQ	92				
133	**LOS ANGELES**	Nogues	J.-François	G	LHJMQ	0				
139	**EDMONTON**	Fauteux	Jonathan	D	LHJMQ	0	0	0	0	0
145	**MONTRÉAL**	Thinel	M.-André	A	LHJMQ	0	0	0	0	0
178	**BUFFALO**	Hyacinthe	Sénèque	A	LHJMQ	0	0	0	0	0
213	**OTTAWA**	**Giroux**	**Alexandre**	C	LHJMQ	22	3	3	6	12
227	**FLORIDE**	Charron	Jonathan	G	LHJMQ	0	0	0	0	0
229	**SAN JOSÉ**	Betournay	Éric	C	LHJMQ	0	0	0	0	0
253	**MONTRÉAL**	Marois	Jérôme	A	LHJMQ	0	0	0	0	0
270	**ST. LOUIS**	Desmarais	James	C	LHJMQ	0	0	0	0	0
2000										
45	**OTTAWA**	**Chouinard**	**Mathieu**	G	LHJMQ	1				
55	**OTTAWA**	**Vermette**	**Antoine**	C	LHJMQ	376	87	93	180	213
85	**PHOENIX**	**Abid**	**Ramzi**	A	LHJMQ	68	14	16	30	78
86	**LOS ANGELES**	**Lehoux**	**Yanick**	C	LHJMQ	10	2	2	4	6
90	**TORONTO**	Racine	J.-François	G	LHJMQ	0				
96	**ST. LOUIS**	Bergeron	Antoine	D	LHJMQ	0	0	0	0	0
107	**ATLANTA**	Malette	Carl	C	LHJMQ	0	0	0	0	0
111	**BUFFALO**	Rousseau	Ghyslain	G	LHJMQ	0				
114	**MONTRÉAL**	**Larrivée**	**Christian**	C	LHJMQ	0	0	0	0	0
124	**PITTSBURGH**	**Ouellet**	**Michel**	A	LHJMQ	190	52	64	116	58
227	**PHILADELPHIE**	**Lefebvre**	**Guillaume**	A	LHJMQ	38	2	4	6	13
265	**TORONTO**	**Côté**	**J.-Philippe**	D	LHJMQ	8	0	0	0	4
275	**MONTRÉAL**	Gauthier	Jonathan	D	LHJMQ	0	0	0	0	0
290	**ATLANTA**	**Gamache**	**Simon**	A	LHJMQ	48	6	7	13	18
292	**COLUMBUS**	Mandeville	Louis	D	LHJMQ	0	0	0	0	0
RANG	**ÉQUIPE**	**NOM**	**PRÉNOM**	**P**	**LIGUE**	**PJ**	**B**	**A**	**PTS**	**PUN**

➲

Repêchage des Québécois francophones, de 1970 à 2009 (suite)

RANG	ÉQUIPE	NOM	PRÉNOM	P	LIGUE	PJ	B	A	PTS	PUN
2001										
8	COLUMBUS	Leclaire	Pascal	G	LHJMQ	125				
55	BUFFALO	Pominville	Jason	A	LHJMQ	304	99	145	244	90
67	NEW JERSEY	Leblanc	Robin	A	LHJMQ	0	0	0	0	0
88	TORONTO	Corbeil	Nicolas	A	LHJMQ	0	0	0	0	0
93	MINNESOTA	Veilleux	Stéphane	A	LHJMQ	361	43	47	90	254
96	PITTSBURGH	Rouleau	Alexandre	D	LHJMQ	0	0	0	0	0
137	ANAHEIM	Perreault	Joel	C	LHJMQ	87	11	14	25	68
165	COLORADO	Emond	J.-Luc	C	LHJMQ	0	0	0	0	0
181	CAROLINE	Boisclair	Daniel	G	LHJMQ	0				
208	PHILADELPHIE	Douville	Thierry	D	LHJMQ	0	0	0	0	0
252	TAMPA BAY	Soucy	J.-François	A	LHJMQ	0	0	0	0	0
264	ANAHEIM	Parenteau	P.-Alexandre	A	LHJMQ	5	0	1	1	2
288	DETROIT	Senez	François	G	É.-U.	0				
2002										
8	MINNESOTA	Bouchard	P.-Marc	C	LHJMQ	425	77	190	267	136
31	EDMONTON	Deslauriers	Jeff	G	LHJMQ	10				
59	WASHINGTON	Daigneault	Maxime	G	LHJMQ	0				
76	BUFFALO	Tessier	Micheal	A	LHJMQ	0	0	0	0	0
88	TORONTO	D'Amour	Dominic	D	LHJMQ	0	0	0	0	0
99	MONTRÉAL	Lambert	Michael	A	LHJMQ	0	0	0	0	0
201	PHILADELPHIE	Brunelle	Mathieu	A	LHJMQ	0	0	0	0	0
205	EDMONTON	Dufort	J.-François	A	LHJMQ	0	0	0	0	0
212	MONTRÉAL	Ferland	Jonathan	A	LHJMQ	7	1	0	1	2
214	VANCOUVER	Roy	M.-André	A	LHJMQ	0	0	0	0	0
234	PITTSBURGH	Talbot	Maxime	C	LHJMQ	261	42	38	80	228
259	BOSTON	Stastny	Yan	C	É.-U.	87	5	10	15	58
260	DETROIT	Beaulieu	P.-Olivier	D	LHJMQ	0	0	0	0	0
261	ANAHEIM	Caron	François	D	LHJMQ	0	0	0	0	0
2003										
1	PITTSBURGH	Fleury	M.-André	G	LHJMQ	235				
16	SAN JOSÉ	Bernier	Steve	A	LHJMQ	258	60	62	122	155
22	EDMONTON	Pouliot	M.-Antoine	C	LHJMQ	141	14	25	39	53
45	BOSTON	Bergeron	Patrice	C	LHJMQ	303	80	148	228	88
60	VANCOUVER	Bernier	M.-André	A	LHJMQ	0	0	0	0	0
61	MONTRÉAL	Lapierre	Maxim	C	LHJMQ	179	28	30	58	160
68	EDMONTON	Jacques	J.-François	A	LHJMQ	60	1	0	1	44
RANG	ÉQUIPE	NOM	PRÉNOM	P	LIGUE	PJ	B	A	PTS	PUN

2003 (SUITE)

RANG	ÉQUIPE	NOM	PRÉNOM	P	LIGUE	PJ	B	A	PTS	PUN
85	**PHILADELPHIE**	**Picard**	**Alexandre**	D	**LHJMQ**	139	12	30	42	39
96	**TAMPA BAY**	Boutin	Jonathan	G	LHJMQ	0				
104	**COLUMBUS**	**Dupuis**	**Philippe**	C	**LHJMQ**	8	0	0	0	4
116	**ATLANTA**	Desbiens	Guillaume	A	LHJMQ	0	0	0	0	0
127	**ST. LOUIS**	**Bolduc**	**Alexandre**	C	**LHJMQ**	7	0	1	1	4
140	**PHILADELPHIE**	Tremblay	David	G	LHJMQ	0				
182	**NY ISLANDERS**	**Gervais**	**Bruno**	D	**LHJMQ**	207	6	39	45	103
201	**SAN JOSÉ**	Tremblay	Jonathan	A	LHJMQ	0	0	0	0	0
206	**CALGARY**	Bellemare	Thomas	A	LHJMQ	0	0	0	0	0
215	**EDMONTON**	**Roy**	**Mathieu**	D	**LHJMQ**	30	2	1	3	57
222	**VANCOUVER**	Guénette	F.-Pierre	C	LHJMQ	0	0	0	0	0
223	**FLORIDE**	Roussin	Dany	A	LHJMQ	0	0	0	0	0
233	**COLUMBUS**	Gravel	Mathieu	A	LHJMQ	0	0	0	0	0
241	**MONTRÉAL**	Bonneau	Jimmy	A	LHJMQ	0	0	0	0	0
247	**BOSTON**	Mondou	Benoit	A	LHJMQ	0	0	0	0	0
266	**BUFFALO**	Martin	L.-Philippe	A	LHJMQ	0	0	0	0	0
281	**MINNESOTA**	Bolduc	J.-Michel	D	LHJMQ	0	0	0	0	0

2004

RANG	ÉQUIPE	NOM	PRÉNOM	P	LIGUE	PJ	B	A	PTS	PUN
8	**COLUMBUS**	**Picard**	**Alexandre**	A	**LHJMQ**	58	0	2	2	48
107	**NASHVILLE**	Fugère	Nick	A	LHJMQ	0	0	0	0	0
114	**MINNESOTA**	Bordeleau	Patrick	A	LHJMQ	0	0	0	0	0
124	**PHILADELPHIE**	Laliberte	David	A	LHJMQ	0	0	0	0	0
171	**PHILADELPHIE**	Cabana	Frédérik	C	LHJMQ	0	0	0	0	0
181	**MONTRÉAL**	Lacasse	Loic	G	LHJMQ	0				
189	**VANCOUVER**	Ellis	Julien	G	LHJMQ	0				
203	**ANAHEIM**	Bouthillette	Gabriel	G	LHJMQ	0				
208	**EDMONTON**	Goulet	Stéphane	A	LHJMQ	0	0	0	0	0
216	**NEW JERSEY**	**Leblond Létourneau**	**P.-Luc**	A	**LHJMQ**	8	0	1	1	2
232	**PHILADELPHIE**	**Houle**	**Martin**	G	**LHJMQ**	1				
247	**NY RANGERS**	Paiement	Jonathan	D	LHJMQ	0	0	0	0	0
276	**NY ISLANDERS**	Michaud	Sylvain	G	LHJMQ	0				
277	**ST. LOUIS**	Boutin	Jonathan	A	LHJMQ	0	0	0	0	0
278	**MONTRÉAL**	Dulac-Lemelin	Alexandre	D	LHJMQ	0	0	0	0	0

2005

RANG	ÉQUIPE	NOM	PRÉNOM	P	LIGUE	PJ	B	A	PTS	PUN
16	**ATLANTA**	Bourret	Alex	A	LHJMQ	0	0	0	0	0
35	**SAN JOSÉ**	**Vlasic M.-Édouard**		D	**LHJMQ**	245	11	65	76	84
44	**COLORADO**	**Stastny**	**Paul**	C	**É.-U.**	193	63	122	185	88
RANG	**ÉQUIPE**	**NOM**	**PRÉNOM**	**P**	**LIGUE**	**PJ**	**B**	**A**	**PTS**	**PUN**

Repêchage des Québécois francophones, de 1970 à 2009 (suite)

2005 (SUITE)

RANG	ÉQUIPE	NOM	PRÉNOM	P	LIGUE	PJ	B	A	PTS	PUN
45	**MONTRÉAL**	**Latendresse**	**Guillaume**	**A**	**LHJMQ**	**209**	**46**	**36**	**82**	**133**
50	**LOS ANGELES**	Roussin	Dany	A	LHJMQ	0	0	0	0	0
56	**NY RANGERS**	Cliché	M.-André	C	LHJMQ	0	0	0	0	0
59	**PHOENIX**	Pelletier	P.-Olivier	G	LHJMQ	0				
62	**PITTSBURGH**	**Letang**	**Kristopher**	**D**	**LHJMQ**	**144**	**18**	**34**	**52**	**51**
87	**BUFFALO**	**Gragnani**	**M.-André**	**D**	**LHJMQ**	**6**	**0**	**0**	**0**	**6**
93	**FLORIDE**	Legault	Olivier	A	LHJMQ	0	0	0	0	0
114	**VANCOUVER**	Vincent	Alexandre	G	LHJMQ	0				
119	**PHILADELPHIE**	Duchesne	Jeremy	G	LHJMQ	0				
130	**MONTRÉAL**	Aubin	Mathieu	C	LHJMQ	0	0	0	0	0
192	**CAROLINE**	Blanchard	Nicolas	C	LHJMQ	0	0	0	0	0
194	**PITTSBURGH**	Paquet	J.-Philippe	D	LHJMQ	0	0	0	0	0
197	**ANAHEIM**	Levasseur	J.-Philippe	G	LHJMQ	0				
229	**MONTRÉAL**	Paquet	Philippe	D	É.-U.	0	0	0	0	0

2006

RANG	ÉQUIPE	NOM	PRÉNOM	P	LIGUE	PJ	B	A	PTS	PUN
6	**COLUMBUS**	**Brassard**	**Dérick**	**C**	**LHJMQ**	**48**	**11**	**16**	**27**	**23**
11	**LOS ANGELES**	**Bernier**	**Jonathan**	**G**	**LHJMQ**	**4**				
35	**WASHINGTON**	Bouchard	François	A	LHJMQ	0	0	0	0	0
53	**MONTRÉAL**	Carle	Mathieu	D	LHJMQ	0	0	0	0	0
61	**CHICAGO**	Danis-Pepin	Simon	D	É.-U.	0	0	0	0	0
118	**CALGARY**	Carpentier	Hugo	C	LHJMQ	0	0	0	0	0
121	**OTTAWA**	Lessard	P.-Luc	D	LHJMQ	0	0	0	0	0
127	**WASHINGTON**	Lacroix	Maxime	A	LHJMQ	0	0	0	0	0
142	**COLUMBUS**	Fréchette	Maxime	D	LHJMQ	0	0	0	0	0
144	**LOS ANGELES**	Nolet	Martin	D	JRA QC	0	0	0	0	0
148	**NEW JERSEY**	Magan-Grenier	Olivier	D	LHJMQ	0	0	0	0	0
153	**CAROLINE**	Chaput	Stéphane	C	LHJMQ	0	0	0	0	0
175	**PHILADELPHIE**	Dupont	Michael	G	LHJMQ	0				
177	**WASHINGTON**	Perreault	Mathieu	C	LHJMQ	0	0	0	0	0
207	**BUFFALO**	Breault	Benjamin	C	LHJMQ	0	0	0	0	0

2007

RANG	ÉQUIPE	NOM	PRÉNOM	P	LIGUE	PJ	B	A	PTS	PUN
20	**PITTSBURGH**	Esposito	Angelo	C	LHJMQ	0	0	0	0	0
26	**ST. LOUIS**	**Perron**	**David**	**C**	**LHJMQ**	**143**	**28**	**49**	**77**	**88**
48	**NY RANGERS**	Lafleur	Antoine	G	LHJMQ	0				
51	**PITTSBURGH**	Veilleux	Kevin	C	LHJMQ	0	0	0	0	0
63	**ANAHEIM**	Macenauer	Maxime	C	LHJMQ	0	0	0	0	0
RANG	**ÉQUIPE**	**NOM**	**PRÉNOM**	**P**	**LIGUE**	**PJ**	**B**	**A**	**PTS**	**PUN**

2007 (SUITE)

RANG	ÉQUIPE	NOM	PRÉNOM	P	LIGUE	PJ	B	A	PTS	PUN
65	**MONTRÉAL**	Fortier	Olivier	C	LHJMQ	0	0	0	0	0
69	**CHICAGO**	Tanguay	Maxime	C	LHJMQ	0	0	0	0	0
145	**VANCOUVER**	Messier	C.-Antoine	C	LHJMQ	0	0	0	0	0
147	**BUFFALO**	Allard	J.-Simon	C	LHJMQ	0	0	0	0	0
196	**NY ISLANDERS**	Lacroix	Simon	D	LHJMQ	0	0	0	0	0

2008

RANG	ÉQUIPE	NOM	PRÉNOM	P	LIGUE	PJ	B	A	PTS	PUN
35	**ANAHEIM**	Deschamps	Nicolas	C	LHJMQ	0	0	0	0	0
41	**VANCOUVER**	Sauvé	Yann	D	LHJMQ	0	0	0	0	0
47	**BOSTON**	Sauvé	Maxime	C	LHJMQ	0	0	0	0	0
55	**MINNESOTA**	Scandella	Marco	D	LHJMQ	0	0	0	0	0
64	**ATLANTA**	Paquette	Danick	A	LHJMQ	0	0	0	0	0
67	**PHILADELPHIE**	Bourdon	M.-André	D	LHJMQ	0	0	0	0	0
76	**PHOENIX**	Brodeur	Mathieu	D	LHJMQ	0	0	0	0	0
83	**ANAHEIM**	Cousineau	Marco	G	LHJMQ	0	0	0	0	0
92	**SAN JOSÉ**	Groulx	Samuel	D	LHJMQ	0	0	0	0	0
107	**COLUMBUS**	Delisle	Steven	D	LHJMQ	0	0	0	0	0
126	**NY ISLANDERS**	Poulin	Kevin	G	LHJMQ	0	0	0	0	0
129	**TORONTO**	Champagne	Joël	C	LHJMQ	0	0	0	0	0
133	**EDMONTON**	Cornet	Philippe	A	LHJMQ	0	0	0	0	0
134	**BUFFALO**	Lagacé	Jacob	A	LHJMQ	0	0	0	0	0
151	**DETROIT**	Cayer	Julien	C	É.-U.	0	0	0	0	0
167	**COLORADO**	Chouinard	Joël	D	LHJMQ	0	0	0	0	0
186	**SAN JOSÉ**	Demers	Jason	D	LHJMQ	0	0	0	0	0
195	**CAROLINE**	Morneau	Samuel	A	LHJMQ	0	0	0	0	0
205	**NEW JERSEY**	Bérubé	J.-Sébastien	A	LHJMQ	0	0	0	0	0

2009

RANG	ÉQUIPE	NOM	PRÉNOM	P	LIGUE	PJ	B	A	PTS	PUN
18	**MONTRÉAL**	Leblanc	Louis	C	É.-U.					
25	**BOSTON**	Caron	Jordan	A	LHJMQ					
27	**CAROLINE**	Paradis	Philippe	C	LHJMQ					
30	**PITTSBURGH**	Després	Simon	D	LHJMQ					
38	**DALLAS**	Chiasson	Alex	A	É.-U.					
42	**NASHVILLE**	Roussel	Charles-Olivier	d	LHJMQ					
54	**NEW JERSEY**	Gélinas	Éric	D	LHJMQ					
84	**LOS ANGELES**	Deslauriers	Éric	D	LHJMQ					
90	**DETROIT**	Fournier	Gleason	D	LHJMQ					
94	**COLUMBUS**	Savard	David	D	LHJMQ					
95	**LOS ANGELES**	Bérubé	Jean -François	G	LHJMQ					
RANG	ÉQUIPE	NOM	PRÉNOM	P	LIGUE	PJ	B	A	PTS	PUN

Repêchage des Québécois francophones, de 1970 à 2009 (suite)

2009 (SUITE)										
RANG	ÉQUIPE	NOM	PRÉNOM	P	LIGUE	PJ	B	A	PTS	PUN
132	**NASHVILLE**	Bourque	Gabriel	A	LHJMQ					
133	**EDMONTON**	Roy	Olivier	G	LHJMQ					
139	**MONTRÉAL**	Dumont	Gabriel	C	LHJMQ					
142	**PHILADELPHIE**	Riopel	Nicolas	G	LHJMQ					
153	**PHILADELPHIE**	Labrecque	Dave	C	LHJMQ					
194	**BUFFALO**	Legault	Maxime	A	LHJMQ					
205	**WASHINGTON**	Casavant	Benjamin	A	LHJMQ					
209	**CHICAGO**	Gilbert	David	C	LHJMQ					
RANG	ÉQUIPE	NOM	PRÉNOM	P	LIGUE	PJ	B	A	PTS	PUN

TABLEAU 2.18

Résultats du repêchage des Québécois francophones, de 1970-2009

ANNÉE	JOUEURS REPÊCHÉS	PROVENANCE				JOUEURS QUI ONT JOUÉ	MATCHS JOUÉS	
		LHJMQ	ONTARIO	É.-U.	AUTRE		1 à 199	200 +
1970	17	9	8	–	–	9	3	6
1971	17	12	5	–	–	10	4	6
1972	29	26	3	–	–	11	5	6
1973	22	20	2	–	–	4	1	3
1974	31	29	–	2	–	12	2	10
1975	21	20	–	1	–	6	4	2
1976	9	9	–	–	–	4	3	1
1977	28	27	–	1	–	13	8	5
1978	15	12	–	1	2	4	3	1
1979	14	12	–	–	2	12	4	8
TOTAL	203	176	18	5	4	85	37	48
1980	14	14	–	–	–	9	7	2
1981	20	19	–	1	–	8	6	2
1982	14	14	–	–	–	7	5	2
1983	21	19	–	1	1	9	4	5
1984	11	11	–	–	–	6	–	6
1985	15	13	1	1	–	11	8	3
1986	17	16	–	–	1	9	6	3
1987	13	12	1	–	–	8	2	6
1988	24	21	–	3	–	14	8	6
1989	16	14	–	2	–	10	8	2
TOTAL	165	153	2	8	2	91	54	37
1990	23	13	2	8	–	9	2	7
1991	21	19	–	2	–	12	7	5
1992	20	19	1	–	–	10	6	4
1993	24	22	1	1	–	9	4	5
1994	28	26	1	1	–	10	4	6
1995	31	31	–	–	–	20	9	11
1996	30	27	1	2	–	13	8	5
1997	17	15	–	2	–	6	5	1
1998	26	26	–	–	–	13	7	6
1999	14	14	–	–	–	5	5	–
TOTAL	234	212	6	16	0	107	57	50
2000	15	15	–	–	–	8	7	1
2001	13	12	–	1	–	5	3	2
2002	14	13	–	1	–	5	3	2
2003	24	24	–	–	–	11	7	4
2004	15	15	–	–	–	3	3	–
2005	17	15	–	2	–	5	3	2
2006	15	13	–	1	1	2	2	–
2007	10	10	–	–	–	1	1	–
2008	19	18	–	1	–	–	–	–
2009	19	17	–	2	–	–	–	–
TOTAL	161	152	0	8	1	40	29	11
GRAND TOTAL	763	693	26	37	7	323	177	146

TABLEAU 2.19

Repêchage des Québécois anglophones, de 1970 à 2009*

RANG	ÉQUIPE	NOM	PRÉNOM	P	LIGUE	PJ	B	A	PTS	PUN
1970										
2	**VANCOUVER**	**Tallon**	**Dale**	**D**	**ONT**	**642**	**98**	**238**	**336**	**568**
49	**PITTSBURGH**	**Forey**	**Connie**	**A**	**ONT**	**4**	**0**	**0**	**0**	**0**
57	**BUFFALO**	Morton	Mike	A	LHJMQ	0	0	0	0	0
69	**BOSTON**	Roselle	Bob	C	LHJMQ	0	0	0	0	0
75	**CALIFORNIE**	Moyes	Doug	A	LHJMQ	0	0	0	0	0
88	**CALIFORNIE**	**Murray**	**Terry**	**D**	**ONT**	**302**	**4**	**76**	**80**	**199**
99	**PHILADELPHIE**	Cunningham	Gary	D	ONT	0	0	0	0	0
1971										
17	**VANCOUVER**	**Lalonde**	**Bobby**	**C**	**ONT**	**641**	**124**	**210**	**334**	**298**
43	**CALIFORNIE**	**Monahan**	**Hartland**	**A**	**ONT**	**334**	**61**	**80**	**141**	**163**
77	**MINNESOTA**	Globensky	Allan	D	ONT	0	0	0	0	0
83	**NY RANGERS**	Wood	Wayne	G	ONT	0	0	0	0	0
98	**TORONTO**	Johnson	Steve	D	LHJMQ	0	0	0	0	0
1972										
25	**BUFFALO**	**Carriere**	**Larry**	**D**	**UC**	**367**	**16**	**74**	**90**	**462**
59	**TORONTO**	Bowles	Brian	D	LHJMQ	0	0	0	0	0
73	**ST. LOUIS**	Johnson	Dave	D	LHJMQ	0	0	0	0	0
105	**ST. LOUIS**	Coughlin	Brian	D	LHJMQ	0	0	0	0	0
138	**DETROIT**	Kuzmicz	George	D	É.-U.	0	0	0	0	0
1973										
15	**TORONTO**	**Turnbull**	**Ian**	**D**	**ONT**	**628**	**123**	**317**	**440**	**736**
131	**VANCOUVER**	**Folco**	**Peter**	**D**	**LHJMQ**	**2**	**0**	**0**	**0**	**0**
148	**ATLANTA**	Surbey	Glen	D	UC	0	0	0	0	0
166	**MONTRÉAL**	Halliday	Gordon	A	É.-U.	0	0	0	0	0
1974										
88	**CHICAGO**	**Logan**	**Dave**	**D**	**LHJMQ**	**218**	**5**	**29**	**34**	**470**
90	**BOSTON**	Bateman	Jamie	D	LHJMQ	0	0	0	0	0
139	**NY RANGERS**	**Holts**	**Greg**	**C**	**ONT**	**11**	**0**	**0**	**0**	**0**
168	**BUFFALO**	**Smith**	**Derek**	**A**	**ONT**	**335**	**78**	**116**	**194**	**60**
200	**CHICAGO**	Byers	Dwayne	A	LHJMQ	0	0	0	0	0
1975										
8	**ATLANTA**	**Mulhern**	**Richard**	**D**	**LHJMQ**	**303**	**27**	**93**	**120**	**217**
13	**PITTSBURGH**	**Laxton**	**Gordie**	**G**	**AMH**	**17**				
55	**WASHINGTON**	**Mackasey**	**Blair**	**D**	**LHJMQ**	**1**	**0**	**0**	**0**	**2**
87	**LOS ANGELES**	Miglia	Dave	D	LHJMQ	0	0	0	0	0
RANG	ÉQUIPE	NOM	PRÉNOM	P	LIGUE	PJ	B	A	PTS	PUN

* Les joueurs qui ont joué au moins 1 partie dans la LNH apparaissent en caractères gras.

1976										
RANG	ÉQUIPE	NOM	PRÉNOM	P	LIGUE	PJ	B	A	PTS	PUN
25	ST. LOUIS	Smrke	John	A	ONT	103	11	17	28	33
28	ATLANTA	Simpson	Robert	A	LHJMQ	175	35	29	64	98
83	PITTSBURGH	Lowe	Brendan	D	LHJMQ	0	0	0	0	0
1977										
4	VANCOUVER	Gillis	Jerry	A	LHJMQ	386	78	95	173	230
15	NY ISLANDERS	Bossy	Michael	A	LHJMQ	752	573	553	1126	210
64	MONTRÉAL	Holland	Robbie	G	LHJMQ	44				
78	CHICAGO	Platt	Gary	A	LHJMQ	0	0	0	0	0
95	CLEVELAND	Allan	Jeff	D	LHJMQ	4	0	0	0	2
98	NY RANGERS	Bethel	John	A	É.-U.	17	0	2	2	4
114	CHICAGO	Lahache	Floyd	D	LHJMQ	0	0	0	0	0
116	NY RANGERS	Sullivan	Bob	A	LHJMQ	VOIR 1978				
144	CHICAGO	Ough	Steve	D	LHJMQ	0	0	0	0	0
151	PHILADELPHIE	Baumen	Michel	D	LHJMQ	0	0	0	0	0
184	DETROIT	James	Val	A	LHJMQ	11	0	0	0	30
1978										
32	BUFFALO	Mckegney	Tony	A	ONT	912	320	319	639	517
36	MONTRÉAL	Carter	Ron	A	LHJMQ	2	0	0	0	0
38	WASHINGTON	Currie	Glen	A	LHJMQ	326	39	79	118	100
165	ATLANTA	Green	Mark	C	LHJMQ	0	0	0	0	0
171	MONTRÉAL	Swan	John		UC	0	0	0	0	0
180	ATLANTA	Sullivan	Bob	A	LHI	62	18	19	37	18
1979										
19	WINNIPEG	Mann	Jimy	A	LHJMQ	293	10	20	30	895
21	EDMONTON	Lowe	Kevin	D	LHJMQ	1254	84	348	432	1498
30	LOS ANGELES	Hardy	Mark	D	LHJMQ	926	62	306	368	1293
120	BOSTON	Krushelnysky	Mike	A	LHJMQ	897	241	328	569	699
1980										
47	WASHINGTON	Miele	Dan	A	É.-U.	0	0	0	0	0
53	MINNESOTA	Velischek	Randy	D	É.-U.	509	21	76	97	403
56	BUFFALO	Mckenna	Sean	A	LHJMQ	414	82	80	162	181
81	BOSTON	Kasper	Steve	A	LHJMQ	821	177	291	468	554
84	PHILADELPHIE	Zytynsky	Taras	D	LHJMQ	0	0	0	0	0
202	CALGARY	Fletcher	Steven	A	LHJMQ	3	0	0	0	5
1981										
13	MINNESOTA	Meighan	Ron	D	ONT	48	3	7	10	18
62	ST. LOUIS	Donnelly	Gord	D	LHJMQ	554	28	41	69	2069
RANG	ÉQUIPE	NOM	PRÉNOM	P	LIGUE	PJ	B	A	PTS	PUN

➲

Repêchage des Québécois anglophones, de 1970 à 2009 (suite)

RANG	ÉQUIPE	NOM	PRÉNOM	P	LIGUE	PJ	B	A	PTS	PUN
1981										
164	BUFFALO	Orlando	Gates	A	É.-U.	98	18	26	44	51
194	WASHINGTON	Valentine	Chris	A	LHJMQ	105	43	52	95	127
1982										
47	PHILADELPHIE	Campbell	Bill	D	LHJMQ	0	0	0	0	0
54	NEW JERSEY	Kasper	Dave	A	LHJMQ	0	0	0	0	0
56	HARTFORD	Dineen	Kevin	A	É.-U.	1188	355	405	760	2229
79	BUFFALO	Hamilton	Jeff	A	É.-U.	0	0	0	0	0
100	BUFFALO	Logan	Robert	A	É.-U.	42	10	5	15	0
165	BOSTON	Fiore	Tony	C	LHJMQ	0	0	0	0	0
181	QUÉBEC	Hough	Mike	A	ONT	707	100	156	256	675
246	NY RANGERS	Robinson	Dwayne	D	É.-U.					
1983										
14	WINNIPEG	Dollas	Bobby	D	LHJMQ	646	42	96	138	467
15	PITTSBURGH	Errey	Bobby	A	ONT	895	120	212	382	1005
100	LOS ANGELES	Galley	Gary	D	É.-U.	1149	125	474	599	1218
141	PHILADELPHIE	Mormina	Bobby	A	LHJMQ	0	0	0	0	0
149	WINNIPEG	Pesetti	Ronnie	D	É.-U.	0	0	0	0	0
240	EDMONTON	Woodburn	Steve	D	LHJMQ	0	0	0	0	0
1984										
27	PHILADELPHIE	Mellanby	Scott	A	É.-U.	1431	364	476	840	2479
37	PHILADELPHIE	Chychrun	Jeff	D	ONT	262	3	22	25	742
57	QUÉBEC	Finn	Steven	D	LHJMQ	725	34	78	112	1724
71	ST. LOUIS	Herring	Graham	D	LHJMQ	0	0	0	0	0
150	LOS ANGELES	Deegan	Shannon	F	É.-U.	0	0	0	0	0
174	CHICAGO	Di Fiori	Ralph	D	LHJMQ	0	0	0	0	0
1985										
113	DETROIT	Mckay	Randy	A	É.-U.	932	162	201	363	1731
114	PITTSBURGH	Marston	Stuart-Lee		LHJMQ	0	0	0	0	0
115	BOSTON	Hynes	Gord	D	LHO	52	3	9	12	22
165	WINNIPEG	Draper	Tom	G	É.-U.	53				
198	MONTRÉAL	Mansi	Maurice	A	É.-U.	0	0	0	0	0
207	WINNIPEG	Quigley	Dave	G	UC	0	0	0	0	0
1986										
3	NEW JERSEY	Brady	Neil	C	LHW	89	9	22	31	95
5	BUFFALO	Anderson	Shawn	D	É.-U.	255	11	51	62	117
55	MINNESOTA	Zettler	Rob	D	ONT	569	5	65	70	920
RANG	ÉQUIPE	NOM	PRÉNOM	P	LIGUE	PJ	B	A	PTS	PUN

1986 (SUITE)										
RANG	ÉQUIPE	NOM	PRÉNOM	P	LIGUE	PJ	B	A	PTS	PUN
61	**WASHINGTON**	**Hrivnac**	**Jim**	G	É.-U.	85				
70	**VANCOUVER**	**Stern**	**Ronnie**	A	LHJMQ	638	75	86	161	2077
113	**WINNIPEG**	Bateman	Rob	D	CO CA	0	0	0	0	0
117	**QUÉBEC**	White	Scott	D	É.-U.	0	0	0	0	0
173	**BUFFALO**	Witham	Sean	D	É.-U.	0	0	0	0	0
220	**ST. LOUIS**	Maclean	Terry	C	LHJMQ	0	0	0	0	0
1987										
8	**CHICAGO**	**Waite**	**Jimmy**	G	LHJMQ	106				
24	**VANCOUVER**	**Murphy**	**Rob**	D	LHJMQ	125	9	12	21	152
124	**CALGARY**	Aloi	Joe	D	LHJMQ	0	0	0	0	0
1988										
30	**ST. LOUIS**	**Plavsic**	**Adrien**	D	É.-U.	214	16	56	72	161
SUPP	**WINNIPEG**	**O Neill**	**Mike**	G	É.-U.	21				
1989										
92	**EDMONTON**	**White**	**Peter**	C	E.U	220	23	37	60	36
124	**ST. LOUIS**	Frenette	Derek	A	E.U	0	0	0	0	0
173	**NEW JERSEY**	**Faust**	**André**	A	E.U	47	10	7	17	14
244	**NY RANGERS**	Macdermid	Kenneth	A	LHJMQ	0	0	0	0	0
1990										
22	**QUÉBEC**	**Hughes**	**Ryan**	C	E.U	3	0	0	0	0
162	**HARTFORD**	D Orsonnens	Martin	D	E.U	0	0	0	0	0
226	**CHICAGO**	**Dubinsky**	**Steve**	C	E.U	375	25	45	70	164
1991										
100	**MONTRÉAL**	Layzell	Brad	D	É.-U.	0	0	0	0	0
186	**DETROIT**	Bermingham	Jim	C	LHJMQ	0	0	0	0	0
262	**LOS ANGELES**	**Gaul**	**Michael**	D	É.-U.	3	0	0	0	0
SUPP	**CHICAGO**	Gravelle	Dan	A	É.-U.	0	0	0	0	0
1992										
76	**QUÉBEC**	Mcintyre	Ian	A	LHJMQ	0	0	0	0	0
145	**TAMPA BAY**	**Wilkinson**	**Derek**	G	ONT	22				
193	**TAMPA BAY**	Kemper	Andréw	D	LHO	0	0	0	0	0
1993										
171	**WINNIPEG**	Woods	Martin	D	LHJMQ	0	0	0	0	0
1994										
139	**QUÉBEC**	Windsor	Nicholas	D	ONT	0	0	0	0	0
181	**NEW JERSEY**	Williams	Jeff	A	ONT	0	0	0	0	0
285	**QUÉBEC**	Low	Steven	D	LHJMQ	0	0	0	0	0
SUPP	**HARTFORD**	**Martins**	**Steven**	C	É.-U.	267	21	25	46	142
RANG	ÉQUIPE	NOM	PRÉNOM	P	LIGUE	PJ	B	A	PTS	PUN

➲

Repêchage des Québécois anglophones, de 1970 à 2009 (suite)

1995

RANG	ÉQUIPE	NOM	PRÉNOM	P	LIGUE	PJ	B	A	PTS	PUN
34	**WINNIPEG**	**Doig**	**Jason**	**D**	**LHJMQ**	**158**	**6**	**18**	**24**	**285**
166	**FLORIDE**	**Worrell**	**Peter**	**A**	**LHJMQ**	**391**	**19**	**27**	**46**	**1554**

1996

RANG	ÉQUIPE	NOM	PRÉNOM	P	LIGUE	PJ	B	A	PTS	PUN
235	**FLORIDE**	Smith	Russell	D	LHJMQ	0	0	0	0	0

1997

RANG	ÉQUIPE	NOM	PRÉNOM	P	LIGUE	PJ	B	A	PTS	PUN
77	**DALLAS**	**Gainey**	**Steve**	**A**	**LHO**	**33**	**0**	**2**	**2**	**34**
106	**ST. LOUIS**	**Pollock**	**James**	**D**	**LHO**	**9**	**0**	**0**	**0**	**6**
149	**ST. LOUIS**	Bilotto	Nicholas	D	LHJMQ	0	0	0	0	0

1998

RANG	ÉQUIPE	NOM	PRÉNOM	P	LIGUE	PJ	B	A	PTS	PUN
133	**LOS ANGELES**	Rullier	Joe	D	LHJMQ	0	0	0	0	0
229	**TAMPA BAY**	Lyness	Chris	D	LHJMQ	0	0	0	0	0
248	**LOS ANGELES**	**Yeats**	**Matthew**	**G**	**É.-U.**	**5**				

1999

RANG	ÉQUIPE	NOM	PRÉNOM	P	LIGUE	PJ	B	A	PTS	PUN
108	**TORONTO**	Murovic	Mirko	A	LHJMQ	0	0	0	0	0
166	**CALGARY**	Pecker	Cory	A	ONT	0	0	0	0	0

2000

RANG	ÉQUIPE	NOM	PRÉNOM	P	LIGUE	PJ	B	A	PTS	PUN
189	**COLORADO**	Bahen	Chris	D	É.-U.	0	0	0	0	0
208	**VANCOUVER**	**Reid**	**Brandon**	**C**	**LHJMQ**	**13**	**2**	**4**	**6**	**0**
215	**EDMONTON**	Lombardi	Matthew	C	LHJMQ	VOIR CALGARY 2002				

2001

RANG	ÉQUIPE	NOM	PRÉNOM	P	LIGUE	PJ	B	A	PTS	PUN
10	**NY RANGERS**	**Blackburn**	**Dan**	**G**	**LHO**	**63**		•		
139	**NY RANGERS**	Collymore	Shawn	A	LHJMQ	0	0	0	0	0

2002

RANG	ÉQUIPE	NOM	PRÉNOM	P	LIGUE	PJ	B	A	PTS	PUN
90	**CALGARY**	Lombardi	**Matthew**	**C**	**LHJMQ**	**297**	**56**	**81**	**137**	**195**
105	**PHILADELPHIE**	Ruggeri	Rosario	D	LHJMQ	0	0	0	0	0
193	**PHILADELPHIE**	**Mormina**	**Joey**	**D**	**É.-U.**	**1**	**0**	**0**	**0**	**0**

2003

RANG	ÉQUIPE	NOM	PRÉNOM	P	LIGUE	PJ	B	A	PTS	PUN
25	**FLORIDE**	**Stewart**	**Anthony**	**A**	**ONT**	**105**	**4**	**8**	**12**	**38**
52	**CHICAGO**	**Crawford**	**Corey**	**G**	**LHJMQ**	**7**				
197	**NEW JERSEY**	Smith	Jason	G	QJRA	0	0	0	0	0

2004

RANG	ÉQUIPE	NOM	PRÉNOM	P	LIGUE	PJ	B	A	PTS	PUN
126	**SAN JOSÉ**	**Mitchell**	**Torrey**	**C**	**É.-U.**	**82**	**10**	**10**	**20**	**50**
160	**BOSTON**	**Walter**	**Ben**	**C**	**É.-U.**	**22**	**1**	**0**	**1**	**4**
273	**BUFFALO**	Hunter	Dylan	A	ONT	0	0	0	0	0

2005

RANG	ÉQUIPE	NOM	PRÉNOM	P	LIGUE	PJ	B	A	PTS	PUN
14	**WASHINGTON**	Pokulok	Sasha	D	É.-U.	0	0	0	0	0

RANG	ÉQUIPE	NOM	PRÉNOM	P	LIGUE	PJ	B	A	PTS	PUN
2006										
147	**BUFFALO**	Biega	Alex	D	É.-U.	0	0	0	0	0
208	**NEW JERSEY**	Henegan	Kyell	D	LHJMQ	0	0	0		0
2007										
41	**PHILADELPHIE**	Marshall	Kevin	D	LHJMQ	0	0	0	0	0
2008										
104	**BUFFALO**	Southorn	Jordon	D	LHJMQ	0	0	0	0	0
152	**TAMPA BAY**	Barberio	Mark	D	LHJMQ	0	0	0	0	0
2009										
121	**PITTSBURGH**	Peterson	Nick	A	LHJMQ					
123	**PITTSBURGH**	Velischek	Alex	D	É.-U.					
RANG	ÉQUIPE	NOM	PRÉNOM	P	LIGUE	PJ	B	A	PTS	PUN

TABLEAU 2.20

Résultats du repêchage des Québécois anglophones, de 1970 à 2009

ANNÉE	JOUEURS REPÊCHÉS	PROVENANCE					JOUEURS QUI ONT JOUÉ	MATCHS JOUÉS	
		LHJMQ	ONTARIO	É.-U.	U.C.	AUTRE		1 à 199	200 +
1970	7	3	4	–	–	–	3	1	2
1971	5	1	4	–	–	–	2	–	2
1972	5	3	–	1	1	–	1	–	1
1973	4	1	1	1	1	–	2	1	1
1974	5	3	2	–	–	–	3	1	2
1975	4	3	–	–	–	1	3	2	1
1976	3	2	1	–	–	–	2	2	–
1977	11	10	–	1	–	–	6	4	2
1978	6	3	1	–	1	1	4	2	2
1979	4	4	–	–	–	2	4	–	4
TOTAL	54	33	13	3	3	2	30	13	17
1980	6	4	–	2	–	–	4	1	3
1981	4	2	1	1	–	–	4	3	1
1982	8	3	1	4	–	–	3	1	2
1983	6	3	1	2	–	–	3	–	3
1984	6	3	1	2	–	–	3	–	3
1985	6	1	–	3	1	1	3	2	1
1986	9	2	1	4	1	1	5	2	3
1987	3	3	–	–	–	–	2	2	–
1988	2	–	–	2	–	–	2	1	1
1989	4	1	–	3	–	–	2	1	1
TOTAL	54	22	5	23	2	2	31	13	18
1990	3	–	–	3	–	–	2	1	1
1991	4	1	–	3	–	–	1	1	–
1992	3	1	1	–	–	1	1	1	–
1993	1	1	–	–	–	–	–	–	–
1994	4	1	2	1	–	–	1	–	1
1995	2	2	–	–	–	–	2	1	1
1996	1	1	–	–	–	–	–	–	–
1997	3	1	–	–	–	2	2	2	–
1998	3	2	–	1	–	–	1	1	–
1999	2	1	1	–	–	–	–	–	–
TOTAL	26	11	4	8	0	3	10	7	3
2000	3	2	–	1	–	–	1	1	–
2001	2	1	–	–	–	1	1	1	–
2002	3	2	–	1	–	–	2	1	1
2003	3	1	1	–	–	1	2	2	–
2004	3	–	1	2	–	–	2	2	–
2005	1	–	–	1	–	–	–	–	–
2006	2	1	–	1	–	–	–	–	–
2007	2	2	–	–	–	–	–	–	–
2008	2	2	–	–	–	–	–	–	–
2009	2	1	–	1	–	–	–	–	–
TOTAL	23	12	2	7	0	2	8	7	1
GRAND TOTAL	157	78	24	41	5	9	79	40	39

Les équipes de la LNH
et leur utilisation des joueurs québécois

Quelles équipes de la LNH ont utilisé le plus de hockeyeurs québécois ? Dans quelles proportions les joueurs québécois repêchés par ces équipes ont-ils joué au moins un match ? Y a-t-il des équipes de la LNH qui sont allergiques aux hockeyeurs québécois ? Voilà quelques-unes des questions auxquelles vous allez trouver des réponses dans ce chapitre.

J'ai agencé les équipes de la LNH selon le même classement que celui du résultat des repêchages de la LNH (tableau 2.16, page 48). Quant aux équipes de la LNH qui sont dissoutes ou défuntes, je les ai placées à la suite des 30 équipes qui existent encore à l'heure actuelle.

NOTE: Vous trouverez à la fin du chapitre 3 deux listes de joueurs québécois : la liste des joueurs qui ont été repêchés par leurs équipes respectives (tableau 3.1, page 104) et la liste des joueurs qui ont joué pour ces équipes (tableau 3.2, page 131). Les statistiques des joueurs repêchés traduisent les résultats qu'ils ont obtenus durant leur carrière dans la LNH. Les statistiques des hockeyeurs qui ont joué traduisent les résultats qu'ils ont obtenus avec leur équipe. Dans le tableau I de l'annexe (page 266), vous trouverez aussi le nombre de matchs joués par les Québécois francophones avec le Canadien de Montréal durant les saisons 1970-1971 à 2008-2009.

Le Canadien de Montréal en chiffres de 1970 à 2009

- Le Canadien se classe bon premier en ce qui concerne la moyenne de Québécois francophones qu'il a repêchés, avec 2,63 joueurs par année (soit 105 joueurs au total) ;
- Sur les 101 joueurs sélectionnés avant 2006, 50 ont joué dans la LNH, soit une proportion de 49,50 % ;
- Le Canadien arrive aussi bon premier en ce qui a trait au nombre de joueurs québecois francophones qu'il a utilisés. Sur les 374 hockeyeurs qu'il a utilisés, 128 étaient des Québécois francophones, soit une proportion de 34,22 % ;
- 51,56 % des 128 Québécois francophones (soit 66 joueurs) utilisés par le Canadien ont joué avec cette formation pendant plus d'une saison.

Les Sabres de Buffalo en chiffres de 1970 à 2009

- Les Sabres se classent au 2e rang en ce qui concerne la moyenne de Québécois francophones qu'ils ont repêchés, avec 1,20 joueur par année (48 joueurs au total) ;
- Sur les 44 joueurs qui ont été sélectionnés avant 2006, 17 ont joué dans la LNH, soit une proportion de 38,64 % ;
- Les Sabres se classent au 3e rang en ce qui a trait à l'utilisation de joueurs québécois francophones. Sur les 372 joueurs qu'ils ont utilisés, 51 étaient des francophones, soit une proportion de 13,71 % ;
- 47,05 % des 51 Québécois francophones (soit 24 joueurs) utilisés par les Sabres ont joué avec cette formation pendant plus d'une saison.

Les Flyers de Philadelphie en chiffres de 1970 à 2009

- Les Flyers se classent au 3e rang en ce qui concerne la moyenne de Québécois francophones qui ont été repêchés, avec 1,13 joueur par année (45 joueurs au total) ;
- Des 40 joueurs sélectionnés avant 2006, 16 ont joué dans la LNH, soit une proportion de 40 % ;
- Les Flyers occupent le 5e rang en ce qui a trait à l'utilisation de Québécois francophones. Sur les 491 joueurs qu'ils ont utilisés, 64 étaient des Québécois francophones, soit une proportion de 13,03 % ;

- 31,25 % des 64 Québécois francophones (soit 20 joueurs) utilisés par les Flyers ont joué avec cette formation pendant plus d'une saison.

Les Rangers de New York en chiffres de 1970 à 2009

- Les Rangers arrivent au 4e rang en ce qui concerne la moyenne de Québécois francophones qu'ils ont repêchés, avec 0,9 joueur chaque année (36 joueurs au total) ;
- Sur les 35 joueurs sélectionnés avant 2006, 13 ont joué dans la LNH, soit une proportion de 37,14 % ;
- Les Rangers se classent au 15e rang en ce qui a trait à l'utilisation de joueurs québécois francophones. Sur les 555 joueurs qu'ils ont utilisés, 55 étaient des Québécois francophones, soit une proportion de 9,91 % ;
- 29,09 % des 55 Québécois francophones (soit 16 joueurs) ont joué pendant plus d'une saison avec les Rangers.

Les Blue Jackets de Columbus en chiffres de 2000 à 2009

- Les Blue Jackets se classent au 5e rang en ce qui concerne la moyenne de Québécois francophones repêchés, avec 0,9 joueur chaque année (9 joueurs au total) ;
- Sur les 5 joueurs sélectionnés avant 2006, 2 ont joué dans la LNH, soit une proportion de 40 % ;
- Les Blue Jackets arrivent au 23e rang en ce qui a trait à l'utilisation de joueurs québécois francophones. Sur les 149 joueurs qu'ils ont utilisés, 13 étaient des Québécois francophones, soit une proportion de 8,72 % ;
- 38,46 % des 13 Québécois francophones (soit 5 joueurs) ont joué pendant plus d'une saison avec Columbus.

Les Sénateurs d'Ottawa en chiffres de 1992 à 2009

- Les Sénateurs se classent au 6e rang en ce qui concerne la moyenne de Québécois francophones qu'ils ont repêchés, avec 0,89 joueur chaque année (16 joueurs au total) ;
- Sur les 15 joueurs sélectionnés avant 2006, 8 ont joué dans la LNH, soit une proportion de 53,33 % ;

- Les Sénateurs occupent le 7e rang en ce qui a trait à l'utilisation de joueurs québécois francophones. Sur les 257 joueurs qu'ils ont utilisés, 30 étaient des Québécois francophones, soit une proportion de 11,67 % ;
- 23,33 % des 30 Québécois francophones (soit 7 joueurs) ont joué pendant plus d'une saison avec les Sénateurs.

Les Capitals de Washington en chiffres de 1974 à 2009

- Les Capitals se classent au 6e rang en ce qui concerne la moyenne de Québécois francophones qu'ils ont repêchés, avec 0,89 joueur par année (32 joueurs au total) ;
- Sur les 28 joueurs qu'ils ont repêchés avant 2006, 15 ont joué dans la LNH, soit une proportion de 53,57 % ;
- Les Capitals arrivent au 9e rang en ce qui a trait à l'utilisation de joueurs québécois francophones. Sur les 450 joueurs qu'ils ont utilisés, 52 étaient des Québécois francophones, soit une proportion de 11,56 % ;
- 25 % des 52 Québécois francophones (soit 13 joueurs) ont joué avec les Capitals pendant plus d'une saison.

Les Maple Leafs de Toronto en chiffres de 1970 à 2009

- Les Maple Leafs occupent le 8e rang en ce qui concerne la moyenne de Québécois francophones qu'ils ont repêchés, avec 0,875 joueur par année (35 joueurs au total) ;
- Sur les 34 joueurs sélectionnés avant 2006, 11 ont joué dans la LNH, soit une proportion de 32,35 % ;
- Les Maple Leafs occupent le 21e rang en ce qui a trait à l'utilisation de joueurs québécois francophones. Sur les 498 joueurs qu'ils ont utilisés, 45 étaient des Québécois francophones, soit une proportion de 9,04 % ;
- 40 % des 45 Québécois francophones (soit 18 joueurs) ont joué plus d'une saison avec les Maple Leafs.

Les Red Wings de Detroit en chiffres de 1970 à 2009

- Les Red Wings se classent au 9ᵉ rang en ce qui concerne la moyenne de Québécois francophones repêchés, avec 0,85 joueur par année (34 joueurs au total) ;
- Sur les 32 joueurs sélectionnés avant 2006, 16 ont joué dans la LNH, soit une proportion de 50 % ;
- Les Red Wings arrivent au 20ᵉ rang en ce qui a trait à l'utilisation de joueurs québécois francophones. Sur les 476 joueurs qu'ils ont utilisés, 44 étaient des Québécois francophones, soit une proportion de 9,24 % ;
- 45 % des 44 Québécois francophones (soit 20 joueurs) ont joué plus d'une saison avec les Red Wings.

Les Blackhawks de Chicago en chiffres de 1970 à 2009

- Les Blackhawks se classent au 10ᵉ rang en ce qui concerne la moyenne de Québécois francophones qu'ils ont repêchés, avec 0,80 joueur par année (32 joueurs au total) ;
- Sur les 29 joueurs qu'ils ont sélectionnés avant 2006, 15 ont joué dans la LNH, soit une proportion de 51,72 % ;
- Les Blackhawks occupent le 8ᵉ rang en ce qui a trait à l'utilisation de joueurs québécois francophones. Sur les 455 joueurs qu'ils ont utilisés, 53 étaient des Québécois francophones, soit une proportion de 11,65 % ;
- 35,84 % des 53 Québécois francophones (soit 19 joueurs) ont joué plus d'une saison avec les Blackhawks.

Les Islanders de New York en chiffres de 1972 à 2009

- Les Islanders se classent au 11ᵉ rang en ce qui concerne la moyenne de Québécois francophones qu'ils ont repêchés, avec 0,76 joueur par année (32 joueurs au total) ;
- Sur les 27 joueurs qu'ils ont sélectionnés avant 2006, 7 ont joué dans la LNH, soit une proportion de 25,93 % ;
- Les Islanders occupent le 24ᵉ rang en ce qui a trait à l'utilisation de joueurs québécois francophones. Sur les 441 joueurs qu'ils ont utilisés, 33 étaient des Québécois francophones, soit une proportion de 7,48 % ;

- 30,3% des 33 Québécois francophones (soit 10 joueurs) ont joué plus d'une saison avec les Islanders.

Les Bruins de Boston en chiffres de 1970 à 2009

- Les Bruins se classent au 12e rang en ce qui concerne la moyenne de Québécois francophones qu'ils ont repêchés, avec 0,73 joueur par année (29 joueurs au total) ;
- Sur les 27 joueurs qu'ils ont sélectionnés avant 2006, 15 ont joué dans la LNH, soit une proportion de 55,55 % ;
- Les Bruins arrivent au 22e rang en ce qui a trait à l'utilisation de joueurs québécois francophones. Sur les 506 joueurs qu'ils ont utilisés, 45 étaient des Québécois francophones, soit une proportion de 8,89 % ;
- 35,55 % des 45 Québécois francophones (soit 16 joueurs) ont joué plus d'une saison avec les Bruins.

Les Kings de Los Angeles en chiffres de 1970 à 2009

- Les Kings se classent au 13e rang en ce qui concerne la moyenne de Québécois francophones qu'ils ont repêchés, avec 0,68 joueur par année (27 au total) ;
- Sur les 23 joueurs qu'ils ont sélectionnés avant 2006, 8 ont joué dans la LNH, soit une proportion de 34,78 % ;
- Les Kings occupent le 11e rang en ce qui a trait à l'utilisation de joueurs québécois francophones. Sur les 533 joueurs qu'ils ont utilisés, 61 étaient des Québécois francophones, soit une proportion de 11,44 % ;
- 31,14 % des 61 Québécois francophones (soit 19 joueurs) ont joué plus d'une saison avec les Kings.

Les Devils du New Jersey en chiffres de 1982 à 2009

- Les Devils se classent au 14e rang en ce qui concerne la moyenne de Québécois francophones qu'ils ont repêchés, avec 0,68 joueur par année (19 au total) ;
- Sur les 17 joueurs sélectionnés avant 2006, 7 ont joué dans la LNH, soit une proportion de 41,17 % ;

- Les Devils occupent le 28e rang en ce qui a trait à l'utilisation de joueurs québécois francophones. Sur les 282 joueurs qu'ils ont utilisés, 18 étaient des Québécois francophones, soit une proportion de 6,38 % ;
- 27,77 % des 18 Québécois francophones (soit 5 joueurs) ont joué plus d'une saison avec les Devils.

Les Penguins de Pittsburgh en chiffres de 1970 à 2009

- Les Penguins se classent au 15e rang en ce qui concerne la moyenne de Québécois francophones qu'ils ont repêchés, avec 0,65 joueur par année (26 joueurs au total) ;
- Sur les 23 joueurs sélectionnés avant 2006, 17 ont joué dans la LNH, soit une proportion de 73,91 % ;
- Les Penguins occupent le 6e rang en ce qui a trait à l'utilisation de joueurs québécois francophones. Sur les 526 joueurs qu'ils ont utilisés, 62 étaient des Québécois francophones, soit une proportion de 11,79 % ;
- 33,87 % des 62 Québécois francophones (soit 21 joueurs) ont joué plus d'une saison avec les Penguins.

Les Panthers de la Floride en chiffres de 1993 à 2009

- Les Panthers se classent au 16e rang en ce qui concerne la moyenne de Québécois francophones qu'ils ont repêchés, avec 0,65 joueur par année (11 joueurs au total) ;
- Sur les 10 joueurs sélectionnés avant 2006, 1 seul a joué dans la LNH, soit une proportion de 10 % ;
- Les Panthers occupent le 25e rang en ce qui a trait à l'utilisation de joueurs québécois francophones. Sur les 232 joueurs qu'ils ont utilisés, 17 étaient des Québécois francophones, soit une proportion de 7,33 % ;
- 23,53 % des 17 Québécois francophones (soit 4 joueurs) ont joué plus d'une saison avec les Panthers.

Les Oilers d'Edmonton en chiffres de 1979 à 2009

- Les Oilers se classent au 17e rang en ce qui concerne la moyenne de Québécois francophones qu'ils ont repêchés, avec 0,65 joueur par année (20 joueurs au total) ;

- Sur les 18 joueurs qu'ils ont sélectionnés avant 2006, 6 ont joué dans la LNH, soit une proportion de 33,33 % ;
- Les Oilers occupent le 27e rang en ce qui a trait à l'utilisation des joueurs québécois francophones. Sur les 408 joueurs qu'ils ont utilisés, 28 étaient des Québécois francophones, soit une proportion de 6,87 % ;
- 17,85 % des 28 Québécois francophones (soit 5 joueurs) ont joué plus d'une saison avec les Oilers.

Le Lightning de Tampa Bay en chiffres de 1992 à 2009

- Le Lightning se classe au 18e rang en ce qui concerne la moyenne de Québécois francophones qu'il a repêchés, avec 0,61 joueur par année (11 joueurs au total) ;
- Sur les 10 joueurs qui ont été sélectionnés avant 2006, 3 ont joué dans la LNH, soit une proportion de 30 % ;
- Le Lightning occupe le 4e rang en ce qui a trait à l'utilisation de joueurs québécois francophones. Sur les 288 joueurs qu'il a utilisés, 39 étaient des Québécois francophones, soit une proportion de 13,54 % ;
- 33,33 % des 39 Québécois francophones (soit 13 joueurs) ont joué plus d'une saison avec le Lightning.

Les Blues de St. Louis en chiffres de 1970 à 2009

- Les Blues se classent au 19e rang en ce qui concerne la moyenne de Québécois francophones qu'ils ont repêchés, avec 0,6 joueur par année (24 joueurs au total) ;
- Sur les 24 joueurs qui ont été sélectionnés avant 2006, 11 ont joué dans la LNH, soit une proportion de 45,83 % ;
- Les Blues occupent le 10e rang en ce qui a trait à l'utilisation de joueurs québécois francophones. Sur les 548 joueurs qu'ils ont utilisés, 63 étaient des Québécois francophones, soit une proportion de 11,50 % ;
- 34,92 % des 63 Québécois francophones (soit 22 joueurs) ont joué plus d'une saison avec les Blues.

Les Ducks d'Anaheim en chiffres de 1993 à 2009

- Les Ducks se classent au 20e rang en ce qui concerne la moyenne de Québécois francophones qu'ils ont repêchés, avec 0,59 joueur par année (10 joueurs au total) ;
- Sur les 7 joueurs qui ont été sélectionnés avant 2006, 2 ont joué dans la LNH, soit une proportion de 28,57 % ;
- Les Ducks occupent le 29e rang en ce qui a trait à l'utilisation de joueurs québécois francophones. Sur les 236 joueurs qu'ils ont utilisés, 14 étaient des Québécois francophones, soit une proportion de 5,93 % ;
- 50 % des 14 Québécois francophones (soit 7 joueurs) ont joué plus d'une saison avec les Ducks.

Les Sharks de San Jose en chiffres de 1991 à 2009

- Les Sharks se classent au 21e rang en ce qui concerne la moyenne de Québécois francophones qu'ils ont repêchés, avec 0,58 joueur par année (11 joueurs au total) ;
- Sur les 9 joueurs qui ont été sélectionnés avant 2006, 3 ont joué dans la LNH, soit une proportion de 33,33 % ;
- Les Sharks occupent le 26e rang en ce qui a trait à l'utilisation de joueurs québécois francophones. Sur les 236 joueurs qu'ils ont utilisés, 17 étaient des Québécois francophones, soit une proportion de 7,20 % ;
- 29,41 % des 17 Québécois francophones (soit 5 joueurs) ont joué plus d'une saison avec les Sharks.

Les Flames de Calgary en chiffres de 1980 à 2009

- Les Flames se classent au 22e rang en ce qui concerne la moyenne de Québécois francophones qu'ils ont repêchés, avec 0,57 joueur par année (17 joueurs au total) ;
- Sur les 16 joueurs qui ont été sélectionnés avant 2006, 7 ont joué dans la LNH, soit une proportion de 43,75 % ;
- Les Flames occupent le 18e rang en ce qui a trait à l'utilisation de joueurs québécois francophones. Sur les 383 joueurs qu'ils ont utilisés, 36 étaient des Québécois francophones, soit une proportion de 9,35 % ;

- 27,77 % des 36 Québécois francophones (soit 10 joueurs) ont joué plus d'une saison avec les Flames.

L'Avalanche du Colorado en chiffres de 1995 à 2009

- L'Avalanche se classe au 23e rang en ce qui concerne la moyenne de Québécois francophones qu'il a repêchés, avec 0,53 joueur par année (8 joueurs au total) ;
- Sur les 7 joueurs qui ont été sélectionnés avant 2006, 6 ont joué dans la LNH, soit une proportion de 85,71 % ;
- L'Avalanche occupe le 2e rang en ce qui a trait à l'utilisation de joueurs québécois francophones. Sur les 178 joueurs qu'il a utilisés, 29 étaient des Québécois francophones, soit une proportion de 16,29 % ;
- 55,17 % des 29 Québécois francophones (soit 16 joueurs) ont joué plus d'une saison avec l'Avalanche.

Le Wild du Minnesota en chiffres de 2000 à 2009

- Le Wild se classe au 24e rang en ce qui concerne la moyenne de Québécois francophones qu'il a repêchés, avec 0,5 joueur par année (5 joueurs au total) ;
- Sur les 4 joueurs qui ont été sélectionnés avant 2006, 2 ont joué dans la LNH, soit une proportion de 50 % ;
- Le Wild arrive au 12e rang en ce qui a trait à l'utilisation de joueurs québécois francophones. Sur les 116 joueurs qu'il a utilisés, 13 étaient des Québécois francophones, soit une proportion de 11,21 % ;
- 69,23 % des 13 Québécois francophones (soit 9 joueurs) ont joué plus d'une saison avec le Wild.

Les Canucks de Vancouver en chiffres de 1970 à 2009

- Les Canucks se classent au 25e rang en ce qui concerne la moyenne de Québécois francophones qu'ils ont repêchés, avec 0,5 joueur par année (20 joueurs au total) ;
- Sur les 18 joueurs qui ont été sélectionnés avant 2006, 7 ont joué dans la LNH, soit une proportion de 38,89 % ;

- Les Canucks occupent le 19e rang en ce qui a trait à l'utilisation de joueurs québécois francophones. Sur les 473 joueurs qu'ils ont utilisés, 44 étaient des Québécois francophones, soit une proportion de 9,30 % ;
- 43,18 % des 44 Québécois francophones (soit 19 joueurs) ont joué plus d'une saison avec les Canucks.

Les Hurricanes de la Caroline en chiffres de 1997 à 2009

- Les Hurricanes se classent au 26e rang en ce qui concerne la moyenne de Québécois francophones qu'ils ont repêchés, avec 0,46 joueur par année (6 joueurs au total) ;
- Sur les 3 joueurs qui ont été sélectionnés avant 2006, 1 seul a joué dans la LNH, soit une proportion de 33,33 % ;
- Les Hurricanes arrivent au 30e rang en ce qui a trait à l'utilisation de joueurs québécois francophones. Sur les 146 joueurs qu'ils ont utilisés, 6 étaient des Québécois francophones, soit une proportion de 4,11 % ;
- 16,66 % des 6 Québécois francophones (soit 1 joueur) ont joué plus d'une saison avec les Hurricanes.

Les Trashers d'Atlanta en chiffres de 1999 à 2009

- Les Trashers se classent au 27e rang en ce qui concerne la moyenne de Québécois francophones qu'ils ont repêchés, avec 0,45 joueur par année (5 joueurs au total) ;
- Sur les 4 joueurs qui ont été sélectionnés avant 2006, 1 a joué dans la LNH, soit une proportion de 25 % ;
- Les Trashers arrivent au 16e rang en ce qui a trait à l'utilisation de joueurs québécois francophones. Sur les 172 joueurs qu'ils ont utilisés, 17 étaient des Québécois francophones, soit une proportion de 9,88 % ;
- 35,29 % des 17 Québécois francophones (soit 6 joueurs) ont joué plus d'une saison avec les Trashers.

Les Coyotes de Phoenix en chiffres de 1996 à 2009

- Les Coyotes se classent au 28e rang en ce qui concerne la moyenne de Québécois francophones qu'ils ont repêchés, avec 0,36 joueur par année (5 joueurs au total) ;
- Sur les 4 joueurs qui ont été sélectionnés avant 2006, 2 ont joué dans la LNH, soit une proportion de 50 % ;
- Les Coyotes arrivent au 17e rang en ce qui a trait à l'utilisation de joueurs québécois francophones. Sur les 230 joueurs qu'ils ont utilisés, 22 étaient des Québécois francophones, soit une proportion de 9,57 % ;
- 13,63 % des 22 Québécois francophones (soit 3 joueurs) ont joué plus d'une saison avec les Coyotes.

Les Predators de Nashville en chiffres de 1998 à 2009

- Les Predators se classent au 29e rang en ce qui concerne la moyenne de Québécois francophones qu'ils ont repêchés, avec 0,33 joueur par année (4 joueurs au total) ;
- Sur les 2 joueurs qui ont été sélectionnés avant 2006, aucun n'a joué dans la LNH, soit une proportion de 0 % ;
- Les Predators occupent le 14e rang en ce qui a trait à l'utilisation de joueurs québécois francophones. Sur les 161 joueurs qu'ils ont utilisés, 16 étaient des Québécois francophones, soit une proportion de 10 % ;
- 25 % des 16 Québécois francophones (soit 4 joueurs) ont joué plus d'une saison avec les Prédators.

Les Stars de Dallas en chiffres de 1994 à 2009

- Les Stars se classent au 30e rang en ce qui concerne la moyenne de Québécois francophones qu'ils ont repêchés, avec 0,18 joueur par année (3 joueurs au total) ;
- Sur les 2 joueurs qui ont été sélectionnés avant 2006, 1 seul a joué dans la LNH, soit une proportion de 50 % ;
- Les Stars sont au 13e rang en ce qui a trait à l'utilisation de joueurs québécois francophones. Sur les 223 joueurs qu'ils ont utilisés, 23 étaient des Québécois francophones, soit une proportion de 10,31 % ;

- 26,08 % des 23 Québécois francophones (soit 6 joueurs) ont joué plus d'une saison avec les Stars.

LES ÉQUIPES DE LA LNH QUI ONT ÉTÉ DISSOUTES

Le rang indique où l'équipe serait classée si elle était encore en opération.

Les Nordiques de Québec en chiffres de 1979 à 1995

- Les Nordiques se classent au 2e rang en ce qui concerne la moyenne de Québécois francophones qu'ils ont repêchés, avec 2,38 joueurs par année (38 joueurs au total) ;
- Des 38 joueurs qui ont été sélectionnés par les Nordiques, 23 ont joué dans la LNH, soit une proportion de 60,52 % ;
- Les Nordiques sont au 2e rang en ce qui a trait à l'utilisation de joueurs québécois francophones. Sur les 245 joueurs qu'ils ont utilisés, 75 étaient des Québécois francophones, soit une proportion de 30,61 % ;
- 40 % des 75 Québécois francophones (soit 30 joueurs) ont joué plus d'une saison avec les Nordiques.

Les Flames d'Atlanta en chiffres de 1972 à 1981

- Les Flames se classent au 6e rang en ce qui concerne la moyenne de Québécois francophones qu'ils ont repêchés, avec 0,89 joueur par année (8 joueurs au total) ;
- Des 8 joueurs qui ont été sélectionnés, 3 ont joué dans la LNH, soit une proportion de 37,50 % ;
- Les Flames sont au 3e rang en ce qui a trait à l'utilisation de joueurs québécois francophones. Sur les 94 joueurs qu'ils ont utilisés, 21 étaient des Québécois francophones, soit une proportion de 22,34 % ;
- 42,86 % des 21 Québécois francophones (soit 9 joueurs) ont joué plus d'une saison avec les Flames.

Les Seals d'Oakland en chiffres de 1967 à 1976

- Les Seals se classent au 4e rang en ce qui concerne la moyenne de Québécois francophones qu'ils ont repêchés, avec 1,12 joueur par année (5 joueurs au total) ;

- Des 5 joueurs qui ont été sélectionnés, 2 ont joué dans la LNH, soit une proportion de 40% ;
- Les Seals occupent le 24e rang en ce qui a trait à l'utilisation de joueurs québécois francophones. Sur les 102 joueurs qu'ils ont utilisés, 8 étaient des Québécois francophones, soit une proportion de 7,84% ;
- 50% des 8 Québécois francophones (soit 4 joueurs) ont joué plus d'une saison avec les Seals.

Les Barons de Cleveland en chiffres de 1976 à 1978

- Les Barons se classent au 4e rang en ce qui concerne la moyenne de Québécois francophones qu'ils ont repêchés avec 1 joueur par année (1 joueur au total) ;
- Ils ont sélectionné 1 joueur et cet unique joueur a joué dans la LNH, soit une proportion de 100% ;
- Ils occupent le 29e rang en ce qui a trait à l'utilisation de joueurs québécois francophones. Sur les 49 joueurs qu'ils ont utilisés, 3 étaient des Québécois francophones, soit une proportion de 6,12% ;
- 66,66% des 3 Québécois francophones (soit 2 joueurs) ont joué plus d'une saison avec les Barons.

Les Whalers de Hartford en chiffres de 1979 à 1997

- Les Whalers se classent au 18e rang en ce qui concerne la moyenne de Québécois francophones qu'ils ont repêchés, avec 0,63 joueur par année (10 joueurs au total) ;
- Des 10 joueurs qui ont été sélectionnés, 6 ont joué dans la LNH, soit une proportion de 60% ;
- Les Whalers sont au 29e rang en ce qui a trait à l'utilisation de joueurs québécois francophones. Sur les 275 joueurs qu'ils ont utilisés, 17 étaient des Québécois francophones, soit une proportion de 6,20% ;
- 35,29% des 17 Québécois francophones (soit 6 joueurs) ont joué plus d'une saison avec les Whalers.

Les Jets de Winnipeg en chiffres de 1979 à 1996

- Les Jets occupent le 20e rang en ce qui concerne la moyenne de Québécois francophones qu'ils ont repêchés, avec 0,59 joueur par année (10 joueurs au total) ;
- Des 10 joueurs qui ont été sélectionnés, 4 ont joué dans la LNH, soit une proportion de 40 % ;
- Les Jets arrivent au 6e rang en ce qui a trait à l'utilisation de joueurs québécois francophones. Sur les 243 joueurs qu'ils ont utilisés, 30 étaient des Québécois francophones, soit une proportion de 12,35 % ;
- 40 % des 30 Québécois francophones (soit 12 joueurs) ont joué plus d'une saison avec les Jets.

Les North Stars du Minnesota en chiffres de 1967 à 1994

- Les North Stars se classent au 29e rang en ce qui concerne la moyenne de Québécois francophone repêchés, avec 0,35 joueur par année (8 joueurs au total) ;
- Des 8 hockeyeurs sélectionnés, 4 ont joué dans la LNH, soit une proportion de 50 % ;
- Les North Stars sont au 25e rang en ce qui a trait à l'utilisation de joueurs québécois francophones. Sur les 310 joueurs qu'ils ont utilisés, 23 étaient des Québécois francophones, soit une proportion de 7,42 % ;
- 21,74 % des 23 Québécois francophones (soit 5 joueurs) ont joué plus d'une saison avec les North Stars.

Les Scouts de Kansas City en chiffres de 1974 à 1976

- Les Scouts se classent au 29e rang en ce qui concerne la moyenne de Québécois francophones qu'ils ont repêchés, avec 0,33 joueur par année (1 joueur au total) ;
- Le joueur sélectionné n'a pas joué dans la LNH, ce qui donne une proportion de 0 % ;
- Les Scouts occupent le 4e rang en ce qui a trait à l'utilisation de joueurs québécois francophones. Sur les 50 joueurs qu'ils ont utilisés, 10 étaient des Québécois francophones, soit une proportion de 20 % ;

- 60 % des 10 Québécois francophones (soit 6 joueurs) ont joué plus d'une saison avec les Scouts.

Les Rockies du Colorado en chiffres de 1976 à 1982

- Les Rockies se classent au 30e rang en ce qui concerne la moyenne de Québécois francophones qu'ils ont repêchés, avec 0,0 joueur par année ;
- Ils occupent le 28e rang en ce qui a trait à l'utilisation de joueurs québécois francophones. Sur les 125 joueurs qu'ils ont utilisés, 8 étaient des Québécois francophones, soit une proportion de 6,40 % ;
- 75 % des 8 Québécois francophones (soit 6 joueurs) ont joué plus d'une saison avec les Rockies.

LES ÉQUIPES DE LA LNH : ANALYSES ET FAITS

Je sais, je sais, c'est long et plate de lire des chiffres, encore des chiffres, alors allons-y maintenant avec l'analyse des résultats.

Oublions pour un instant le Canadien de Montréal et les Nordiques de Québec. Il y a une énorme différence entre sélectionner au repêchage de la LNH plus d'un Québécois francophone par année, comme l'ont fait les Sabres de Buffalo et les Flyers de Philadelphie, et en sélectionner un à tous les six ans, comme le font les Stars de Dallas depuis plusieurs années. Il y a des raisons, il y a aussi de très grands hommes et une grande ville qui expliquent cette grande différence dans le ratio des Québécois francophones sélectionnés par les équipes de la LNH.

Les Sabres de Buffalo et Punch Imlach

Les Sabres de Buffalo ont été présents pour la première fois dans la Ligue nationale de hockey en 1970. Mais l'histoire des Québécois francophones avec cette organisation a commencé 25 ans plus tôt, en 1945.

Au milieu des années 1940, un jeune anglophone de Toronto a immigré dans la ville de Québec pour y trouver du travail. Son nom : Punch Imlach[9]. Il a été hockeyeur pour la formation des As de Québec dans la Ligue senior du Québec, puis il est devenu instructeur et directeur gérant de l'équipe. Durant cette période, les As de Québec ont connu des difficultés financière. Punch Imlach s'est alors associé avec le dentiste de l'équipe pour devenir copropriétaire de la franchise et ainsi sauver la concession de Québec. Pendant son séjour de 12 ans à Québec, il s'est certainement aperçu que notre grand village perdu au nord-est de l'Amérique n'était pas habité par des Gaulois barbares et qu'il y avait d'excellents hockeyeurs dans la province. Il a été le dernier instructeur de Jean Béliveau avant son entrée chez le Canadien de Montréal. Punch Imlach est décédé le 1er décembre 1987 et, jusqu'à sa mort, il a toujours proclamé que, toutes époques confondues, Jean Béliveau avait été le meilleur hockeyeur qu'il avait eu l'honneur de voir jouer. Il n'est donc pas surprenant de savoir que, plusieurs années auparavant, en 1970, à titre de directeur gérant et instructeur des Sabres de Buffalo, Punch Imlach a fait de Gilbert Perreault, un hockeyeur exceptionnel, son tout premier choix au repêchage. L'année suivante, il a sélectionné en première ronde un autre Québécois, Richard Martin, et s'est lié par contrat avec René Robert en tant qu'agent libre, formant ainsi la fameuse ligne d'attaque appelée la *French Connection*.

L'histoire des Québécois francophones avec les Sabres de Buffalo ne se termine pas là. Depuis leur premier encan amateur de 1970, et à l'exception du Canadien, ce sont les Sabres de Buffalo qui ont repêché le plus de Québécois francophones. L'héritage de Punch Imlach est encore très vivant à Buffalo. Chaque année, le gouvernement du Québec rend hommage à des personnalités qui ont accompli de façon exceptionnelle des actions ayant permis le rayonnement du Québec ou de Québécois dans un secteur d'activités[10]. Je crois fermement que Punch Imlach mérite une nomination à titre posthume pour recevoir l'Ordre national du Québec comme Grand Officier, Officier ou Chevalier de l'Ordre.

Les Flyers de Philadelphie : Keith Allen et Bobby Clarke

C'est l'équipe des Flyers de Philadelphie qui a repêché le plus de Québécois au cours de la dernière décennie, devançant même le Canadien de Montréal. En effet, entre 2000 et 2009, les Flyers ont repêché 13 Québécois francophones et 3 Québécois anglophones, tandis que durant la même période le Canadien repêchait 15 Québécois francophones. Tout comme l'histoire des Sabres de Buffalo, celle des Québécois francophones avec l'organisation des Flyers passe, elle aussi, par la ville de

Québec. L'équipe de hockey des As de Québec est encore au cœur de cette histoire.

Les Flyers de Philadelphie, qui ont fait leur entrée dans la LNH en 1967, avaient comme club école cette fameuse équipe de Québec qui jouait dans la Ligue américaine de hockey. Ce sont les Flyers qui ont opéré cette franchise jusqu'à la venue des Nordiques dans l'Association mondiale de hockey, en 1972. Pendant cette période, de 1967 à 1971, la formation des As de Québec avait toujours un minimum de 13 hockeyers québécois francophones dans l'alignement régulier de l'équipe[11]. Plus de 15 joueurs québécois issus des As de Québec ont porté l'uniforme orangé des Flyers.

Un de ces 15 joueurs, Simon Nolet, est à l'emploi de cette organisation depuis de nombreuses années en tant que dépisteur. Or, les Flyers recrutent régulièrement des hockeyers québécois francophones. Simon Nolet a toujours été «l'homme clé» de Bobby Clarke. Même quand Bobby était directeur gérant chez les Panthers de la Floride, son homme de confiance était Simon Nolet. Le duo Clarke-Nolet a été précédé dans les années 1970 et 1980 par Keith Allen, directeur gérant, et Marcel Pelletier, qui agissait alors en tant que recruteur, puis est ensuite devenu directeur du personnel des joueurs. Ces deux hommes étaient les décideurs des Flyers lors de la formation de l'équipe en 1967. Leur patrimoine de joueurs québécois francophones est encore très vivant à Philadelphie.

La ville de Québec

Québec, cette belle ville qu'on surnomme aussi tendrement notre «grand village», est fortement responsable d'avoir changé les mythes, stéréotypes et légendes concernant la culture québécoise francophone. Tous ces grands canadiens, les Punch Imlach, Keith Allen et Bobby Clarke, ont certainement été influencés par les côtés positifs des hockeyers de notre nation. Les résultats du repêchage et de l'utilisation des hockeyers québécois avec leurs formations en est une preuve.

Les Nordiques de Québec, qui ont joué dans la LNH entre 1979 et 1995, ont eux aussi été des instruments clé en ce qui a trait à l'utilisation de plus de 74 hockeyeurs québécois et à la visibilité que l'équipe leur a procurée.

Pour ce qui est des *Nordiks* du Colorado, c'est très décevant de voir l'attitude d'une organisation de «hockey francophone» qui néglige maintenant de sélectionner des hockeyeurs québécois. Les *Nordiks* devraient prendre en exemple les Sabres et les Flyers qui, eux, n'ont pas oublié leurs racines.

Les amateurs de hockey de la province se doivent d'applaudir la ville de Québec et ses citoyens pour avoir eu un impact positif sur deux grandes organisations de la LNH : les Sabres et les Flyers. J'ai un projet pour le maire de Québec, Régis Labaume. L'été prochain, il devrait inviter tous les dirigeants des autres équipes de la LNH à Québec pour un grand banquet et les plonger tête première dans notre culture. Ça ne nuirait certainement pas.

Les Stars de Dallas, le paradoxe !

Les Stars de Dallas, dont le club école est ici même, à Montréal, ont utilisé depuis la saison 1994 un total de 18 hockeyeurs québécois francophones, dont 8 anciens joueurs du Canadien de Montréal. Pendant cette même période, ils ont repêché 3 Québécois francophones : 2 en 1995 et le dernier en 2009. Trouvez l'erreur et, quand vous l'aurez trouvée, faites-moi signe !

Les Hurricanes de la Caroline, aucun paradoxe !

Les Hurricanes de la Caroline sont constants. Des hockeyeurs québécois francophones, ils n'en veulent tout simplement pas. Depuis 1997, ils ont utilisé 5 hockeyeurs québécois et 1 seul a joué plus d'une saison avec cette équipe. Pourtant, à ce que je sache, l'hiver, il y a plusieurs Québécois qui vont à Myrtle Beach. Ils doivent savoir à quoi ça ressemble, un Québécois !

Le Canadien de Montréal

Un grand événement se produit chaque année dans la province de Québec. C'est au début de l'automne que ça se passe. Je ne vous parle pas de la cueillette des pommes, du festival des couleurs ou même de la rentrée scolaire. C'est le début du camp d'entraînement du club de hockey légendaire : le Canadien de Montréal. La « ville hockey » se réveille, ou plutôt la « ville Canadien » se réveille. Qu'est-ce que je pourrais écrire sur le Canadien que vous ne savez pas déjà ? Voilà mon défi !

Le 4 décembre 1890, messieurs John Ambrose O'brien et Jimmy Gardner, deux hommes d'affaires anglophones ontariens[12], ont fondé le club de hockey le Canadien de Montréal avec une seule idée en tête : réunir dans une même équipe les meilleurs hockeyers canadiens-français de l'époque pour attirer les amateurs francophones de Montréal qui boudaient les arénas, faute d'équipe à encourager, faute de joueurs francophones à soutenir et à qui s'identifier.

Aujourd'hui, plus de 100 ans plus tard, le Canadien de Montréal manque certainement son rendez-vous avec l'Histoire. Pendant toute sa glorieuse histoire, il y a toujours eu un nombre très important de Québécois francophones pour porter le flambeau. Les joueurs et l'équipe ont longtemps été surnommés les *Flying Frenchmen* à cause du très grand nombre de francophones qui portaient les couleurs de l'équipe fièrement, honorablement et courageusement. Je le sais, j'ai joué contre eux pendant six saisons. C'était toujours une fierté de les affronter, pas seulement pour moi, mais aussi pour mes compagnons de jeu qui étaient tous majoritairement canadiens-anglais. Pourquoi me demandez-vous ? Tout simplement, pour chacun d'entre nous, hockeyers professionnels des années 1970 et 1980, jouer contre les *Flying Frenchmen,* les *Habs* ou le Canadien de Montréal, c'était comme aller à un rendez-vous avec l'Histoire. C'était comme jouer contre les descendants des Maurice Richard, Jean Béliveau, Dickie Moore et Doug Harvey, tous des grands Québécois qui ont bâti la Ligue nationale de hockey. C'était le rêve de tout jeune Canadien d'en porter l'uniforme un jour, de jouer contre eux pour nous tous, c'était notre prix de consolation. Bon, assez de nostalgie de ma part et passons aux choses sérieuses !

Au moment où j'écris ces lignes, le 10 août 2009, le Canadien de Montréal commencera la saison avec seulement trois Québécois francophones dans son alignement. Je trouve cela vraiment inconscient, de la part des dirigeants de l'équipe, d'oublier si facilement son histoire, au moment où elle fête justement les 100 ans de la glorieuse aventure des *Flying Frenchmen.*

C'est normal qu'il en reste très peu, des Québécois francophones avec le Canadien, puisque depuis sept ans, soit depuis l'arrivée du duo Gainey-Timmins, le Canadien de Montréal, qui repêchait en moyenne 2,85 Québécois par année, en a sélectionné seulement 1,57 en moyenne par année de repêchage. Depuis 1970, le Canadien sélectionnait en moyenne 30 hockeyeurs québécois par décennie. Au cours de la dernière décennie, l'équipe a sélectionné 15 Québécois francophones. La diminution est de 50 % par rapport à toutes les autres décennies. Ne cherchez pas plus loin. Elle est bien finie, l'époque de Serge Savard, qui, à plusieurs reprises, ne s'est pas caché pour choisir un jeune hockeyeur du Québec. « À talent égal, je vais choisir un hockeyeur d'ici » : cette philosophie de Serge Savard a maintenant pris le bord de la poubelle ! Ce n'est pas normal, il se passe quelque chose de bizarre quelque part au sein de l'organisation des *Montreal Canadians.*

Le Canadien de Montréal est une des rares équipes de la LNH à avoir favorisé les joueurs et les instructeurs de notre province. Cette façon de faire a été bien récompensée par les nombreuses saisons victorieuses que l'équipe a connues. Ces joueurs et instructeurs ont ainsi pu prouver à plusieurs équipes de la LNH que, malgré tous les mythes et préjugés concernant les *frogs,* il y avait énormément de talent au Québec.

La nouvelle façon de faire de cette organisation me laisse perplexe quant à l'évolution du club de hockey le Canadien de Montréal et à sa relation future avec la société québécoise.

Vite, qu'on crée une équipe à Québec ! Ça presse !

TABLEAU 3.1

Repêchage des Québécois par équipe, de 1970 à 2009*

DUCKS D'ANAHEIM − 1993-2009

ANNÉE	RANG	NOM	PRÉNOM	P	ÉQUIPE	PJ	B	A	PTS	PUN
1997	125	Vaillancourt	Luc	G	BEAUPORT	0	0	0	0	0
1998	205	Bernier	David	A	QUÉBEC	0	0	0	0	0
2001	137	**Perreault**	**Joël**	**C**	**BAIE-COMEAU**	**87**	**11**	**14**	**25**	**68**
	264	**Parenteau**	**P.-Alexandre**	**A**	**CHICOUTIMI**	**5**	**0**	**1**	**1**	**2**
2002	261	Caron	François	D	MONCTON	0	0	0	0	0
2004	203	Bouthillette	Gabriel	G	GATINEAU	0	0	0	0	0
2005	197	Levasseur	Jean-Philippe	G	ROUYN	0	0	0	0	0
2007	63	Macenauer	Maxime	C	ROUYN	0	0	0	0	0
2008	35	Deschamps	Nicolas	C	CHICOUTIMI	0	0	0	0	0
	83	Cousineau	Marco	G	BAIE-COMEAU	0	0	0	0	0

TRASHERS D'ATLANTA − 1999-2009

ANNÉE	RANG	NOM	PRÉNOM	P	ÉQUIPE	PJ	B	A	PTS	PUN
2000	107	Mallette	Carl	C	VICTORIAVILLE	0	0	0	0	0
	290	**Gamache**	**Simon**	**A**	**VAL D'OR**	**48**	**6**	**7**	**13**	**18**
2003	116	Desbiens	Guillaume	A	ROUYN	0	0	0	0	0
2005	16	Bourret	Alex	A	LEWISTON	0	0	0	0	0
2008	64	Paquette	Danick	A	LEWISTON	0	0	0	0	0

FLAMES D'ATLANTA − 1972-1979

ANNÉE	RANG	NOM	PRÉNOM	P	ÉQUIPE	PJ	B	A	PTS	PUN
1972	2	**Richard**	**Jacques**	**C**	**QUÉBEC**	**556**	**160**	**187**	**347**	**307**
	34	**Lemieux**	**Jean**	**D**	**SHERBROOKE**	**204**	**23**	**63**	**86**	**39**
	130	Roy	Pierre	D	QUÉBEC	0	0	0	0	0
	132	Lamarre	Jean	C	QUÉBEC	0	0	0	0	0
1973	148	Surbey	Glen	D	LOYOLA	0	0	0	0	0
	149	Ross	Guy	D	SHERBROOKE	0	0	0	0	0
1974	28	**Chouinard**	**Guy**	**C**	**QUÉBEC**	**578**	**205**	**370**	**575**	**120**
	167	Loranger	Louis	A	SHAWINIGAN	0	0	0	0	0
1975	8	**Mulhern**	**Richard**	**D**	**SHERBROOKE**	**303**	**27**	**93**	**120**	**217**
	150	Sanza	Nick	G	MONTRÉAL JR	0	0	0	0	0
1976	28	**Simpson**	**Bobby**	**A**	**SHERBROOKE**	**175**	**35**	**29**	**64**	**98**
1977	100	Harbec	Bernard	C	LAVAL	0	0	0	0	0
1978	165	Green	Mark	C	SHERBROOKE	0	0	0	0	0
	180	**Sullivan**	**Bob**	**A**	**TOLEDO IHL**	**62**	**18**	**19**	**37**	**18**
ANNÉE	RANG	NOM	PRÉNOM	P	ÉQUIPE	PJ	B	A	PTS	PUN

* Les joueurs qui ont joué au moins 1 partie dans la LNH apparaissent en caractères gras.

BRUINS DE BOSTON − 1970-2009

ANNÉE	RANG	NOM	PRÉNOM	P	ÉQUIPE	PJ	B	A	PTS	PUN
1970	27	**Bouchard**	**Dan**	**G**	**LONDON**	655				
	69	Roselle	Bob	C	SOREL	0	0	0	0	0
1972	48	Boudreault	Michel	C	LAVAL	0	0	0	0	0
1973	6	**Savard**	**André**	**C**	**QUÉBEC**	790	211	271	482	411
	95	Bourgouyne	Jean-Pierre	D	SHAWINIGAN	0	0	0	0	0
	157	Bouillon	Yvon	A	CORNWALL	0	0	0	0	0
1974	90	Bateman	Jamie	A	QUÉBEC	0	0	0	0	0
1975	68	Daigle	Denis	C	MONTRÉAL JR	0	0	0	0	0
1977	138	Claude	Mario	D	SHERBROOKE	0	0	0	0	0
1979	8	**Bourque**	**Raymond**	**D**	**VERDUN**	1612	410	1169	1579	1141
	99	**Baron**	**Marco**	**G**	**MONTRÉAL JR**	86				
	120	**Krushelnyski**	**Mike**	**C**	**MONTRÉAL JR**	897	241	328	569	699
1980	81	**Kasper**	**Steve**	**A**	**MONTRÉAL JR**	821	177	291	468	554
1981	14	**Léveillé**	**Normand**	**A**	**CHICOUTIMI**	75	17	25	42	49
	35	**Dufour**	**Luc**	**C**	**CHICOUTIMI**	167	23	21	44	199
	161	Parisée	Armel	D	CHICOUTIMI	0	0	0	0	0
	203	Bourque	Richard	A	SHERBROOKE	0	0	0	0	0
1982	165	Fiore	Tony	C	MONTRÉAL JR	0	0	0	0	0
1983	162	Ollvier	François	A	OT JEAN	0	0	0	0	0
1985	31	**Côté**	**Alain**	**D**	**QUÉBEC**	119	2	18	20	124
	115	Hynes	Gord	D	MEDICINE HAT	0	0	0	0	0
1987	14	**Quintal**	**Stéphane**	**D**	**GRANBY**	1037	63	180	243	1320
1988	81	**Juneau**	**Joey**	**C**	**R.P.I. NCAA**	828	156	416	572	272
1991	62	**Cousineau**	**Marcel**	**G**	**BEAUPORT**	26				
1993	88	Paquette	Charles	D	SHERBROOKE	0	0	0	0	0
1994	47	Goneau	Daniel	A	LAVAL	VOIR RANGERS 1996				
	151	**Roy**	**André**	**A**	**CHICOUTIMI**	515	35	33	68	1169
1996	53	Naud	Éric	A	ST-HYACINTHE	0	0	0	0	0
1997	218	Van Acker	Éric	D	CHICOUTIMI	0	0	0	0	0
1998	48	**Girard**	**Jonathan**	**D**	**LAVAL**	150	10	34	44	46
2002	259	**Statsny**	**Yan**	**C**	**NOTRE-DAME**	87	5	10	15	58
2003	2	**Bergeron**	**Patrice**	**C**	**ACADIE-BATHURST**	303	80	148	228	88
	247	Mondou	Benoit	A	SHAWINIGAN	0	0	0	0	0
2004	160	**Walter**	**Ben**	**C**	**LOWELL NCAA**	22	1	0	1	4
2008	47	Sauvé	Maxime	C	VAL D'OR	0	0	0	0	0
2009	25	Caron	Jordan	A	RIMOUSKI					
ANNÉE	RANG	NOM	PRÉNOM	P	ÉQUIPE	PJ	B	A	PTS	PUN

➲

Repêchage des Québécois par équipe, de 1970 à 2009 (suite)

SABRES DE BUFFALO – 1970-2009

ANNÉE	RANG	NOM	PRÉNOM	P	ÉQUIPE	PJ	B	A	PTS	PUN
1970	1	**Perreault**	**Gilbert**	**C**	**MONTRÉAL JR**	**1191**	**512**	**814**	**1326**	**500**
	57	Morton	Mike	A	SHAWINIGAN	0	0	0	0	0
	107	Nadeau	Luc	A	DRUMMONDVILLE	0	0	0	0	0
1971	5	**Martin**	**Richard**	**A**	**MONTRÉAL JR**	**685**	**384**	**317**	**701**	**477**
	47	**Richer**	**Bob**	**D**	**TROIS-RIVIÈRES**	**3**	**0**	**0**	**0**	**0**
	75	Duguay	Pierre	C	QUÉBEC	0	0	0	0	0
1972	25	**Carrière**	**Larry**	**D**	**LOYOLA**	**367**	**16**	**74**	**90**	**462**
	53	Campeau	Rychard	D	SOREL	0	0	0	0	0
	69	**Gratton**	**Gilles**	**G**	**OSHAWA**	**47**				
1973	28	Landry	Jean	D	QUÉBEC	0	0	0	0	0
	44	Deschamps	André	A	QUÉBEC	0	0	0	0	0
	60	Dupuis	Yvon	A	QUÉBEC	0	0	0	0	0
1974	47	Déziel	Michel	A	SOREL	0	0	0	0	0
	119	Noreau	Bernard	A	LAVAL	0	0	0	0	0
	136	Constantin	Charles	A	QUÉBEC	0	0	0	0	0
	168	**Smith**	**Derek**	**A**	**OTTAWA 67s**	**335**	**78**	**116**	**194**	**60**
	196	Geoffrion	Robert	A	CORNWALL	0	0	0	0	0
1975	17	**Sauvé**	**Robert**	**G**	**LAVAL**	**420**				
1976	105	Lemieux	Donald	D	TROIS-RIVIÈRES	0	0	0	0	0
1977	86	Sirois	Richard	G	SHERBROOKE	0	0	0	0	0
1978	32	**McKegney**	**Tony**	**A**	**KINGSTON**	**912**	**320**	**319**	**639**	**517**
1979	55	**Cloutier**	**Jacques**	**G**	**TROIS-RIVIÈRES**	**255**				
	74	**Hamel**	**Gilles**	**A**	**LAVAL**	**519**	**127**	**147**	**274**	**276**
	95	**Haworth**	**Alan**	**C**	**SHERBROOKE**	**524**	**189**	**211**	**400**	**425**
1980	56	**McKenna**	**Sean**	**A**	**SHERBROOKE**	**414**	**82**	**80**	**162**	**181**
	125	Naud	Daniel	D	VERDUN	0	0	0	0	0
1981	164	**Orlando**	**Gates**	**A**	**PROVIDENCE COL.**	**98**	**18**	**26**	**44**	**51**
1982	79	Hamilton	Jeff	A	PROVIDENCE COL.	0	0	0	0	0
	100	**Logan**	**Bobby**	**A**	**WEST ISLAND JR**	**42**	**10**	**5**	**15**	**0**
	163	**Verret**	**Claude**	**C**	**TROIS-RIVIÈRES**	**14**	**2**	**5**	**7**	**2**
1983	10	**Lacombe**	**Normand**	**A**	**U.N.H. NCAA**	**319**	**53**	**62**	**115**	**196**
	234	Hamelin	Marc	G	SHAWINIGAN	0	0	0	0	0
1984	123	Gasseau	James	D	DRUMMONDVILLE	0	0	0	0	0
1985	35	**Hogue**	**Benoit**	**A**	**ST-JEAN**	**863**	**222**	**231**	**543**	**877**
	224	**Larose**	**Guy**	**C**	**GUELPH**	**70**	**10**	**9**	**19**	**63**
1986	5	**Anderson**	**Shawn**	**D**	**UNIV. MAINE**	**255**	**11**	**51**	**62**	**117**
	110	Baldris	Miguel	D	SHAWINIGAN	0	0	0	0	0
	152	**Guay**	**François**	**C**	**LAVAL**	**1**	**0**	**0**	**0**	**0**
ANNÉE	RANG	NOM	PRÉNOM	P	ÉQUIPE	PJ	B	A	PTS	PUN

SABRES DE BUFFALO – 1970-2009 (SUITE)

ANNÉE	RANG	NOM	PRÉNOM	P	ÉQUIPE	PJ	B	A	PTS	PUN
	173	Whitham	Sean	D	PROVIDENCE COL.	0	0	0	0	0
1987	1	**Turgeon**	**Pierre**	**C**	**GRANBY**	1294	515	812	1327	452
1989	183	**Audette**	**Donald**	**A**	**LAVAL**	735	260	249	509	584
1990	208	Naud	Sylvain	A	LAVAL	0	0	0	0	0
1991	13	**Boucher**	**Philippe**	**D**	**GRANBY**	748	94	206	300	702
1994	168	Plouffe	Steve	G	GRANBY	0	0	0	0	0
1995	16	**Biron**	**Martin**	**G**	**BEAUPORT**	433				
	68	Sunderland	Mathieu	A	DRUMMONDVILLE	0	0	0	0	0
	123	Bienvenue	Daniel	A	VAL D'OR	0	0	0	0	0
1996	54	Méthot	François	C	ST-HYACINTHE	0	0	0	0	0
1999	178	Hyacinthe Jr.	Sénèque	A	VAL D'OR	0	0	0	0	0
2000	111	Rousseau	Ghyslain	G	BAIE-COMEAU	0	0	0	0	0
2001	55	**Pominville**	**Jason**	**A**	**SHAWINIGAN**	304	99	145	244	90
2002	76	Messier	Michael	A	ACADIE-BATHURST	0	0	0	0	0
2003	266	Martin	L-Philippe	A	BAIE-COMEAU	0	0	0	0	0
2004	273	Hunter	Dylan	A	LONDON	0	0	0	0	0
2005	87	**Gragnani**	**Marc-André**	**D**	**P.E.I.**	6	0	0	0	6
2006	147	Biega	Alex	D	HARVARD	0	0	0	0	0
	207	Breault	Benjamin	C	BAIE-COMEAU	0	0	0	0	0
2007	147	Allard	Jean Simon	C	ST-JOHN'S	0	0	0	0	0
	179	Byron	Paul	C	GATINEAU	0	0	0	0	0
2008	104	Southorn	Jordon	D	P.E.I.	0	0	0	0	0
	134	Lagacé	Jacob	A	CHICOUTIMI	0	0	0	0	0
2009	194	Legault	Maxime	A	SHAWINIGAN					

FLAMES DE CALGARY – 1980-2009

ANNÉE	RANG	NOM	PRÉNOM	P	ÉQUIPE	PJ	B	A	PTS	PUN
1980	13	**Cyr**	**Denis**	**A**	**MONTRÉAL JR**	193	41	43	84	36
	76	Roy	Marc	A	TROIS-RIVIÈRES	0	0	0	0	0
	160	Drouin	Claude	A	QUÉBEC	0	0	0	0	0
	202	**Fletcher**	**Steven**	**A**	**HULL**	3	0	0	0	5
1987	25	**Matteau**	**Stéphane**	**D**	**HULL**	848	144	172	316	742
	124	Aloi	Joe	D	HULL	0	0	0	0	0
1988	10	Darveau	Guy	D	VICTORIAVILLE	0	0	0	0	0
1990	26	Perreault	Nicolas	D	HAWKSBURY JR B	0	0	0	0	0
	41	Belzile	Étienne	D	CORNELL	0	0	0	0	0
1991	41	**Groleau**	**François**	**D**	**SHAWINIGAN**	8	0	1	1	6
	173	St-Pierre	David	C	LONGUEUIL	0	0	0	0	0
1992	129	**Bouchard**	**Joël**	**D**	**VERDUN**	364	22	53	75	264
ANNÉE	RANG	NOM	PRÉNOM	P	ÉQUIPE	PJ	B	A	PTS	PUN

Repêchage des Québécois par équipe, de 1970 à 2009 (suite)

FLAMES DE CALGARY – 1980-2009 (SUITE)

ANNÉE	RANG	NOM	PRÉNOM	P	ÉQUIPE	PJ	B	A	PTS	PUN
1995	20	Gauthier	Denis	D	DRUMMONDVILLE	489	15	58	73	658
1996	40	Bégin	Steve	D	VAL D'OR	347	40	34	74	440
	94	Lefebvre	Christian	D	GRANBY	0	0	0	0	0
1997	113	Moise	Martin	A	BEAUPORT	0	0	0	0	0
1998	108	Sabourin	Dany	G	SHERBROOKE	38				
1999	166	Pecker	Cory	A	SAULT STE-MARIE	0	0	0	0	0
2002	90	Lombardi	Matthew	C	VICTORIAVILLE	297	56	81	137	195
2003	206	Bellemare	Thomas	A	DRUMMONDVILLE	0	0	0	0	0
2006	118	Carpentier	Hugo	C	ROUYN	0	0	0	0	0

SEALS DE LA CALIFORNIE – 1970-1977

ANNÉE	RANG	NOM	PRÉNOM	P	ÉQUIPE	PJ	B	A	PTS	PUN
1970	75	Moyes	Doug	A	SOREL	0	0	0	0	0
	88	Murray	Terry	D	OTTAWA 67s	302	4	76	80	199
1971	29	Leduc	Richard	A	TROIS-RIVIERES	130	28	38	66	69
	43	Monahan	Hartland	A	MONTRÉAL JR	334	61	80	141	163
	57	Bélanger	Reynald	G	SHAWINIGAN	0	0	0	0	0
1972	54	St-Sauveur	Claude	C	SHERBOOKE	79	24	24	48	23
	86	Lefebvre	Jacques	G	SHAWINIGAN	0	0	0	0	0
	134	Meloche	Denis	A	DRUMMONDVILLE	0	0	0	0	0

HURRICANES DE LA CAROLINE – 1997-2009

ANNÉE	RANG	NOM	PRÉNOM	P	ÉQUIPE	PJ	B	A	PTS	PUN
1997	80	Lessard	Francis	A	VAL D'OR	91	1	3	4	268
2001	181	Boisclair	Daniel	G	CAP BRETON	0	0	0	0	0
2005	192	Blanchard	Nicolas	C	CHICOUTIMI	0	0	0	0	0
2006	153	Chaput	Stéphane	C	LEWISTON	0	0	0	0	0
2008	195	Morneau	Samuel	A	BAIE-COMEAU	0	0	0	0	0
2009	27	Paradis	Philippe	C	SHAWINIGAN					

BARONS DE CLEVELAND – 1977-1978

ANNÉE	RANG	NOM	PRÉNOM	P	ÉQUIPE	PJ	B	A	PTS	PUN
1977	23	Chicoine	Daniel	A	SHERBROOKE	31	1	2	3	12
	95	Allen	Jeff	D	HULL	4	0	0	0	2

ROCKIES DU COLORADO – 1976-1982

ANNÉE	RANG	NOM	PRÉNOM	P	ÉQUIPE	PJ	B	A	PTS	PUN
1977-79	0									
1980-81	0									

BLACKHAWKS DE CHICAGO — 1970-2009										
ANNÉE	RANG	NOM	PRÉNOM	P	ÉQUIPE	PJ	B	A	PTS	PUN
1970	28	Archambault	Michel	A	DRUMMONDVILLE	3	0	0	0	0
	70	Meloche	Gilles	G	VERDUN	788				
1972	77	Giroux	Réjean	A	QUÉBEC	0	0	0	0	0
1974	34	Daigle	Alain	A	TROIS-RIVIÈRES	389	56	50	106	122
	88	Logan	Dave	D	LAVAL	218	5	29	34	470
	188	Bernier	Jean	D	SHAWINIGAN	0	0	0	0	0
	200	Byers	Dwayne	A	SHERBROOKE	0	0	0	0	0
1975	61	Giroux	Pierre	A	HULL	6	1	0	1	17
1976	9	Cloutier	Réal	A	QUÉBEC	317	146	198	344	119
1977	19	Savard	Jean	C	QUÉBEC	43	7	12	19	29
	78	Platt	Gary	A	SOREL	0	0	0	0	0
	114	Lahache	Floyd	D	SHERBROOKE	0	0	0	0	0
	144	Ough	Steve	D	LAVAL	0	0	0	0	0
1979	70	Bégin	Louis	C	SHERBROOKE	0	0	0	0	0
1980	2	Savard	Denis	C	MONTRÉAL JR	1196	473	865	1338	1336
1981	201	Roy	Sylvain	D	HULL	0	0	0	0	0
1982	28	Badeau	René	D	QUÉBEC	0	0	0	0	0
1983	59	Bergevin	Marc	D	CHICOUTIMI	1191	36	145	181	1090
	210	Pópin	Steve	A	ST-JEAN	0	0	0	0	0
1984	174	Difiori	Ralph	D	SHAWINIGAN	0	0	0	0	0
1985	74	Vincelette	Daniel	A	DRUMMONDVILLE	193	20	22	42	351
	179	Laplante	Richard	A	UNIV. VERMONT	0	0	0	0	0
1986	119	Doyon	Mario	D	DRUMMONDVILLE	28	3	4	7	16
1987	8	Waite	Jimmy	G	CHICOUTIMI	106				
1988	197	Maurice	Daniel	C	CHICOUTIMI	0	0	0	0	0
1990	16	Dykhuis	Karl	D	HULL	644	42	91	133	495
	163	Bélanger	Hugo	D	UNIV. CLARKSON	0	0	0	0	0
	226	Dubinsky	Steve	C	UNIV. CLARKSON	375	25	45	70	164
1991	132	Auger	Jacques	D	UNIV. WISCONSIN	0	0	0	0	0
	Supp.	Gravelle	Daniel	A	MERRIMACK	0	0	0	0	0
1993	24	Lecompte	Éric	A	HULL	0	0	0	0	0
	90	Dazé	Éric	A	BEAUPORT	601	226	172	398	176
1994	40	Leroux	Jean-Yves	A	BEAUPORT	324	2	45	47	282
1995	45	Laflamme	Christian	D	BEAUPORT	324	2	45	47	282
	175	Tardif	Steve	C	DRUMMONDVILLE	0	0	0	0	0
1996	31	Royer	Rémi	D	ST-HYACINTHE	18	0	0	0	67
1998	166	Pelletier	Jonathan	G	DRUMMONDVILLE	0	0	0	0	0
	238	Couture	Alexandre	D	SHERBROOKE	0	0	0	0	0
2003	52	Crawford	Corey	G	MONCTON	7				
ANNÉE	RANG	NOM	PRÉNOM	P	ÉQUIPE	PJ	B	A	PTS	PUN

➲

Repêchage des Québécois par équipe, de 1970 à 2009 (suite)

BLACKHAWKS DE CHICAGO – 1970-2009 (SUITE)

ANNÉE	RANG	NOM	PRÉNOM	P	ÉQUIPE	PJ	B	A	PTS	PUN
2006	61	Danis-Pépin	Simon	D	UNIV. MAINE	0	0	0	0	0
2007	69	Tanguay	Maxime	C	RIMOUSKI	0	0	0	0	0
2009	209	Gilbert	David	C	QUÉBEC					

AVALANCHE DU COLORADO – 1995-2009

ANNÉE	RANG	NOM	PRÉNOM	P	ÉQUIPE	PJ	B	A	PTS	PUN
1995	25	Denis	Marc	G	CHICOUTIMI	349				
1998	12	Tanguay	Alex	A	HALIFAX	659	193	387	580	345
	28	Abid	Ramzi	A	CHICOUTIMI	68	14	16	30	78
	38	Sauvé	Philippe	G	RIMOUSKI	32				
1999	45	Grenier	Martin	D	QUÉBEC	18	1	0	1	14
2000	189	Bahen	Chris	D	UNIV. CLARKSON	0	0	0	0	0
2001	165	Émond	Pierre-Luc	C	DRUMMONDVILLE	0	0	0	0	0
2005	44	Stastny	Paul	C	UNIV. DENVER	193	63	122	185	88
2008	167	Chouinard	Joël	D	VICTORIAVILLE	0	0	0	0	0

BLUE JACKETS DE COLUMBUS – 2000-2009

ANNÉE	RANG	NOM	PRÉNOM	P	ÉQUIPE	PJ	B	A	PTS	PUN
2000	292	Mandeville	Louis	D	ROUYN	0	0	0	0	0
2001	8	Leclaire	Pascal	G	HALIFAX	125				
2003	104	Dupuis	Philippe	C	HULL	0	0	0	0	0
	223	Gravel	Mathieu	A	SHAWINIGAN	0	0	0	0	0
2004	8	Picard	Alexandre	A	LEWISTON	58	0	2	2	48
2006	6	Brassard	Dérick	C	DRUMMONDVILLE	48	11	16	27	23
	142	Fréchette	Maxime	D	DRUMMONDVILLE	0	0	0	0	0
2008	107	Delisle	Steven	D	GATINEAU	0	0	0	0	0

STARS DE DALLAS – 1993-2009

ANNÉE	RANG	NOM	PRÉNOM	P	ÉQUIPE	PJ	B	A	PTS	PUN
1995	37	Côté	Patrick	A	BEAUPORT	105	1	2	3	377
	141	Marleau	Dominic	D	VICTORIAVILLE	0	0	0	0	0
1997	77	Gainey	Steve	A	KAMLOOPS	33	0	2	2	34
2009	38	Chiasson	Alex	A	DES MOINES É.-U.					

ANNÉE	RANG	NOM	PRÉNOM	P	ÉQUIPE	PJ	B	A	PTS	PUN

RED WINGS DE DETROIT — 1970-2009

ANNÉE	RANG	NOM	PRÉNOM	P	ÉQUIPE	PJ	B	A	PTS	PUN
1970	12	Lajeunesse	Serge	D	MONTRÉAL JR	103	1	4	5	103
	26	Guindon	Bob	A	MONTRÉAL JR	6	0	1	1	0
	40	Lambert	Yvon	A	DRUMMONDVILLE	683	206	273	479	340
1971	1	Dionne	Marcel	C	ST. CATHERINES	1348	731	1040	1771	600
1972	26	Guité	Pierre	A	ST. CATHERINES	0	0	0	0	0
	138	Kuzmicz	George	D	CORNELL	0	0	0	0	0
1973	139	Bibeau	Raymond	D	MONTRÉAL JR	0	0	0	0	0
1974	63	Bergeron	Michel	A	SOREL	229	80	58	138	165
1975	113	Phaneuf	Jean-Luc	C	MONTRÉAL JR	0	0	0	0	0
	164	Thibodeau	Jean-Luc	C	SHAWINIGAN	0	0	0	0	0
1976	111	Leblanc	Fernand	A	SHERBROOKE	34	5	6	11	0
	120	Legris	Claude	G	SOREL	4				
1977	125	Roy	Raymond	C	SHERBROOKE	0	0	0	0	0
	170	Bélanger	Alain	A	TROIS-RIVIÈRES	0	0	0	0	0
	178	Cloutier	Roland	C	TROIS-RIVIÈRES	34	8	9	17	2
	184	James	Val	A	QUÉBEC	11	0	0	0	20
1978	95	Locas	Sylvain	C	SHERBROOKE	0	0	0	0	0
1981	44	Micalef	Corrado	G	SHERBROOKE	113				
1982	23	Courteau	Yves	A	LAVAL	22	2	5	7	4
	107	Vilgrain	Claude	A	LAVAL	89	21	32	53	78
1985	113	McKay	Randy	A	MICHIGAN TECH	932	162	201	363	1731
1987	11	Racine	Yves	D	LONGUEUIL	508	37	194	231	439
1988	38	Anglehart	Serge	D	DRUMMONDVILLE	0	0	0	0	0
1988	47	Dupuis	Guy	D	HULL	0	0	0	0	0
1990	108	Barthe	Claude	D	VICTORIAVILLE	0	0	0	0	0
1991	10	Lapointe	Martin	A	LAVAL	991	181	200	381	1417
	186	Bermingham	Jim	C	LAVAL	0	0	0	0	0
1992	70	Cloutier	Sylvain	C	GUELPH	7				
1993	100	Larose	Benoit	D	LAVAL	0	0	0	0	0
1994	49	Dandenault	Mathieu	D	SHERBROOKE	827	64	127	191	499
	114	Deschenes	Frédérick	G	GRANBY	0	0	0	0	0
1995	52	Audet	Philippe	A	GRANBY	4	0	0	0	0
	126	Arsenault	Dave	G	DRUMMONDVILLE	0	0	0	0	0
1996	162	Jacques	Alexandre	A	SHAWINIGAN	0	0	0	0	0
2001	288	Senez	François	G	R.P.I. NCAA	0	0	0	0	0
2002	260	Beaulieu	Pierre-Olivier	D	QUÉBEC	0	0	0	0	0
2008	151	Cayer	Julien	G	NORTHWOOD N.Y.	0	0	0	0	0
2009	90	Fournier	Gleason	D	RIMOUSKI					
ANNÉE	RANG	NOM	PRÉNOM	P	ÉQUIPE	PJ	B	A	PTS	PUN

➲

Repêchage des Québécois par équipe, de 1970 à 2009 (suite)

OILERS D'EDMONTON – 1979-2009

ANNÉE	RANG	NOM	PRÉNOM	P	ÉQUIPE	PJ	B	A	PTS	PUN
1979	21	Lowe	Kevin	D	SHERBROOKE	1254	84	348	432	1498
1983	240	Woodburn	Steve	D	VERDUN	0	0	0	0	0
1985	209	Barbe	Mario	D	CHICOUTIMI	0	0	0	0	0
1986	168	Beaulieu	Nick	A	DRUMMONDVILLE	0	0	0	0	0
1988	19	Leroux	François	D	ST-JEAN	249	3	20	23	577
1989	92	White	Peter	C	MICHIGAN ST.	220	23	37	60	36
1990	38	Legault	Alexandre	D	UNIV. BOSTON	0	0	0	0	0
	67	Blain	Joel	A	HULL	0	0	0	0	0
1991	78	Nobili	Mario	A	LONGUEUIL	0	0	0	0	0
1992	61	Roy	Simon	D	SHAWINIGAN	0	0	0	0	0
1995	31	Laraque	Georges	A	ST-JEAN	634	52	96	148	1037
1996	19	Descoteaux	Mathieu	D	SHAWINIGAN	5	1	1	2	4
	168	Bernier	David	A	ST-HYACINTHE	0	0	0	0	0
1998	213	Lefebvre	Christian		BAIE-COMEAU	0	0	0	0	0
1999	139	Fauteux	Jonathan		VAL D'OR	0	0	0	0	0
2000	215	Lombardi	Matthew	C	VICTORIAVILLE	VOIR CALGARY 2002				
2002	31	Deslauriers	Jeff	G	CHICOUTIMI	10	0	0	0	0
	205	Dufort	J.-François	A	CAP BRETON	0	0	0	0	0
2003	22	Pouliot	Marc-Antoine	C	RIMOUSKI	78	6	13	19	30
	68	Jacques	J.-François	D	BAIE-COMEAU	53	0	0	0	35
	215	Roy	Mathieu		VAL D OR	30	2	1	3	57
2004	208	Goulet	Stéphane		QUÉBEC	0	0	0	0	0
2008	133	Cornet	Philippe	A	RIMOUSKI	0	0	0	0	0
2009	133	Roy	Olivier	G	CAP BRETON					

PANTHERS DE LA FLORIDE – 1993-2009

ANNÉE	RANG	NOM	PRÉNOM	P	ÉQUIPE	PJ	B	A	PTS	PUN
1993	135	Nasreddine	Alain	D	DRUMMONDVILLE	74	1	4	5	84
	265	Montreuil	Éric	C	CHICOUTIMI	0	0	0	0	0
1994	183	Boudrias	Jason	A	LAVAL	0	0	0	0	0
1995	114	Cloutier	François	A	HULL	0	0	0	0	0
	165	Worrell	Peter	A	HULL	391	19	27	46	1554
1996	156	Poirier	Gaétan	A	MERRIMACK NCAA	0	0	0	0	0
	183	Couture	Alexandre	D	VICTORIAVILLE	0	0	0	0	0
	235	Smith	Russell	D	HULL	0	0	0	0	0
1997	237	Côté	Benoit	A	SHAWINIGAN	0	0	0	0	0
1999	80	Laniel	Jean-François	G	SHAWINIGAN	0	0	0	0	0
	227	Charron	Jonathan	G	VAL D'OR	0	0	0	0	0
ANNÉE	RANG	NOM	PRÉNOM	P	ÉQUIPE	PJ	B	A	PTS	PUN

PANTHERS DE LA FLORIDE – 1993-2009 (SUITE)

ANNÉE	RANG	NOM	PRÉNOM	P	ÉQUIPE	PJ	B	A	PTS	PUN
2003	25	**Stewart**	**Anthony**	**A**	**KINGSTON**	105	4	8	12	38
	223	Roussin	Dany		RIMOUSKI	0	0	0	0	0
2005	93	Legault	Olivier	A	LEWISTON	0	0	0	0	0

WHALERS DE HARTFORD – 1979-1997

ANNÉE	RANG	NOM	PRÉNOM	P	ÉQUIPE	PJ	B	A	PTS	PUN
1980	29	**Galarneau**	**Michel**	**C**	**HULL**	78	7	10	17	
1981	151	Doré	Denis	A	CHICOUTIMI	0	0	0	0	
1982	56	**Dineen**	**Kevin**	**A**	**UNIV. DENVER**	1188	355	405	760	
1983	2	**Turgeon**	**Sylvain**	**A**	**HULL**	669	269	226	495	
	143	Duperron	Chris	D	CHICOUTIMI	0	0	0	0	
1984	11	**Côté**	**Sylvain**	**D**	**QUÉBEC**	1171	122	313	435	
1989	157	Saumier	Raymond	A	TROIS-RIVIÈRES	0	0	0	0	
	178	**Picard**	**Michel**	**A**	**TROIS-RIVIÈRES**	166	28	42	70	
1990	162	D'Orsonnens	Martin	D	UNIV. CLARKSON	0	0	0	0	
	246	Chalifoux	Denis	C	LAVAL	0	0	0	0	
1991	9	**Poulin**	**Patrick**	**A**	**ST-HYACINTHE**	634	101	134	235	
1994	Supp.	**Martins**	**Steve**	**C**	**HARVARD**	267	21	25	46	
1995	13	**Giguère**	**J.-Sébastien**	**G**	**HALIFAX**	457				

SCOUTS DE KANSAS CITY – 1974-1976

ANNÉE	RANG	NOM	PRÉNOM	P	ÉQUIPE	PJ	B	A	PTS	PUN
1974	162	Carufel	Denis	A	SOREL	0	0	0	0	0
1975	0									

KINGS DE LOS ANGELES – 1970-2009

ANNÉE	RANG	NOM	PRÉNOM	P	ÉQUIPE	PJ	B	A	PTS	PUN
1971	76	Lapierre	Camille	A	MONTRÉAL JR	0	0	0	0	0
	90	**Dubé**	**Normand**	**A**	**SHERBROOKE**	57	8	10	18	54
1974	154	**Lessard**	**Mario**	**G**	**SHERBROOKE**	240				
	184	Locas	Jacques	C	QUÉBEC	0	0	0	0	0
1975	69	Leduc	André	D	SHERBROOKE	0	0	0	0	0
	87	Miglia	Dave	D	TROIS-RIVIÈRES	0	0	0	0	0
	197	Viens	Mario	G	CORNWALL	0	0	0	0	0
1978	193	Larochelle	Claude	A	HULL	0	0	0	0	0
1979	30	**Hardy**	**Mark**	**D**	**MONTRÉAL JR**	926	62	306	368	1293
1983	67	Benoit	Guy	A	SHAWINIGAN	0	0	0	0	0
	100	**Galley**	**Gary**	**D**	**BOWLING GREEN**	1149	125	474	599	1218
1984	150	Deegan	Shannon	A	VERMONT	0	0	0	0	0
ANNÉE	RANG	NOM	PRÉNOM	P	ÉQUIPE	PJ	B	A	PTS	PUN

➡

Repêchage des Québécois par équipe, de 1970 à 2009 (suite)

KINGS DE LOS ANGELES — 1970-2009 (SUITE)

ANNÉE	RANG	NOM	PRÉNOM	P	ÉQUIPE	PJ	B	A	PTS	PUN
	171	Robitaille	Luc	A	HULL	1431	668	726	1394	1177
1986	65	Couturier	Sylvain	A	LAVAL	33	4	5	9	4
1988	7	Gélinas	Martin	A	HULL	1273	309	351	660	820
1989	102	Ricard	Éric	D	GRANBY	0	0	0	0	0
1990	175	Leblanc	Dennis	A	ST-HYACINTHE	0	0	0	0	0
1991	240	Boulianne	André	G	LONGUEUIL	0	0	0	0	0
	262	Gaul	Michael	D	ST-LAWRENCE	3	0	0	0	0
1993	105	Beaubien	Fréderik	G	ST-HYACINTHE	0	0	0	0	0
1995	157	Larose	Benoit	D	SHERBROOKE	0	0	0	0	0
1996	96	Bélanger	Éric	C	BEAUPORT	557	106	152	258	251
	219	Simard	Sébastien		DRUMMONDVILLE	0	0	0	0	0
1998	21	Biron	Mathieu	D	SHAWINIGAN	253	12	32	44	177
	133	Rullier	Joe	D	RIMOUSKI	0	0	0	0	0
	248	Yeats	Matthew	G	OLDS GRIZZLYS	5				
1999	133	Nogues	J.-François	G	VICTORIAVILLE	0	0	0	0	0
2000	86	Lehoux	Yanick	C	BAIE-COMEAU	10	2	2	4	6
2005	50	Roussin	Dany	A	RIMOUSKI	0	0	0	0	0
2006	11	Bernier	Jonathan	G	LEWISTON	4				
	144	Nolet	Martin	D	CHAMPLAIN É.-U.	0	0	0	0	0
2009	84	Deslauriers	Éric	D	ROUYN-NORANDA					
	95	Bérubé	J.-François	G	MONTRÉAL JR					

CANADIEN DE MONTRÉAL — 1970-2009

ANNÉE	RANG	NOM	PRÉNOM	P	ÉQUIPE	PJ	B	A	PTS	PUN
1971	1	Lafleur	Guy	A	QUÉBEC	1127	560	793	1353	399
	24	Deguise	Michel	G	SOREL	0	0	0	0	0
1972	6	Larocque	Michel	G	OTTAWA	307				
	110	Archambault	Yves	G	SOREL	0	0	0	0	0
1973	64	Latulipe	Richard	A	QUÉBEC	0	0	0	0	0
	96	Patry	Denis	A	DRUMMONDVILLE	0	0	0	0	0
	112	Belisle	Michel	A	MONTRÉAL JR	0	0	0	0	0
	128	Desjardins	Mario	A	SHERBROOKE	0	0	0	0	0
	158	Labrecque	Alain	A	TROIS-RIVIÈRES	0	0	0	0	0
	166	Halliday	Gordon	A	UNIV. PENN.	0	0	0	0	0
	168	Chiasson	Louis	A	TROIS-RIVIÈRES	0	0	0	0	0
1974	12	Tremblay	Mario	A	MONTRÉAL JR	852	258	226	584	1043
	33	Lupien	Gilles	D	MONTRÉAL JR	226	5	25	30	416
1975	15	Mondou	Pierre	A	MONTRÉAL JR	548	194	262	456	179
ANNÉE	RANG	NOM	PRÉNOM	P	ÉQUIPE	PJ	B	A	PTS	PUN

ANNÉE	RANG	NOM	PRÉNOM	P	ÉQUIPE	PJ	B	A	PTS	PUN
	106	**Lachance**	**Michel**	**D**	**MONTRÉAL JR**	**21**	**0**	**4**	**4**	**22**
	204	Brisebois	Michel	C	SHERBROOKE	0	0	0	0	0
1976	90	Barette	Maurice	G	QUÉBEC	0	0	0	0	0
	108	Brassard	Pierre	A	CORNWALL	0	0	0	0	0
1977	18	**Dupont**	**Normand**	**A**	**MONTRÉAL JR**	**256**	**55**	**85**	**140**	**52**
	43	**Côté**	**Alain**	**A**	**CHICOUTIMI**	**696**	**103**	**190**	**293**	**383**
	46	Lagacé	Pierre	C	QUÉBEC	0	0	0	0	0
	64	**Holland**	**Robbie**	**G**	**MONTRÉAL JR**	**44**				
	90	Rochette	Gaétan	D	SHAWINIGAN	0	0	0	0	0
	124	**Sévigny**	**Richard**	**G**	**SHERBROOKE**	**176**				
	167	**Poulin**	**Daniel**	**D**	**CHICOUTIMI**	**3**	**1**	**1**	**2**	**2**
	179	Belisle	Jean	G	CHICOUTIMI	0	0	0	0	0
	182	Boileau	Robert	C	UNIV. BOSTON	0	0	0	0	0
1978	8	**Geoffrion**	**Daniel**	**A**	**CORNWALL**	**111**	**20**	**32**	**52**	**99**
	36	**Carter**	**Ron**	**A**	**SHERBROOKE**	**2**	**0**	**0**	**0**	**0**
	42	**David**	**Richard**	**A**	**TROIS-RIVIÈRES**	**31**	**4**	**4**	**8**	**10**
	171	Swan	John	C	MCGILL	0	0	0	0	0
	186	Métivier	Daniel	A	HULL	0	0	0	0	0
	229	Leblanc	Serge	A	UNIV. VERMONT	0	0	0	0	0
	233	**Sleigher**	**Louis**	**A**	**CHICOUTIMI**	**194**	**46**	**53**	**99**	**146**
1979	27	**Gingras**	**Gaston**	**D**	**WHA**	**476**	**61**	**174**	**235**	**161**
	44	**Carbonneau**	**Guy**	**C**	**CHICOUTIMI**	**1318**	**260**	**403**	**663**	**820**
1980	103	Gagné	Rémi	C	CHICOUTIMI	0	0	0	0	0
	166	**Penney**	**Steve**	**G**	**SHAWINIGAN**	**91**				
1981	18	**Delorme**	**Gilbert**	**D**	**CHICOUTIMI**	**541**	**31**	**92**	**123**	**520**
1982	19	Héroux	Alain	A	CHICOUTIMI	0	0	0	0	0
	31	**Gauvreau**	**Jocelyn**	**D**	**GRANBY**	**2**	**0**	**0**	**0**	**0**
1983	26	**Lemieux**	**Claude**	**A**	**TROIS-RIVIÈRES**	**1197**	**379**	**406**	**785**	**1756**
	27	**Momesso**	**Sergio**	**A**	**SHAWINIGAN**	**710**	**152**	**193**	**345**	**1557**
	45	Letendre	Daniel	A	QUÉBEC	0	0	0	0	0
	238	Bergeron	Jean-Guy	D	SHAWINIGAN	0	0	0	0	0
1984	29	**Richer**	**Stéphane**	**A**	**GRANBY**	**1054**	**421**	**398**	**819**	**614**
	51	**Roy**	**Patrick**	**G**	**GRANBY**	**1029**				
	179	Demers	Éric	D	SHAWINIGAN	0	0	0	0	0
1985	12	**Charbonneau**	**José**	**A**	**DRUMMONDVILLE**	**71**	**9**	**13**	**22**	**67**
	75	**Desjardins**	**Martin**	**C**	**TROIS-RIVIÈRES**	**8**	**0**	**2**	**2**	**2**
	117	**Dufresne**	**Donald**	**D**	**TROIS-RIVIÈRES**	**268**	**6**	**36**	**42**	**258**
	198	Mansi	Maurice	A	R.P.I. É.-U.	0	0	0	0	0
1986	27	**Brunet**	**Benoit**	**A**	**HULL**	**539**	**101**	**161**	**262**	**229**
ANNÉE	RANG	NOM	PRÉNOM	P	ÉQUIPE	PJ	B	A	PTS	PUN

➥

Repêchage des Québécois par équipe, de 1970 à 2009 (suite)

CANADIEN DE MONTRÉAL – 1970-2009 (SUITE)

ANNÉE	RANG	NOM	PRÉNOM	P	ÉQUIPE	PJ	B	A	PTS	PUN
	94	Aubertin	Éric	A	GRANBY	0	0	0	0	0
	204	Bohémier	Éric	G	HULL	0	0	0	0	0
1987	38	**Desjardins**	**Éric**	**D**	**GRANBY**	1143	136	439	575	757
	58	Gravel	Francis	G	SHAWINIGAN	0	0	0	0	0
	185	Tremblay	Éric	A	DRUMMONDVILLE	0	0	0	0	0
1988	20	**Charron**	**Éric**	**D**	**TROIS-RIVIÈRES**	130	2	7	9	127
	34	**St-Amour**	**Martin**	**A**	**VERDUN**	1	0	0	0	2
	104	Bergeron	Jean-Claude	G	VERDUN	72				
1989	30	**Brisebois**	**Patrice**	**D**	**LAVAL**	947	93	309	402	604
	41	**Larouche**	**Steve**	**C**	**TROIS-RIVIÈRES**	26	9	9	18	10
	51	**Sévigny**	**Pierre**	**A**	**VERDUN**	78	4	5	9	64
	83	**Racicot**	**André**	**G**	**GRANBY**	68				
	104	Deschamps	Marc	D	CORNELL	0	0	0	0	0
	167	**Lebeau**	**Patrick**	**A**	**ST-JEAN**	15	3	2	5	6
	251	**Cadieux**	**Steve**	**C**	**SHAWINIGAN**	4	0	0	0	0
1990	58	Poulin	Charles	C	ST-HYACINTHE	0	0	0	0	0
	60	Guillet	Robert	A	LONGUEUIL	0	0	0	0	0
	81	**Dionne**	**Gilbert**	**A**	**KITCHENER**	223	61	79	140	108
1991	61	**Sarault**	**Yves**	**A**	**ST-JEAN**	106	10	10	20	51
	83	Lapointe	Sylvain	D	UNIV. CLARKSON	0	0	0	0	0
	100	Layzell	Brad	D	R.P.I. É.-U.	0	0	0	0	0
1992	82	Bernard	Louis	D	DRUMMONDVILLE	0	0	0	0	0
	164	**Proulx**	**Christian**	**D**	**ST-JEAN**	7	1	2	3	20
1993	73	**Bordeleau**	**Sébastien**	**C**	**HULL**	251	37	61	98	118
	99	Houle	J.-François	A	NORTHWOOD É.-U.	0	0	0	0	0
	229	Duchesne	Alex	A	DRUMMONDVILLE	0	0	0	0	0
1994	44	**Théodore**	**José**	**G**	**ST-JEAN**	501				
	74	Bélanger	Martin	D	GRANBY	0	0	0	0	0
	122	Drolet	Jimmy	D	ST-HYACINTHE	0	0	0	0	0
1995	86	**Delisle**	**Jonathan**	**A**	**HULL**	1	0	0	0	0
	164	**Robidas**	**Stéphane**	**D**	**SHAWINIGAN**	561	30	105	135	418
	216	**Houde**	**Éric**	**C**	**HALIFAX**	30	2	3	5	4
1996	44	**Garon**	**Mathieu**	**G**	**VICTORIAVILLE**	204				
	99	Drapeau	Étienne	C	BEAUPORT	0	0	0	0	0
	127	Archambault	Daniel	D	VAL D OR	0	0	0	0	0
	233	Tremblay	Michel		SHAWINIGAN	0	0	0	0	0
1997	145	Desroches	Jonathan	D	GRANBY	0	0	0	0	0
	172	**Guité**	**Ben**	**C**	**UNIV. MAINE**	169	19	26	45	93
ANNÉE	RANG	NOM	PRÉNOM	P	ÉQUIPE	PJ	B	A	PTS	PUN

CANADIEN DE MONTRÉAL – 1970-2009 (SUITE)

ANNÉE	RANG	NOM	PRÉNOM	P	ÉQUIPE	PJ	B	A	PTS	PUN
1998	16	Chouinard	Éric	C	QUÉBEC	90	11	11	22	16
	45	Ribeiro	Mike	C	ROUYN	515	117	256	373	212
	75	Beauchemin	François	D	LAVAL	246	21	69	90	172
1999	145	Thinel	Marc-André	A	VICTORIAVILLE	0	0	0	0	0
	253	Marois	Jérome	A	QUÉBEC	0	0	0	0	0
2000	114	Larivée	Christian	C	CHICOUTIMI	0	0	0	0	0
	275	Gauthier	Jonathan	D	ROUYN	0	0	0	0	0
2002	99	Lambert	Michael	A	MONTRÉAL JR	0	0	0	0	0
	212	Ferland	Jonathan	A	ACADIE-BATHURST	7	1	0	1	2
2003	61	Lapierre	Maxim	C	MONTRÉAL JR	100	13	17	30	84
	241	Bonneau	Jimmy		MONTRÉAL JR	0	0	0	0	0
2004	181	Lacasse	Loic		BAIE-COMEAU	0	0	0	0	0
	278	Dulaclemelin	Alexandre		BAIE-COMEAU	0	0	0	0	0
2005	45	Latendresse	Guillaume	A	DRUMMONDVILLE	153	32	24	56	88
	130	Aubin	Mathieu	C	LEWISTON	0	0	0	0	0
	229	Paquet	Philippe	D	SALISBURY É.-U.	0	0	0	0	0
2006	53	Carle	Mathieu	D	ACADIE-BATHURST	0	0	0	0	0
2007	65	Fortier	Olivier	C	RIMOUSKI	0	0	0	0	0
2009	18	Leblanc	Louis	C	OMAHA É.-U.					
	133	Dumont	Gabriel	C	DRUMMONDVILLE					

NORTH STARS DU MINNESOTA – 1970-1993

ANNÉE	RANG	NOM	PRÉNOM	P	ÉQUIPE	PJ	B	A	PTS	PUN
1971	77	Globensky	Allan	D	MONTRÉAL JR	0	0	0	0	0
	117	Coutu	Richard	G	ROSEMONT	0	0	0	0	0
1974	24	Nantais	Richard	A	QUÉBEC	63	5	4	9	79
1975	112	Robert	François	D	SHERBROOKE	0	0	0	0	0
	190	Cloutier	Gilles	G	SHAWINIGAN	0	0	0	0	0
1977	115	Sanvido	Jean-Pierre	G	TROIS-RIVIÈRES	0	0	0	0	0
1980	53	Velischek	Randy	D	PROVIDENCE	509	21	76	97	403
1981	13	Meighan	Ron	D	NIAGARA FALLS	48	3	7	10	18
1985	51	Roy	Stéphane	C	GRANBY	12	1	0	1	0
1986	55	Zettler	Rob	D	SAULT STE-MARIE	569	5	65	70	920
1989	75	Quintin	J.-François	A	SHAWINIGAN	22	5	5	10	4
1990	92	Ciccone	Enrico	D	TROIS-RIVIÈRES	374	10	18	28	1469
ANNÉE	RANG	NOM	PRÉNOM	P	ÉQUIPE	PJ	B	A	PTS	PUN

Repêchage des Québécois par équipe, de 1970 à 2009 (suite)

WILD DU MINNESOTA − 2000-2009

ANNÉE	RANG	NOM	PRÉNOM	P	ÉQUIPE	PJ	B	A	PTS	PUN
2001	93	Veilleux	Stéphane	A	VAL D'OR	361	43	47	90	254
2002	8	Bouchard	Pierre-Marc	C	CHICOUTIMI	425	77	190	267	136
2003	281	Bolduc	Jean-Michel		QUÉBEC	0	0	0	0	0
2004	114	Bordeleau	Patrick		VAL D'OR	0	0	0	0	0
2008	55	Scandela	Marco	D	VAL D'OR	0	0	0	0	0

PRÉDATEURS DE NASHVILLE − 1998-2009

ANNÉE	RANG	NOM	PRÉNOM	P	ÉQUIPE	PJ	B	A	PTS	PUN
1998	138	Beauchesne	Martin	D	SHERBROOKE	0	0	0	0	0
2004	107	Fugère	Nick		GATINEAU	0	0	0	0	0
2009	42	Roussel	Ch.-Olivier	D	SHAWINIGAN					
	132	Bourque	Gabriel	A	BAIE-COMEAU					

DEVILS DU NEW JERSEY − 1982-2009

ANNÉE	RANG	NOM	PRÉNOM	P	ÉQUIPE	PJ	B	A	PTS	PUN
1982	54	Kasper	Dave	A	SHERBROOKE	0	0	0	0	0
1986	3	Brady	Neil	C	MEDICINE HAT	89	9	22	31	95
1986	192	Chabot	Frédéric	G	STE-FOY AAA	32				
1987	212	Charland	Alain	A	DRUMMONDVILLE	0	0	0	0	0
1989	173	Faust	André	A	PRINCETON	47	10	7	17	14
1990	20	Brodeur	Martin	G	ST-HYACINTHE	999				
1993	143	Brulé	Steve	A	ST-JEAN	2	0	0	0	0
	247	Provencher	Jimmy	A	ST-JEAN	0	0	0	0	0
1994	129	Gosselin	Christian	D	ST-HYACINTHE	0	0	0	0	0
	181	Williams	Jeff	A	GUELPH	0	0	0	0	0
	207	Bertrand	Éric	A	GRANBY	15	0	0	0	4
1995	78	Gosselin	David	A	SHEBROOKE	13	2	1	3	11
	200	Henry	Frédéric	G	GRANBY	0	0	0	0	0
1996	47	Dagenais	Pierre	A	MONCTON	VOIR 1998				
1997	24	Damphousse	J.-François	G	MONCTON	6				
	188	Benoit	Mathieu	A	CHICOUTIMI	0	0	0	0	0
1998	172	Larivière	Jacques	A	MONCTON	0	0	0	0	0
	105	Dagenais	Pierre	A	ROUYN	142	35	23	58	58
2001	67	Leblanc	Robin	A	BAIE-COMEAU	0	0	0	0	0
2003	197	Smith	Jason	G	LENNOXVILLE	0				
2004	216	Leblond	Pierre-Luc		BAIE-COMEAU	0	0	0	0	0
2006	148	Magnan	Olivier	D	ROUYN	0	0	0	0	0
	208	Henegan	Kyell	D	SHAWINIGAN	0	0	0	0	0
2008	205	Bérubé	J.-Sébastien	A	ROUYN	0	0	0	0	0
2009	54	Gélinas	Éric	D	LEWISTON					

ISLANDERS DE NEW YORK − 1972-2009

ANNÉE	RANG	NOM	PRÉNOM	P	ÉQUIPE	PJ	B	A	PTS	PUN
1972	65	Grenier	Richard	C	VERDUN	10	1	1	2	2
	97	Brodeur	Richard	G	CORNWALL	385				
	117	Levasseur	René	D	SHAWINIGAN	0	0	0	0	0
	129	Rolando	Yvan	A	DRUMMONDVILLE	0	0	0	0	0
	146	Lambert	René	A	ST-JÉRÔME	0	0	0	0	0
1973	1	Potvin	Denis	D	OTTAWA	1060	310	742	1052	1356
	49	St-Laurent	André	C	MONTRÉAL JR	644	129	187	316	749
	126	Desgagnés	Denis	A	SOREL	0	0	0	0	0
1974	76	Toresan	Carlo	D	SOREL	0	0	0	0	0
1975	65	Lepage	André	G	MONTRÉAL JR	0	0	0	0	0
1977	15	Bossy	Michael	A	LAVAL	752	573	553	1126	210
1978	118	Pépin	Richard	A	LAVAL	0	0	0	0	0
1981	94	Sylvestre	Jacques	A	SOREL	0	0	0	0	0
1982	105	Breton	René	A	GRANBY	0	0	0	0	0
1984	167	De Santis	Franco	D	VERDUN	0	0	0	0	0
1988	79	Brassard	André	D	TROIS-RIVIÈRES	0	0	0	0	0
	142	Gaucher	Yves	A	CHICOUTIMI	0	0	0	0	0
1990	153	Fleury	Sylvain	C	LONGUEUIL	0	0	0	0	0
	216	Lacroix	Martin	A	ST-LAWRENCE U.S.	0	0	0	0	0
1992	200	Paradis	Daniel	A	CHICOUTIMI	0	0	0	0	0
1993	248	Larocque	Stéphane	A	SHERBROOKE	0	0	0	0	0
	274	Charland	Carl	A	HULL	0	0	0	0	0
1996	3	Dumont	Jean-Pierre	A	VAL D'OR	596	171	223	394	308
1997	4	Luongo	Roberto	G	VAL D'OR	490				
1998	209	Brind'amour	Fréderik	G	SHERBROOKE	0	0	0	0	0
2003	182	Gervais	Bruno	D	ACADIE-BATHURST	138	3	23	26	70
2004	276	Michaud	Sylvain		DRUMMONDVILLE	0	0	0	0	0
2007	196	Lacroix	Simon	D	SHAWINIGAN	0	0	0	0	0
2008	126	Poulin	Kevin	G	VICTORIAVILLE	0	0	0	0	0

RANGERS DE NEW YORK − 1970-2009

ANNÉE	RANG	NOM	PRÉNOM	P	ÉQUIPE	PJ	B	A	PTS	PUN
1970	11	Gratton	Norm	A	MONTRÉAL JR	201	39	45	84	64
	53	St-Pierre	André	D	DRUMMONDVILLE	0	0	0	0	0
	106	Brind'amour	Pierre	A	MONTRÉAL JR	0	0	0	0	0
1971	83	Wood	Wayne	G	MONTRÉAL JR	0	0	0	0	0
1971	97	Royal	Jean-Denis	D	ST-JÉRÔME	0	0	0	0	0
	111	Péloffy	André	C	ROSEMONT	9	0	0	0	0
	114	Lecomte	Gérald	D	SHERBROOKE	0	0	0	0	0
ANNÉE	RANG	NOM	PRÉNOM	P	ÉQUIPE	PJ	B	A	PTS	PUN

➡

Repêchage des Québécois par équipe, de 1970 à 2009 (suite)

RANGERS DE NEW YORK – 1970-2009 (SUITE)

ANNÉE	RANG	NOM	PRÉNOM	P	ÉQUIPE	PJ	B	A	PTS	PUN
1972	31	Villemure	René	A	SHAWINIGAN	0	0	0	0	0
	127	Blais	Yvon	D	CORNWALL	0	0	0	0	0
	137	Archambault	Pierre	D	ST-JÉRÔME	0	0	0	0	0
1973	78	Laganière	Pierre	A	SHERBROOKE	0	0	0	0	0
1974	139	**Holts**	**Greg**	**C**	**KINGSTON**	**11**	**0**	**0**	**0**	**0**
1974	156	Arvisais	Claude	C	SHAWINIGAN	0	0	0	0	0
1975	120	**Larose**	**Claude**	**A**	**SHERBROOKE**	**25**	**4**	**7**	**11**	**2**
	169	Beaulieu	Daniel	A	QUÉBEC	0	0	0	0	0
	201	Dionne	Paul	A	PRINCETON NCAA	0	0	0	0	0
1976	60	Périard	Claude	A	TROIS-RIVIÈRES	0	0	0	0	0
	112	Lévesque	Rémi	C	QUÉBEC	0	0	0	0	0
1977	8	**Deblois**	**Lucien**	**A**	**SOREL**	**993**	**249**	**276**	**525**	**814**
	62	**Marois**	**Mario**	**D**	**QUÉBEC**	**955**	**76**	**357**	**433**	**1746**
	80	**Gosselin**	**Benoit**	**A**	**TROIS-RIVIÈRES**	**7**	**0**	**0**	**0**	**33**
	98	**Bethel**	**John**	**A**	**UNIV. BOSTON**	**17**	**0**	**2**	**2**	**4**
	116	Sullivan	Bob	A	CHICOUTIMI	VOIR ATLANTA 1978				
1978	60	**Doré**	**André**	**D**	**QUÉBEC**	**257**	**14**	**81**	**95**	**261**
	192	Daigneault	Pierre	D	COLL. ST-LAURENT	0	0	0	0	0
1981	198	Proulx	Mario	G	PROVIDENCE NCA	0	0	0	0	0
1982	246	Robinson	Dwayne	D	NEW HAMPSHIRE	0	0	0	0	0
1985	175	**Brochu**	**Stéphane**	**D**	**QUÉBEC**	**1**	**0**	**0**	**0**	**0**
1987	31	**Lacroix**	**Daniel**	**A**	**GRANBY**	**188**	**11**	**7**	**18**	**379**
	46	Gagné	Simon	A	LAVAL	0	0	0	0	0
1988	99	Bergeron	Martin	C	DRUMMONDVILLE	0	0	0	0	0
	152	Couvrette	Éric	A	ST-JEAN	0	0	0	0	0
1989	244	MacDermid	Kenneth	A	HULL	0	0	0	0	0
1994	26	**Cloutier**	**Daniel**	**G**	**SAULT ST-MARIE**	**351**				
	104	**Blouin**	**Sylvain**	**A**	**LAVAL**	**115**	**3**	**4**	**7**	**336**
	130	Éthier	Martin	D	BEAUPORT	0	0	0	0	0
	156	Brosseau	David	A	SHAWINIGAN	0	0	0	0	0
1995	39	**Dubé**	**Christian**	**A**	**SHERBROOKE**	**33**	**1**	**1**	**2**	**4**
1996	48	**Goneau**	**Daniel**	**A**	**GRANBY**	**53**	**12**	**3**	**15**	**14**
2001	10	**Blackburn**	**Dan**	**G**	**KOOTENAY**	**63**				
	139	Collymore	Shawn	A	QUÉBEC	0	0	0	0	0
2004	247	Paiement	Jonathan		LEWISTON	0	0	0	0	0
2005	56	Cliché	Marc-André	C	LEWISTON	0	0	0	0	0
2007	48	Lafleur	Antoine	G	P.E.I.	0	0	0	0	0
ANNÉE	RANG	NOM	PRÉNOM	P	ÉQUIPE	PJ	B	A	PTS	PUN

SÉNATEURS D'OTTAWA — 1992-2009

ANNÉE	RANG	NOM	PRÉNOM	P	ÉQUIPE	PJ	B	A	PTS	PUN
1992	50	**Traverse**	**Patrick**	D	**SHAWINIGAN**	279	14	51	65	113
	98	**Guérard**	**Daniel**	A	**VICTORIAVILLE**	2	0	0	0	0
	194	Savoie	Claude	A	VICTORIAVILLE	0	0	0	0	0
1993	1	**Daigle**	**Alexandre**	A	**VICTORIAVILLE**	616	129	198	327	186
	53	Charbonneau	Patrick	G	VICTORIAVILLE	0	0	0	0	0
	91	Dupaul	Cosmo	A	VICTORIAVILLE	0	0	0	0	0
1994	210	**Cassivi**	**FredÉric**	G	**ST-HYACINTHE**	13				
	211	Dupont	Danny	D	LAVAL	0	0	0	0	0
1996	163	Hardy	François	D	VAL D'OR	0	0	0	0	0
1998	15	Chouinard	Mathieu	G	SHAWINIGAN	VOIR 2000				
	188	Périard	Michel	D	SHAWINIGAN	0	0	0	0	0
1999	48	**Lajeunesse**	**Simon**	G	**MONCTON**	1				
	213	**Giroux**	**Alexandre**	C	**HULL**	22	3	3	6	12
2000	45	**Chouinard**	**Mathieu**	G	**SHAWINIGAN**	1				
2000	55	**Vermette**	**Antoine**	C	**VICTORIAVILLE**	376	87	93	180	213
2006	121	Lessard	Pierre-Luc	D	GATINEAU	0	0	0	0	0

FLYERS DE PHILADELPHIE — 1970-1997

ANNÉE	RANG	NOM	PRÉNOM	P	ÉQUIPE	PJ	B	A	PTS	PUN
1970	18	**Clément**	**Bill**	C	**OTTAWA**	719	148	208	356	383
	46	Lapierre	Jacques	A	SHAWINIGAN	0	0	0	0	0
	99	Cunningham	Gary	D	STE-CATHERINES	0	0	0	0	0
	109	Daigle	Jean	C	SOREL	0	0	0	0	0
1971	9	**Plante**	**Pierre**	A	**DRUMMONDVILLE**	599	125	172	297	599
1972	103	**Beaudoin**	**Serge**	D	**TROIS-RIVIÈRES**	3	0	0	0	0
	135	Boutin	Raymond	G	SOREL	0	0	0	0	0
1973	74	Latreille	Michel	D	MONTRÉAL JR	0	0	0	0	0
1974	53	**Sirois**	**Robert**	A	**MONTRÉAL JR**	286	92	120	212	42
	125	**Lemelin**	**Réjean**	G	**SHERBROOKE**	507				
	174	Labrosse	Marcel	C	SHAWINIGAN	0	0	0	0	0
	201	Guay	Richard	G	CHICOUTIMI	0	0	0	0	0
1975	54	**Ritchie**	**Bob**	A	**SOREL**	29	8	4	12	10
1977	67	Guillemette	Yves	G	SHAWINIGAN	0	0	0	0	0
	71	Hamelin	René	A	SHAWINIGAN	0	0	0	0	0
	107	Chaput	Alain	C	SHAWINIGAN	0	0	0	0	0
	123	Dalpé	Richard	C	TROIS-RIVIÈRES	0	0	0	0	0
	151	Baumen	Michel	D	HULL	0	0	0	0	0
1980	84	Zytynsky	Tars	D	MONTRÉAL JR	0	0	0	0	0
1981	121	Villeneuve	André	D	CHICOUTIMI	0	0	0	0	0
ANNÉE	RANG	NOM	PRÉNOM	P	ÉQUIPE	PJ	B	A	PTS	PUN

➡

Repêchage des Québécois par équipe, de 1970 à 2009 (suite)

FLYERS DE PHILADELPHIE − 1970-1997 (SUITE)

ANNÉE	RANG	NOM	PRÉNOM	P	ÉQUIPE	PJ	B	A	PTS	PUN
1982	47	Campbell	Bill	D	MONTRÉAL JR	0	0	0	0	0
	161	Lavigne	Alain	A	SHAWINIGAN	0	0	0	0	0
1983	101	Carrier	Jérome	D	VERDUN	0	0	0	0	0
	141	Mormina	Bobby	A	LONGUEUIL	0	0	0	0	0
1984	27	**Mellanby**	**Scott**	A	**HENRI CARR TOR.**	1431	364	476	840	2479
	37	**Chychrun**	**Jeff**	D	**KINGSTON**	262	3	22	25	742
1988	14	**Boivin**	**Claude**	A	**DRUMMONDVILLE**	132	12	19	31	364
	63	**Roussel**	**Dominic**	G	**TROIS-RIVIÈRES**	205				
1991	50	**Dupré**	**Yannick**	A	**DRUMMONDVILLE**	35	2	0	2	16
	94	Degrace	Yannick	G	DRUMMONDVILLE	0	0	0	0	0
1992	175	Jutras	Claude	A	HULL	0	0	0	0	0
	247	Paquin	Patrice	A	BEAUPORT	0	0	0	0	0
1994	101	Vallée	Sébastien	A	VICTORIAVILLE	0	0	0	0	0
1997	30	**Pelletier**	**Jean-Marc**	G	**CORNELL**	7	0	0	0	0
1998	22	**Gagné**	**Simon**	A	**QUÉBEC**	606	242	242	484	231
	109	Morin	J.-P.	D	DRUMMONDVILLE	0	0	0	0	0
	124	**Bélanger**	**Francis**	A	**RIMOUSKI**	10	0	0	0	29
	253	**St-Jacques**	**Bruno**	D	**BAIE-COMEAU**	67	3	7	10	47
1999	22	**Ouellet**	**Maxime**	G	**QUÉBEC**	12				
2000	227	**Lefebvre**	**Guillaume**	A	**ROUYN-NORANDA**	38	2	4	6	13
2001	208	Douville	Thierry	D	BAIE-COMEAU	0	0	0	0	0
2002	105	Ruggeri	Rosario	D	CHICOUTIMI	0	0	0	0	0
	193	**Mormina**	**Joey**	D	**COLGATE**	1	0	0	0	0
	201	Brunelle	Mathieu	A	VICTORIAVILLE	0	0	0	0	0
2003	85	**Picard**	**Alexandre**	D	**HALIFAX**	139	12	30	42	39
	140	Tremblay	David	G	HULL	0	0	0	0	0
2004	124	Laliberté	David	A	P.E.I.	0	0	0	0	0
	171	Cabana	Frédérik	C	HALIFAX	0	0	0	0	0
	232	**Houle**	**Martin**	G	**CAP BRETON**	1				
2005	119	Duchesne	Jérémy	G	HALIFAX	0	0	0	0	0
2006	175	Dupont	Michael	G	BAIE-COMEAU	0	0	0	0	0
2007	41	Marshall	Kevin	D	LEWISTON	0	0	0	0	0
2008	67	Bourdon	Marc-André	D	ROUYN-NORANDA	0	0	0	0	0
2009	142	Riopel	Nicolas	G	MONCTON					
	153	Labrecque	Dave	C	SHAWINIGAN					

COYOTES DE PHOENIX − 1992-2009

ANNÉE	RANG	NOM	PRÉNOM	P	ÉQUIPE	PJ	B	A	PTS	PUN
1996	24	**Brière**	**Daniel**	C	**DRUMMONDVILLE**	562	193	255	448	433
	226	Hubert	M.-Étienne	C	LAVAL	0	0	0	0	0

COYOTES DE PHOENIX — 1992-2009 (SUITE)

ANNÉE	RANG	NOM	PRÉNOM	P	ÉQUIPE	PJ	B	A	PTS	PUN
2000	85	Abid	Ramzi	A	HALIFAX	68	14	16	30	78
2005	59	Pelletier	Pier-Olivier	G	DRUMMONDVILLE	0	0	0	0	0
2008	76	Brodeur	Mathieu	D	CAP BRETON	0	0	0	0	0

PENGUINS DE PITTSBURGH — 1970-2009

ANNÉE	RANG	NOM	PRÉNOM	P	ÉQUIPE	PJ	B	A	PTS	PUN
1970	49	Forey	Connie	A	OTTAWA 67s	4	0	0	0	0
1972	40	Herron	Denis	G	TROIS-RIVIÈRES	462				
	120	Bergeron	Yves	A	SHAWINIGAN	3	0	0	0	0
1974	8	Larouche	Pierre	C	SOREL	812	395	427	822	237
	27	Cossette	Jacques	A	SOREL	64	8	6	14	29
	62	Faubert	Mario	D	ST. LOUIS NCAA	231	21	90	111	222
	181	Gamelin	Serge	A	SOREL	0	0	0	0	0
	195	Perron	Richard	D	QUÉBEC	0	0	0	0	0
1975	13	Laxton	Gordie	G	NEW WESTMINSTER	17				
1976	83	Lowe	Brendan	D	SHERBROOKE	0	0	0	0	0
1983	15	Errey	Bob	A	PETERBOROUGH	895	120	212	382	1005
	103	Émond	Patrick	C	HULL	0	0	0	0	0
1984	1	Lemieux	Mario	C	LAVAL	915	690	1033	1723	834
1985	114	Marston	Stuart-Lee	D	LONGUEUIL	0	0	0	0	0
1988	62	Gauthier	Daniel	C	VICTORIAVILLE	5	0	0	0	0
1992	115	Derouville	Philippe	G	VERDUN	3				
1993	156	Lalime	Patrick	G	SHAWINIGAN	421				
1994	161	Aubin	Serge	C	GRANBY	374	44	64	108	361
1995	76	Aubin	J.-Sébastien	G	SHERBROOKE	218				
1996	186	Meloche	Éric	A	CORNWALL	74	9	11	20	36
1997	97	Mathieu	Alexandre	C	HALIFAX	0	0	0	0	0
1999	86	Caron	Sébastien	G	RIMOUSKI	92				
2000	124	Ouellet	Michel	A	RIMOUSKI	190	52	64	116	58
2001	96	Rouleau	Alexandre	D	VAL D'OR	0	0	0	0	0
2002	234	Talbot	Maxime	C	HULL	261	42	38	80	228
2003	1	Fleury	Marc-André	G	CAPE BRETON	235				
2005	62	Letang	Kristopher	D	VAL D'OR	144	18	34	52	51
	194	Paquet	Jean-Philippe	D	SHAWINIGAN	0	0	0	0	0
2007	20	Esposito	Angelo	C	QUÉBEC	0	0	0	0	0
	51	Veilleux	Kevin	C	VICTORIAVILLE	0	0	0	0	0
2009	30	Després	Simon	D	ST. JOHN					
	121	Peterson	Nick	A	SHAWINIGAN					
	123	Velischek	Alexandre	D	DELBARTON N. J.					
ANNÉE	RANG	NOM	PRÉNOM	P	ÉQUIPE	PJ	B	A	PTS	PUN

➡

Repêchage des Québécois par équipe, de 1970 à 2009 (suite)

NORDIQUES DE QUÉBEC – 1979-1995

ANNÉE	RANG	NOM	PRÉNOM	P	ÉQUIPE	PJ	B	A	PTS	PUN
1979	20	Goulet	Michel	A	BIRMINGHAM	1089	548	604	1152	825
	104	Lacroix	Pierre	A	TROIS-RIVIÈRES	274	24	107	131	197
1980	24	Rochefort	Normand	D	QUÉBEC	598	39	119	158	570
	129	Therien	Gaston	D	QUÉBEC	22	0	8	8	12
	150	Bolduc	Michel	D	CHICOUTIMI	10	0	0	0	6
	171	Tanguay	Christian	A	TROIS-RIVIÈRES	2	0	0	0	0
1981	53	Gaulin	Jean-Marc	A	SOREL	26	4	3	7	8
	158	Côté	André	A	QUÉBEC	0	0	0	0	0
	179	Brisebois	Marc	A	SOREL	0	0	0	0	0
1982	55	Gosselin	Mario	G	SHAWINIGAN	242				
	131	Poudrier	Daniel	D	SHAWINIGAN	25	1	5	6	10
	181	Hough	Mike	A	KITCHENER	707	100	156	256	675
	223	Martin	André	D	MONTRÉAL JR	0	0	0	0	0
1983	32	Héroux	Yves	A	CHICOUTIMI	1	0	0	0	0
	92	Guénette	Luc	G	QUÉBEC	0	0	0	0	0
1984	57	Finn	Steven	D	LAVAL	725	34	78	112	1724
1984	183	Ouellette	Guy		QUÉBEC	0	0	0	0	0
1985	162	Brunetta	Mario	G	QUÉBEC	40				
	246	Bois	Jean	A	TROIS-RIVIÈRES	0	0	0	0	0
1986	39	Routhier	Jean-Marc	A	HULL	8	0	0	0	9
	41	Guérard	Stéphane	D	SHAWINIGAN	34	0	0	0	40
	117	White	Scott	D	MICHIGAN TECH	0	0	0	0	0
	144	Nault	J.-François	A	GRANBY	0	0	0	0	0
	186	Millier	Pierre	A	CHICOUTIMI	0	0	0	0	0
	228	Latreille	Martin	D	LAVAL	0	0	0	0	0
1988	5	Doré	Daniel	A	DRUMMONDVILLE	17	2	3	5	59
	24	Fiset	Stéphane	G	VICTORIAVILLE	390				
	87	Venne	Stéphane	D	UNIV. VERMONT	0	0	0	0	0
	234	Lapointe	Claude	C	LAVAL	879	127	178	305	721
1989	43	Morin	Stéphane	C	CHICOUTIMI	90	16	39	55	52
	76	Dubois	Éric	D	LAVAL	0	0	0	0	0
1990	22	Hugues	Ryan	C	CORNELL	3	0	0	0	0
1991	24	Corbet	René	A	DRUMMONDVILLE	362	58	74	132	420
	90	Labrecque	Patrick	G	ST-JEAN	2				
	244	Meloche	Éric	A	DRUMMONDVILLE	0	0	0	0	0
1992	28	Brousseau	Paul	A	HULL	25	1	3	4	29
	52	Fernandez	Emmanuel	G	LAVAL	325				
	76	McIntyre	Ian	A	BEAUPORT	0	0	0	0	0
ANNÉE	RANG	NOM	PRÉNOM	P	ÉQUIPE	PJ	B	A	PTS	PUN

NORDIQUES DE QUÉBEC – 1979-1995 (SUITE)

ANNÉE	RANG	NOM	PRÉNOM	P	ÉQUIPE	PJ	B	A	PTS	PUN
	148	Lepage	Martin	D	HULL	0	0	0	0	0
1993	10	**Thibault**	**Jocelyn**	**G**	**SHERBROOKE**	596				
	153	**Matte**	**Christian**	**A**	**GRANBY**	25	2	3	5	12
	231	Auger	Vincent	A	HAWKESBURY	0	0	0	0	0
1994	61	Bety	Sebastien	D	DRUMMONDVILLE	0	0	0	0	0
	139	Windsor	Nicholas	D	CORNWALL JR B	0	0	0	0	0
	285	Low	Steven	D	SHERBROOKE	0	0	0	0	0

BLUES DE ST. LOUIS – 1970-2009

ANNÉE	RANG	NOM	PRÉNOM	P	ÉQUIPE	PJ	B	A	PTS	PUN
1970	79	Moreau	Claude	D	MONTRÉAL JR	0	0	0	0	0
1972	41	**Hamel**	**Jean**	**D**	**DRUMMONDVILLE**	699	26	95	121	766
	73	Johnson	Dave	D	CORNWALL	0	0	0	0	0
	105	Coughlin	Brian	D	VERDUN	0	0	0	0	0
1973	120	Tétrault	Jean	A	DRUMMONDVILLE	0	0	0	0	0
1974	149	Touzin	Paul	G	SHAWINIGAN	0	0	0	0	0
1976	25	**Smrke**	**John**	**A**	**TORONTO**	103	11	17	28	33
1978	181	Boutin	J.-François	A	VERDUN	0	0	0	0	0
	188	Ménard	Serge	A	MONTRÉAL JR	0	0	0	0	0
1979	107	Leduc	Gilles	A	VERDUN	0	0	0	0	0
1980	96	**Lemieux**	**Alain**	**C**	**CHICOUTIMI**	119	28	44	72	38
1981	82	**Donnelly**	**Gord**	**D**	**SHERBROOKE**	554	28	41	69	2069
	167	**Vigneault**	**Alain**	**D**	**TROIS-RIVIÈRES**	42	2	5	7	82
1984	71	Herring	Graham	D	LONGUEUIL	0	0	0	0	0
	176	Jomphe	Daniel	A	GRANBY	0	0	0	0	0
1986	10	**Lemieux**	**Jocelyn**	**A**	**LAVAL**	598	80	84	164	740
	220	Maclean	Terry	C	LONGUEUIL	0	0	0	0	0
1988	30	**Plavsic**	**Adrien**	**D**	**NEW HAMSHIRE**	214	16	56	72	161
1989	93	**Laperriere**	**Daniel**	**D**	**ST-LAWRENCE É.-U.**	48	2	5	7	27
	124	Frenette	Derek	C	FERRIS STATE	0	0	0	0	0
1990	54	**Tardif**	**Patrice**	**C**	**CHAMPLAIN É.-U.**	65	7	11	18	78
1992	158	**Laperrière**	**Ian**	**C**	**DRUMMONDVILLE**	927	111	186	297	1631
1994	68	Roy	Stéphane	C	VAL D'OR	0	0	0	0	0
1995	153	**Hamel**	**Denis**	**A**	**CHICOUTIMI**	192	19	12	31	77
	179	**Grand-Pierre**	**Jean-Luc**	**D**	**VAL D'OR**	269	7	13	20	311
1996	169	**Corso**	**Daniel**	**C**	**VICTORIAVILLE**	77	14	11	25	20
1997	86	Tremblay	Didier	D	HALIFAX	0	0	0	0	0
	106	**Pollock**	**James**	**D**	**SEATTLE**	9	0	0	0	6
	149	Bilotto	Nicholas	D	BEAUPORT	0	0	0	0	0
ANNÉE	RANG	NOM	PRÉNOM	P	ÉQUIPE	PJ	B	A	PTS	PUN

➲

Repêchage des Québécois par équipe, de 1970 à 2009 (suite)

BLUES DE ST. LOUIS — 1970-2009 (SUITE)

ANNÉE	RANG	NOM	PRÉNOM	P	ÉQUIPE	PJ	B	A	PTS	PUN
1999	270	Desmarais	James	C	ROUYN	0	0	0	0	0
2000	96	Bergeron	Antoine	D	VAL D'OR	0	0	0	0	0
2003	127	Bolduc	Alexandre	C	ROUYN	0	0	0	0	0
2004	277	Boutin	Jonathan	A	SHAWINIGAN	0	0	0	0	0
2007	26	**Perron**	**David**	C	**LEWISTON**	143	28	49	77	88

SHARKS DE SAN JOSE — 1991-2009

ANNÉE	RANG	NOM	PRÉNOM	P	ÉQUIPE	PJ	B	A	PTS	PUN
1992	147	Bellerose	Éric	A	TROIS-RIVIÉRES	0	0	0	0	0
1994	271	Beauregard	David	A	ST-HYACINTHE	0	0	0	0	0
1996	137	**Larocque**	**Michel**	G	**UNIV. BOSTON**	3				
	217	Thibeault	David	A	DRUMMONDVILLE	0	0	0	0	0
1998	65	Laplante	Éric	A	HALIFAX	0	0	0	0	0
1999	229	Betournay	Éric	C	ACADIE BATHURST	0	0	0	0	0
2003	16	**Bernier**	**Steve**	A	**MONCTON**	177	45	45	90	128
	201	Tremblay	Jonathan		ACADIE BATHURST	0	0	0	0	0
2004	126	**Mitchell**	**Torrey**	C	**CONNECTICUT**	82	10	10	20	50
2005	35	**Vlasic**	**Marc-Édouard**	D	**QUÉBEC**	163	5	35	40	42
2008	92	Groulx	Samuel	D	QUÉBEC	0	0	0	0	0
	186	Demers	Jason	D	VICTORIAVILLE	0	0	0	0	0

LIGHTNING DE TAMPA BAY — 1992-2009

ANNÉE	RANG	NOM	PRÉNOM	P	ÉQUIPE	PJ	B	A	PTS	PUN
1992	122	Tanguay	Martin	C	VERDUN	0	0	0	0	0
	145	**Wilkinson**	**Derek**	G	**COMPUWARE**	22				
	193	Kemper	Andréw	D	SEATTLE	0	0	0	0	0
	218	Tardif	Marc	A	SHAWINIGAN	0	0	0	0	0
1993	159	Raby	Mathieu	D	VICTORIAVILLE	0	0	0	0	0
	211	Laporte	Alexandre	D	VICTORIAVILLE	0	0	0	0	0
1994	Supp.	Bouchard	François	D	NORTH EASTERN	0	0	0	0	0
1996	16	**Larocque**	**Mario**	D	**HULL**	5	0	0	0	16
	157	**Delisle**	**Xavier**	C	**GRANBY**	16	3	2	5	6
1997	185	St-Pierre	Samuel	A	VICTORIAVILLE	0	0	0	0	0
1998	1	**Lecavalier**	**Vincent**	C	**RIMOUSKI**	787	302	367	669	561
	229	Lyness	Chris	D	ROUYN	0	0	0	0	0
2001	252	Soucy	J.-François	A	MONTRÉAL	0	0	0	0	0
2003	96	Boutin	Jonathan	G	HALIFAX	0				
2008	152	Barberio	Mark	D	MONCTON	0	0	0	0	0
ANNÉE	RANG	NOM	PRÉNOM	P	ÉQUIPE	PJ	B	A	PTS	PUN

MAPLE LEAFS DE TORONTO – 1970-2009

ANNÉE	RANG	NOM	PRÉNOM	P	ÉQUIPE	PJ	B	A	PTS	PUN
1970	64	Simard	Luc	A	TROIS-RIVIÈRES	0	0	0	0	0
	91	Larose	Paul	A	QUÉBEC	0	0	0	0	0
1971	98	Johnson	Steve	D	VERDUN	0	0	0	0	0
1972	43	Deslaurier	Denis	D	SHAWINIGAN	0	0	0	0	0
	59	Bowles	Brian	D	CORNWALL	0	0	0	0	0
	75	Plante	Michel	A	DRUMMONDVILLE	0	0	0	0	0
1973	15	**Turnbull**	**Ian**	D	**MONTRÉAL JR**	628	123	317	440	736
	52	Rochon	François	A	SHERBROOKE	0	0	0	0	0
1975	114	Rouillard	Mario	A	TROIS-RIVIÈRES	0	0	0	0	0
	165	Latendresse	Jean	D	SHAWINIGAN	0	0	0	0	0
1976	48	**Bélanger**	**Alain**	**A**	**SHERBROOKE**	9	0	1	1	6
1978	98	Lefebvre	Normand	A	TROIS-RIVIÈRES	0	0	0	0	0
1979	51	**Aubin**	**Normand**	**A**	**VERDUN**	69	18	13	31	30
	72	**Tremblay**	**Vincent**	**G**	**QUÉBEC**	58				
1981	90	Lefrançois	Normand	A	TROIS-RIVIÈRES	0	0	0	0	0
	153	Turmel	Richard	D	SHAWINIGAN	0	0	0	0	0
1982	99	Charland	Sylvain	A	SHAWINIGAN	0	0	0	0	0
1986	6	**Damphousse**	**Vincent**	**C**	**LAVAL**	1378	432	773	1205	1190
	111	Giguère	Stéphane	A	ST-JEAN	0	0	0	0	0
1987	28	**Marois**	**Daniel**	**A**	**VERDUN**	350	117	93	210	419
1989	234	Chartrand	Steve	A	DRUMMONDVILLE	0	0	0	0	0
1990	31	**Potvin**	**Félix**	**G**	**CHICOUTIMI**	640				
	136	**Lacroix**	**Éric**	**A**	**GOVERNOR É.-U.**	472	67	70	137	361
	241	**Vachon**	**Nicholas**	**A**	**GOVERNOR É.-U.**	1	0	0	0	0
	Supp.	Robitaille	Martin	C	UNIV. MAINE	0	0	0	0	0
1991	47	**Perreault**	**Yannick**	**C**	**TROIS-RIVIÈRES**	859	247	269	516	402
	179	Lehoux	Guy	D	DRUMMONDVILLE	0	0	0	0	0
1994	16	**Fichaud**	**Éric**	**G**	**CHICOUTIMI**	95				
1995	145	**Tremblay**	**Yannick**	**D**	**BEAUPORT**	390	38	87	125	178
1996	50	Larivée	Francis	G	LAVAL	0	0	0	0	0
	151	Demartinis	Lucio	A	SHAWINIGAN	0	0	0	0	0
1997	165	Marchand	Hugo	D	VICTORIAVILLE	0	0	0	0	0
1998	181	Gagnon	Jonathan	A	CAP BRETON	0	0	0	0	0
1999	108	Murovic	Mirko	A	MONCTON	0	0	0	0	0
2000	90	Racine	J.-François	G	DRUMMONDVILLE	0	0	0	0	0
	265	Côté	J.-Philippe	D	CAP BRETON	0	0	0	0	0
2001	88	Corbeil	Nicolas	C	SHERBROOKE	0	0	0	0	0
2002	88	D'Amour	Dominic	D	HULL	0	0	0	0	0
2008	129	Champagne	Joël	C	CHICOUTIMI	0	0	0	0	0
ANNÉE	RANG	NOM	PRÉNOM	P	ÉQUIPE	PJ	B	A	PTS	PUN

Repêchage des Québécois par équipe, de 1970 à 2009 (suite)

CANUCKS DE VANCOUVER – 1979-1997

ANNÉE	RANG	NOM	PRÉNOM	P	ÉQUIPE	PJ	B	A	PTS	PUN
1970	2	Tallon	Dale	D	TORONTO JR	642	98	238	336	568
1971	3	Guèvremont	Jocelyn	D	MONTRÉAL JR	571	84	223	307	319
	17	Lalonde	Bobby	C	MONTRÉAL JR	641	124	210	334	298
	39	Lemieux	Richard	A	MONTRÉAL JR	274	39	82	121	132
1973	19	Bordeleau	Paulin	C	TORONTO JR	183	33	56	89	47
	131	Folco	Peter	D	QUÉBEC	2	0	0	0	0
1974	147	Gaudreault	Marc	D	LAKE SUPERIOR	0	0	0	0	0
1975	46	Lapointe	Normand	G	TROIS-RIVIÈRES	0	0	0	0	0
1977	4	Gillis	Jere	A	SHERBROOKE	386	78	95	173	230
1981	52	Lanthier	Jean-Marc	A	SOREL	105	16	16	32	29
	199	Vignola	Réjean	A	SHAWINIGAN	0	0	0	0	0
1982	11	Petit	Michel	D	SHERBROOKE	827	90	238	328	1839
	53	Lapointe	Yves	A	SHAWINIGAN	0	0	0	0	0
1984	10	Daigneault	Jean-Jacques	D	LONGUEUIL	899	53	197	250	687
1987	24	Murphy	Rob	D	LAVAL	125	9	12	21	152
	45	Veilleux	Steve	D	TROIS-RIVIÈRES	0	0	0	0	0
1990	86	Odjick	Gino	A	LAVAL	605	64	73	137	2567
1994	117	Dubé	Yannick	C	LAVAL	0	0	0	0	0
2000	208	Reid	Brandon	C	HALIFAX	13	2	4	6	0
2002	214	Roy	Marc-André	A	BAIE-COMEAU	0	0	0	0	0
2003	60	Bernier	Marc-André	A	HALIFAX	0	0	0	0	0
	222	Guénette	F.-Pierre	C	HALIFAX	0	0	0	0	0
2004	189	Ellis	Julien	G	SHAWINIGAN	0	0	0	0	0
2005	114	Vincent	Alexandre	G	CHICOUTIMI	0	0	0	0	0
2007	145	Messier	C.-Antoine	C	BAIE-COMEAU	0	0	0	0	
2008	41	Sauvé	Yann	D	ST. JOHN	0	0	0	0	

CAPITALS DE WASHINGTON – 1974-2009

ANNÉE	RANG	NOM	PRÉNOM	P	ÉQUIPE	PJ	B	A	PTS	PUN
1974	212	Plante	Bernard	A	TROIS-RIVIÈRES	0	0	0	0	0
	220	Chiasson	Jacques	A	DRUMMONDVILLE	0	0	0	0	0
	234	Plouffe	Yves	D	SOREL	0	0	0	0	0
1975	55	Mackasey	Blair	D	MONTRÉAL JR	1	0	0	0	2
1977	3	Picard	Robert	D	MONTRÉAL JR	899	104	319	423	1025
	39	Godin	Eddy	A	QUÉBEC	27	3	6	9	12
	75	Turcotte	Denis	C	QUÉBEC	0	0	0	0	0
	127	Tremblay	Brent	D	TROIS-RIVIÈRES	10	1	0	1	6
1978	38	Currie	Glen	A	LAVAL	326	39	79	118	100
ANNÉE	RANG	NOM	PRÉNOM	P	ÉQUIPE	PJ	B	A	PTS	PUN

CAPITALS DE WASHINGTON – 1974-2009 (SUITE)

ANNÉE	RANG	NOM	PRÉNOM	P	ÉQUIPE	PJ	B	A	PTS	PUN
	122	Sirois	Richard	G	MILWAUKEE	0	0	0	0	0
	139	Pomerleau	Denis	A	TROIS-RIVIÈRES	0	0	0	0	0
1980	47	Miele	Dan	A	PROVIDENCE	0	0	0	0	0
1981	152	**Duchesne**	**Gaétan**	A	**QUÉBEC**	1028	179	254	433	617
	194	**Valentine**	**Chris**	A	**SOREL**	105	43	52	95	127
1983	95	Boulianne	Martin	C	GRANBY	0	0	0	0	0
	195	**Beaudoin**	**Yves**	D	**SHAWINIGAN**	11	0	0	0	5
	215	**Raymond**	**Alain**	G	**TROIS-RIVIÈRES**	1				
1985	103	Dumas	Claude	C	GRANBY	0	0	0	0	0
1986	61	**Hrivnac**	**Jim**	G	**MERRIMACK COL.**	85				
1987	57	**Maltais**	**Steve**	A	**CORNWALL**	120	9	18	27	53
1988	15	**Savage**	**Réginald**	C	**VICTORIAVILLE**	34	5	7	12	28
1991	25	**Lavigne**	**Éric**	D	**HULL**	1	0	0	0	0
	146	**Morissette**	**Dave**	A	**SHAWINIGAN**	11	0	0	0	57
	212	Leblanc	Carl	D	GRANBY	0	0	0	0	0
1992	71	**Gendron**	**Martin**	C	**ST-HYACINTHE**	30	4	2	6	10
1993	69	**Boileau**	**Patrick**	D	**LAVAL**	48	5	11	16	26
1994	119	Jean	Yannick	D	CHICOUTIMI	0	0	0	0	0
1995	93	**Charpentier**	**Sébastien**	G	**LAVAL**	24				
	95	Thériault	Joël	D	BEAUPORT	0	0	0	0	0
	105	**Gratton**	**Benoit**	C	**LAVAL**	58	6	10	16	58
	147	Jobin	Frédérick	D	LAVAL	0	0	0	0	0
1997	35	**Fortin**	**J.-François**	D	**SHERBROOKE**	71	1	4	5	42
	200	Therrien	Pierre-Luc	G	DRUMMONDVILLE	0	0	0	0	0
2002	59	Daigneault	Maxime	G	VAL D'OR	0	0	0	0	0
2005	14	Pokulok	Sasha	D	CORNELL	0	0	0	0	0
2006	35	Bouchard	François	A	BAIE-COMEAU	0	0	0	0	0
	127	Lacroix	Maxime	A	QUÉBEC	0	0	0	0	0
	177	Perreault	Mathieu	C	ACADIE-BATHURST	0	0	0	0	0
2009	205	Casavant	Benjamin	A	P.E.I.					

JETS DE WINNIPEG – 1979-1997

ANNÉE	RANG	NOM	PRÉNOM	P	ÉQUIPE	PJ	B	A	PTS	PUN
1979	19	**Mann**	**Jimmy**	A	**SHERBROOKE**	293	10	20	30	895
	82	**Daley**	**Patrick**	A	**MONTRÉAL JR.**	12	1	0	1	13
1980	65	Fournier	Guy	A	SHAWINIGAN	0	0	0	0	0
1983	14	**Dollas**	**Bobby**	D	**LAVAL**	646	42	96	138	467
	109	Baillargeon	Joel	A	HULL	0	0	0	0	0
	149	Pesetti	Ronnie	D	UNIV. W. MICHIGAN	0	0	0	0	0
ANNÉE	RANG	NOM	PRÉNOM	P	ÉQUIPE	PJ	B	A	PTS	PUN

Repêchage des Québécois par équipe, de 1970 à 2009 (suite)

ANNÉE	RANG	NOM	PRÉNOM	P	ÉQUIPE	PJ	B	A	PTS	PUN
	209	Cormier	Éric	A	ST-GEORGES QC.	0	0	0	0	0
1985	60	**Berthiaume**	**Daniel**	G	**CHICOUTIMI**	215				
	165	**Draper**	**Tom**	G	**VERMONT**	53				
	207	Quigley	Dave	G	UNIV. MONCTON	0	0	0	0	0
1986	113	Bateman	Rob	D	COLL. ST-LAURENT	0	0	0	0	0
1988	52	**Beauregard**	**Stéphane**	G	**ST-JEAN**	90				
	101	Lebeau	Benoit	A	MERRIMACK	0	0	0	0	0
	Supp.	**O'Neill**	**Mike**	G	**YALE**	21				
1993	171	Woods	Martin	D	VICTORIAVILLE	0	0	0	0	0
1994	143	Vézina	Steve	G	BEAUPORT	0	0	0	0	0
1995	32	**Chouinard**	**Marc**	C	**BEAUPORT**	320	37	41	78	123
	34	**Doig**	**Jason**	D	**LAVAL**	158	6	18	24	285
	136	Daigle	Sylvain	G	SHAWINIGAN	0	0	0	0	0
ANNÉE	RANG	NOM	PRÉNOM	P	ÉQUIPE	PJ	B	A	PTS	PUN

JETS DE WINNIPEG − 1979-1997 (SUITE)

TABLEAU 3.2

Liste des Québécois qui ont joué dans la LNH, par équipe, de 1970 à 2009*

DUCKS D'ANAHEIM DE 1993 À 2009				236 JOUEURS			14 QC		5,93%
AVANTS									
SAISON	NOM	PRÉNOM	P	PJ	B	A	PTS	PUN	
1995-98	Jomphe	Jean-François	C	104	10	29	39	100	
1993-95	Lebeau	Stéphane	C	60	14	20	34	26	
2000-03	Chouinard	Marc	C	159	10	13	23	62	
DÉFENSEURS									
SAISON	NOM	PRÉNOM	P	PJ	B	A	PTS	PUN	
1993-98	Dollas	Bobby	D	305	28	61	89	213	
2005-09	Beauchemin	François	D	234	21	67	88	161	
1996-98	Daigneault	J.-Jacques	D	66	4	24	28	50	
1998-2001	Trépanier	Pascal	D	139	8	12	20	175	
2007-08	Bergeron	Marc-André	D	9	0	1	1	4	
1996-97	Plavsic	Adrien	D	6	0	0	0	2	
2005-06	St-Jacques	Bruno	D	1	1	0	1	0	
2000-01	Traverse	Patrick	D	15	1	0	1	6	
GARDIENS									
SAISON	NOM	PRÉNOM	P	PJ	V	D	N	MOY	%
2000-09	Giguère	J.-Sébastien	G	427	202	155	68	2,44	,915
1998-2001	Roussel	Dominic	G	51	12	15	11	2,85	,902
2006-07	Caron	Sébastien	G	1	0	0	0	2,12	,833

FLAMES D'ATLANTA DE 1972 À 1980				94 JOUEURS			21 QC		22,34%
AVANTS									
SAISON	NOM	PRÉNOM	P	PJ	B	A	PTS	PUN	
1974-80	Chouinard	Guy	C	318	126	168	294	56	
1972-78	Comeau	Reynald	C	468	88	126	214	153	
1975-80	Clément	Bill	C	297	69	107	176	136	
1978-80	Pronovost	Jean	A	155	52	58	110	42	
1972-75	Richard	Jacques	A	215	57	46	103	108	
1977-80	Lalonde	Bobby	C	154	38	56	94	54	
1972-74	Rochefort	Léon	A	110	19	30	49	23	
1975-76	St-Sauveur	Claude	C	79	24	24	48	23	
1976-78	Simpson	Bobby	A	127	23	18	41	94	
1972-73	Gratton	Normand	C	29	3	6	9	12	
1975-76	Lemieux	Richard	A	1	0	1	1	0	

* Pour les joueurs, le classement est établi selon le nombre de points accumulés avec l'équipe.
Le classement des gardiens tient compte du nombre de matchs joués avec l'équipe.

Liste des Québécois qui ont joué dans la LNH, par équipe, de 1970 à 2009 (suite)

FLAMES D'ATLANTA DE 1972 À 1980				94 JOUEURS			21 QC		22,34 %

DÉFENSEURS

SAISON	NOM	PRÉNOM	P	PJ	B	A	PTS	PUN	
1975-79	Mulhern	Richard	D	207	25	67	92	153	
1973-76	Lemieux	Jean	D	140	10	38	48	35	
1975-77	Carriere	Larry	D	100	6	18	24	112	
1972-73	Picard	Noël	D	41	0	10	10	43	
1972-73	Harris	Ron	D	24	2	4	6	8	
1979-80	Beaudoin	Serge	D	3	0	0	0	0	

GARDIENS

SAISON	NOM	PRÉNOM	P	PJ	V	D	N	MOY	%
1972-80	Bouchard	Daniel	G	384	164	134	72	3,00	
1972-78	Myre	Philippe	G	211	76	95	32	3,21	
1977-79	Bélanger	Yves	G	22	8	10	0	4,08	
1978-80	Lemelin	Réjean	G	21	8	10	1	3,67	

TRASHERS D'ATLANTA DE 1999 À 2009				172 JOUEURS			17 QC		9,88 %

AVANTS

SAISON	NOM	PRÉNOM	P	PJ	B	A	PTS	PUN	
1999-2001	Audette	Donald	A	78	39	43	82	76	
2005-07	Mellanby	Scott	A	140	24	46	70	118	
2007-09	Perrin	Éric	A	159	19	49	68	62	
2003-06	Aubin	Serge	A	140	17	32	49	152	
2001-03	Rhéaume	Pascal	C	98	15	18	33	49	
2006-08	Dupuis	Pascal	A	79	13	7	20	28	
2006-07	Bélanger	Éric	C	24	9	6	15	12	
2000-01	Sarault	Yves	A	20	5	4	9	26	
2001-06	Lessard	Francis	A	91	1	3	4	268	
2003-06	Abid	Ramzi	A	6	0	2	2	6	
2006-07	Hamel	Denis	A	3	1	0	1	0	
2003-04	Corso	Daniel	C	7	0	1	1	0	
2002-04	Gamache	Simon	C	4	0	1	1	2	
1999-2000	Bertrand	Éric	A	8	0	0	0	4	

DÉFENSEURS

SAISON	NOM	PRÉNOM	P	PJ	B	A	PTS	PUN	
1999-2004	Trembay	Yannick	D	300	33	74	107	144	
2003-04	Grand-Pierre	Jean-Luc	D	27	2	2	4	26	

SAISON	NOM	PRÉNOM	P	PJ	V	D	N	MOY	%
2001-03	Cassivi	Frédéric	G	8	3	4	0	3,91	,894

BRUINS DE BOSTON DE 1970 À 2009	506 JOUEURS	45 QC	8,89 %

AVANTS

SAISON	NOM	PRÉNOM	P	PJ	B	A	PTS	PUN
1970-82	Marcotte	Donald	A	826	220	251	471	331
1975-81	Ratelle	Jean	C	419	155	295	450	84
1980-89	Kasper	Steve	A	564	135	220	355	450
2003-09	Bergeron	Patrice	C	303	80	148	228	88
1991-94	Juneau	Joé	C	161	51	142	193	72
1981-84	Krushelnyski	Mike	A	162	51	65	116	100
1973-76	Savard	André	C	228	52	62	114	144
1973-77	Forbes	Dave	A	284	53	52	105	220
2001-04	Lapointe	Martin	A	205	40	43	83	255
1979-81	Lalonde	Bobby	C	133	14	37	51	59
1981-83	Léveillé	Normand	A	75	17	25	42	49
1984-86	Sleigher	Louis	A	83	16	21	37	65
1982-84	Dufour	Luc	A	114	20	15	35	154
1996-98	Roy	Jean-Yves	A	54	10	15	25	22
2001-04	Stock	P.-J.	A	130	1	12	13	282
2001-02	Hogue	Benoit	C	17	4	4	8	9
1972-74	Leduc	Richard	C	33	4	4	8	14
2005-07	Stastny	Yan	C	38	1	5	6	29
1995-97	Roy	André	A	13	0	2	2	12
1994-95	Lacroix	Daniel	A	23	1	0	1	38
1996-97	Drouin	P.-C.	A	3	0	0	0	0
2005-06	Guité	Ben	A	1	0	0	0	0

DÉFENSEURS

SAISON	NOM	PRÉNOM	P	PJ	B	A	PTS	PUN
1979-2000	Bourque	Raymond	D	1518	395	1111	1506	1087
1971-76	Vadnais	Carol	D	263	47	134	181	433
1988-92	Galley	Garry	D	257	24	81	105	322
1998-2003	Girard	Jonathan	D	150	10	34	44	46
1988-92	Quintal	Stéphane	D	158	8	19	27	217
1983-84	Lapointe	Guy	D	45	2	16	18	34
1985-89	Côté	Alain	D	68	2	9	11	65
2000-01	Traverse	Patrick	D	37	2	6	8	14
1991-92	Hynes	Gord	D	15	0	5	5	6

Liste des Québécois qui ont joué dans la LNH, par équipe, de 1970 à 2009 (suite)

BRUINS DE BOSTON DE 1970 À 2009			506 JOUEURS			45 QC			8,89 %

DÉFENSEURS

SAISON	NOM	PRÉNOM	P	PJ	B	A	PTS	PUN
1992-93	Richer	Stéphane	D	21	1	4	5	18
1992-93	Lavoie	Dominic	D	2	0	0	0	2

GARDIENS

SAISON	NOM	PRÉNOM	P	PJ	V	D	N	MOY	%
1973-80	Gilbert	Gilles	G	277	155	73	39	2,95	
1987-93	Lemelin	Réjean	G	183	92	62	20	3,09	,884
1980-82	Vachon	Rogatien	G	91	40	30	12	3,47	
1979-83	Baron	Marco	G	64	31	23	5	3,40	
2007-09	Fernandez	Manny	G	32	18	10	3	2,76	,902
1993-95	Riendeau	Vincent	G	29	10	12	3	3,00	,879
2003-04	Potvin	Félix	G	28	12	8	10	2,50	,903
1979-80	Bélanger	Yves	G	8	2	0	3	3,48	
1991-92	Berthiaume	Daniel	G	8	1	4	2	3,16	,865
1972-73	Plante	Jacques	G	8	7	1	0	2,00	
2006-07	Sauvé	Philippe	G	2	0	0	0	5,80	,826
1986-87	Romano	Roberto	G	1	0	1	0	6,00	

SABRES DE BUFFALO DE 1970 À 2009			372 JOUEURS			50 QC			13,44 %

AVANTS

SAISON	NOM	PRÉNOM	P	PJ	B	A	PTS	PUN
1970-87	Perreault	Gilbert	C	1191	512	814	1326	500
1971-81	Martin	Richard	A	681	382	313	695	475
1971-79	Robert	René	A	524	222	330	552	401
1987-92	Turgeon	Pierre	C	322	122	201	323	119
1976-83	Savard	André	C	467	130	175	305	221
1989-2001	Audette	Donald	A	421	166	131	297	335
1978-83	Mckegney	Tony	A	363	127	141	268	117
2003-09	Pominville	Jason	A	304	99	145	244	90
2002-05	Brière	Daniel	C	225	92	138	230	219
2000-06	Dumont	Jean-Pierre	A	362	102	121	223	218
1980-86	Hamel	Gilles	A	365	92	114	208	60
1975-82	Smith	Derek	A	244	65	98	163	38
1987-92	Hogue	Benoit	C	196	45	67	112	275
1981-86	Mckenna	Sean	A	237	56	53	109	120
1970-72	Goyette	Philippe	C	97	18	67	85	20
1980-82	Haworth	Alan	C	106	37	38	75	64

SAISON	NOM	PRÉNOM	P	PJ	B	A	PTS	PUN	
1980-83	Sauvé	Jean-François	C	98	24	49	73	67	
1983-85	Cloutier	Réal	A	81	24	36	66	25	
1981-82	Lambert	Yvon	A	77	25	39	64	38	
1975-79	Richard	Jacques	A	155	24	38	62	73	
1984-87	Orlando	Gates	A	98	18	26	44	51	
1972-75	Gratton	Normand	A	103	15	22	37	30	
1984-87	Lacombe	Normand	A	94	12	18	30	46	
1999-2003	Hamel	Denis	A	130	13	9	22	67	
1979-85	Mongrain	Robert	C	70	11	11	22	12	
1986-88	Logan	Bob	A	38	10	5	15	0	
2007-08	Bernier	Steve	A	17	3	6	9	2	
1983-85	Verret	Claude	C	14	2	5	7	2	
1973-74	Lemieux	Réal	A	38	1	1	2	4	
1998-99	Juneau	Joé	C	9	1	1	2	2	
1982-83	Gillis	Jerry	A	3	0	0	0	0	
1981-82	James	Val	A	7	0	0	0	16	
1989-90	Guay	François	C	1	0	0	0	0	
1971-79	Richer	Bob	C	3	0	0	0	0	

DÉFENSEURS

SAISON	NOM	PRÉNOM	P	PJ	B	A	PTS	PUN	
1974-79	Guèvremont	Jocelyn	D	324	38	130	168	189	
1994-97	Galley	Gary	D	163	15	87	102	193	
1972-78	Carriere	Larry	D	207	9	43	52	284	
1986-90	Anderson	Shawn	D	113	6	26	32	66	
1992-95	Boucher	Philippe	D	65	7	16	23	43	
1991-94	Donnelly	Gord	D	134	5	11	16	557	
1970-71	Talbot	Jean-Guy	D	57	0	7	7	36	
1998-2000	Grand-Pierre	Jean-Luc	D	27	0	1	1	32	
1970-71	Lacombe	François	D	1	0	1	1	2	
2007-09	Gragnani	Marc-André	D	6	0	0	0	0	
1970-71	Lagacé	Jean-Guy	D	3	0	0	0	2	

GARDIENS

SAISON	NOM	PRÉNOM	P	PJ	V	D	N	MOY	%
2007-08	Biron	Martin	G	300	134	115	37	2,53	,909
1976-85	Sauvé	Robert	G	246	119	76	39	3,21	
1981-89	Cloutier	Jacques	G	144	50	58	16	3,70	
2008-09	Lalime	Patrick	G	24	5	13	3	3,10	,900
2007-08	Thibault	Jocelyn	G	12	3	4	2	3,31	,869
1982-83	Myre	Philippe	G	5	3	2	0	4,20	

➲

Liste des Québécois qui ont joué dans la LNH, par équipe, de 1970 à 2009 (suite)

FLAMES DE CALGARY DE 1980 À 2009				385 JOUEURS			36 QC		9,35 %

AVANTS

SAISON	NOM	PRÉNOM	P	PJ	B	A	PTS	PUN	
1980-83	Chouinard	Guy	A	196	67	168	235	54	
2003-09	Lombardi	Matthew	C	347	65	102	167	225	
2006-08	Tanguay	Alex	A	159	40	99	139	92	
1990-97	Stern	Ronnie	A	396	59	66	125	1288	
2002-04	Gélinas	Martin	A	157	38	49	87	121	
1980-82	Clément	Bill	C	147	16	32	48	61	
1980-83	Cyr	Denis	C	66	14	15	29	13	
1998-2000	Corbet	René	A	69	9	14	23	70	
1998-2000	St-Louis	Martin	A	69	4	16	20	32	
1997-2003	Bégin	Steve	A	123	11	7	18	192	
1998-2000	Dubinsky	Steve	C	84	4	11	15	18	
1995-96	Lapointe	Claude	C	32	4	5	9	20	
1995-96	Lemieux	Jocelyn	A	20	4	4	8	10	
1984-86	Courteau	Yves	A	18	2	5	7	4	
1990-92	Simard	Martin	A	37	1	5	6	172	
1999-2001	Gratton	Benoit	C	24	1	5	6	24	
1989-2000	Bureau	Marc	A	19	1	3	4	8	
1982-83	Rioux	Pierre	A	14	1	2	3	4	
2008-09	Roy	André	A	44	3	0	3	83	
1995-96	Sarault	Yves	A	11	2	1	3	4	
1997-99	Landry	Éric	C	15	1	1	2	4	
1993-94	Larose	Guy	C	7	0	1	1	4	
1992-93	Lebeau	Patrick	A	1	0	0	0	0	
1981-82	Lalonde	Bobby	C	1	0	0	0	0	

DÉFENSEURS

SAISON	NOM	PRÉNOM	P	PJ	B	A	PTS	PUN	
1997-2004	Gauthier	Denis	D	384	13	45	58	515	
1991-94	Petit	Michel	D	134	8	40	48	243	
1990-92	Matteau	Stéphane	D	82	16	19	35	112	
1994-98	Bouchard	Joël	D	126	9	12	21	110	
1996-97	Racine	Yves	D	46	1	15	16	24	
1999-2000	Dollas	Bobby	D	49	3	7	10	28	
1997-2000	Charron	Éric	D	35	0	1	1	55	

GARDIENS

SAISON	NOM	PRÉNOM	P	PJ	V	D	N	MOY	%
1980-87	Lemelin	Réjean	G	303	136	90	45	3,67	
1998-2000	Giguère	J.-Sébastien	G	22	7	10	2	3,07	,902

SAISON	NOM	PRÉNOM	P	PJ	V	D	N	MOY	%
1980-81	Bouchard	Daniel	G	14	4	5	3	4,03	
2005-06	Sauvé	Philippe	G	8	3	3	0	3,28	,891
2003-04	Sabourin	Dany	G	4	0	3	1	3,56	,848

HURRICANES DE LA CAROLINE DE 1997 À 2009		146 JOUEURS		6 QC			4,11%

AVANTS

SAISON	NOM	PRÉNOM	P	PJ	B	A	PTS	PUN	
1997-2002	Gélinas	Martin	A	348	75	90	165	226	
2006-07	Bélanger	Éric	C	56	8	12	20	14	

DÉFENSEURS

SAISON	NOM	PRÉNOM	P	PJ	B	A	PTS	PUN	
2002-04	St-Jacques	Bruno	D	53	2	7	9	43	
1997-98	Ciccone	Enrico	D	14	0	3	3	83	
2007-08	Mormina	Joey	D	1	0	0	0	0	

GARDIENS

SAISON	NOM	PRÉNOM	P	PJ	V	D	N	MOY	%
1999-2000	Fichaud	Éric	G	9	3	5	1	2,94	,884

BLACKHAWKS DE CHICAGO DE 1970 À 2009		455 JOUEURS		53 QC			11,65%

AVANTS

SAISON	NOM	PRÉNOM	P	PJ	B	A	PTS	PUN	
1980-97	Savard	Denis	C	881	377	719	1096	1005	
1970-78	Martin	Hubert Pit	C	528	174	294	468	269	
1994-06	Dazé	Éric	A	601	226	172	398	176	
1970-80	Bordeleau	Jean-Pierre	A	519	97	126	223	143	
1989-94	Goulet	Michel	A	276	92	115	207	212	
1974-80	Daigle	Alain	A	389	56	50	106	122	
1989-94	Lemieux	Jocelyn	A	331	44	57	101	420	
1993-96	Poulin	Patrick	A	141	34	36	70	109	
1973-76	Gagnon	Germain	A	99	19	49	68	27	
2005-08	Lapointe	Martin	A	216	30	32	62	251	
1993-02	Dubinsky	Steve	C	237	16	26	42	132	
1982-84	Cyr	Denis	A	87	19	21	40	21	
1986-92	Vincelette	Daniel	A	166	20	20	40	288	
1998-2000	Dumont	Jean-Pierre	A	72	19	14	33	28	
1977-78	Plante	Pierre	A	77	10	18	28	59	
1977-79	Savard	Jean	C	42	7	12	19	29	
1971-72	Bordeleau	Christian	C	25	6	8	14	6	

➲

Liste des Québécois qui ont joué dans la LNH, par équipe, de 1970 à 2009 (suite)

BLACKHAWKS DE CHICAGO DE 1970 À 2009				455 JOUEURS			53 QC		11,65 %

AVANTS

SAISON	NOM	PRÉNOM	P	PJ	B	A	PTS	PUN	
2007-08	Perreault	Yanic	C	53	9	5	14	24	
1971-72	Lacroix	André	C	51	4	7	11	6	
2001-03	White	Peter	C	54	3	4	7	10	
2001-02	Rhéaume	Pascal	C	19	0	2	2	4	
2006-07	Parenteau	P.-Alexandre	A	5	0	1	1	2	
1972-73	L'abbé	Moe	A	5	0	1	1	0	
1990-91	Mckegney	Tony	A	9	0	1	1	4	
1976-77	Archambault	Michel	A	3	0	0	0	0	
1994-95	Gauthier	Daniel	A	5	0	0	0	0	
1997-98	Gendron	Martin	A	2	0	0	0	0	
1998-99	Cloutier	Sylvain	C	7	0	0	0	0	

DÉFENSEURS

SAISON	NOM	PRÉNOM	P	PJ	B	A	PTS	PUN	
1973-78	Tallon	Dale	D	325	44	112	156	296	
1991-94	Matteau	Stéphane	D	164	35	42	77	198	
1984-89	Bergevin	Marc	D	266	12	29	41	283	
1996-2001	Leroux	Jean-Yves	D	220	16	22	38	146	
1975-80	Logan	Dave	D	178	4	24	28	348	
1996-99	Laflamme	Christian	D	138	2	23	25	131	
1999-2000	Côté	Sylvain	D	45	6	18	24	14	
2000-01	Quintal	Stéphane	D	72	1	18	19	60	
2003-04	Robidas	Stéphane	D	45	2	10	12	33	
1991-93	Dykhus	Karl	D	18	1	8	9	4	
1995-97	Ciccone	Enrico	D	78	2	3	5	281	
1988-89	Doyon	Mario	D	7	1	1	2	6	
1998-99	Nasreddine	Alain	D	7	0	0	0	19	
1998-99	Royer	Rémi	D	18	0	0	0	67	

GARDIENS

SAISON	NOM	PRÉNOM	P	PJ	V	D	N	MOY	%
1998-2004	Thibault	Jocelyn	G	331	137	142	49	2,63	,905
1985-87	Sauvé	Robert	G	84	38	32	7	3,74	
1988-97	Waite	Jimmy	G	58	14	23	9	3,64	,860
1989-91	Cloutier	Jacques	G	53	20	18	3	3,16	,877
2006-08	Lalime	Patrick	G	44	20	18	3	2,89	,897
1975-77	Villemure	Gilles	G	21	2	11	6	4,60	
1974-77	Dumas	Michel	G	8	2	1	2	3,98	
2000-01	Larocque	Michel	G	3	0	2	0	3,55	

SAISON	NOM	PRÉNOM	P	PJ	V	D	N	MOY	%
1970-71	Meloche	Gilles	G	2	2	0	0	3,00	,848
2006-07	Caron	Sébastien	G	1	1	0	0	1,00	,960
1993-94	Soucy	Christian	G	1	0	0	0	0	

| BARONS DE CLEVELAND DE 1976 À 1978 | | 49 JOUEURS | | 3 QC | | | | 6,12% | |

AVANTS

SAISON	NOM	PRÉNOM	P	PJ	B	A	PTS	PUN	
1976-78	Girard	Bob	A	93	11	14	25	44	
1977-78	Chicoine	Daniel	A	6	0	0	0	0	

GARDIENS

SAISON	NOM	PRÉNOM	P	PJ	V	D	N	MOY	%
1976-78	Meloche	Gilles	G	105	35	51	14	3,62	

| AVALANCHE DU COLORADO DE 1995 À 2009 | | 178 JOUEURS | | 29 QC | | | | 16,29% | |

AVANTS

SAISON	NOM	PRÉNOM	P	PJ	B	A	PTS	PUN	
1999-2006	Tanguay	Alex	A	450	137	263	400	219	
1995-2000	Lemieux	Claudo	A	297	106	106	212	381	
2006-09	Stastny	Paul	C	193	63	122	185	88	
2005-09	Laperrière	Ian	A	307	40	72	112	552	
1995-99	Corbet	René	A	230	39	47	86	291	
1996-99	Lacroix	Éric	A	170	34	33	67	112	
2005-07	Turgeon	Pierre	C	79	20	33	53	42	
2006-09	Guité	Ben	A	168	19	26	45	93	
1998-2003	Aubin	Serge	A	82	6	7	13	70	
1996-2000	Matte	Christian	A	22	2	3	5	10	
1996-98	Sarault	Yves	A	30	3	1	4	6	
2003-04	Worrell	Peter	A	49	3	1	4	179	
1995-98	Brousseau	Paul	A	8	1	1	2	2	
2002-03	Brulé	Steve	A	2	0	0	0	0	
2008-09	Dupuis	Philippe	C	8	0	0	0	4	
1995-96	Lapointe	Claude	C	3	0	0	0	0	

DÉFENSEURS

SAISON	NOM	PRÉNOM	P	PJ	B	A	PTS	PUN	
1999-2001	Bourque	Raymond	D	94	11	58	73	54	
1996-2003	Messier	Éric	D	385	25	47	72	130	
1995-99	Lefebvre	Sylvain	D	303	9	50	59	175	
2005-07	Brisebois	Patrice	D	113	11	38	49	77	
1997-2002	Trépanier	Pascal	D	89	4	10	14	77	

Liste des Québécois qui ont joué dans la LNH, par équipe, de 1970 à 2009 (suite)

AVALANCHE DU COLORADO DE 1995 À 2009				178 JOUEURS			29 QC		16,29%
DÉFENSEURS									
SAISON	NOM	PRÉNOM	P	PJ	B	A	PTS	PUN	
1997-98	Leroux	François	D	50	1	2	3	140	
1998-99	Gaul	Michael	D	1	0	0	0	0	
GARDIENS									
SAISON	NOM	PRÉNOM	P	PJ	V	D	N	MOY	%
1995-2003	Roy	Patrick	G	478	262	140	78	2,27	,918
2005-08	Théodore	José	G	91	42	39	5	2,76	,902
1995-96	Fiset	Stéphane	G	37	22	6	7	2,93	,898
1996-2000	Denis	Marc	G	28	10	10	5	2,55	,916
2003-04	Sauvé	Philippe	G	17	7	7	5	3,04	,896
1995-96	Thibault	Jocelyn	G	10	3	4	3	3,01	,874

ROCKIES DU COLORADO DE 1976 À 1981				125 JOUEURS			8 QC		6,4%
AVANTS									
SAISON	NOM	PRÉNOM	P	PJ	B	A	PTS	PUN	
1979-81	Deblois	Lucien	A	144	50	35	85	114	
1979-81	Robert	René	A	97	36	46	82	109	
1976-78	Dupéré	Denis	A	111	22	26	48	8	
1976-77	Nolet	Simon	A	52	12	19	31	10	
1978-80	Comeau	Reynald	C	92	10	15	25	22	
DÉFENSEURS									
SAISON	NOM	PRÉNOM	P	PJ	B	A	PTS	PUN	
1978-79	Lachance	Michel	D	21	0	4	4	22	
GARDIENS									
SAISON	NOM	PRÉNOM	P	PJ	V	D	N	MOY	%
1976-80	Plasse	Michel	G	126	24	73	22	3,93	
1980-82	Myre	Philippe	G	34	5	23	3	4,74	

BLUE JACKETS DE COLUMBUS DE 2000 À 2009				149 JOUEURS			13 QC		8,72%
AVANTS									
SAISON	NOM	PRÉNOM	P	PJ	B	A	PTS	PUN	
2000-02	Aubin	Serge	A	152	21	25	46	139	
2000-03	Dineen	Kevin	A	129	13	15	28	200	
2007-09	Brassard	Dérick	C	48	11	16	27	23	
2008-09	Vermette	Antoine	C	17	7	6	13	8	
2000-01	Maltais	Steve	A	26	0	3	3	12	
2000-03	Darche	Mathieu	A	24	1	1	2	6	

DÉFENSEURS

SAISON	NOM	PRÉNOM	P	PJ	B	A	PTS	PUN	
2005-06	Beauchemin	François	D	11	0	2	14	11	
2000-01	Gaul	Michael	D	2	0	0	2	4	
2000-04	Grand-Pierre	Jean-Luc	D	202	4	10	2	239	
2005-09	Picard	Alexandre	D	58	0	2	0	48	

GARDIENS

SAISON	NOM	PRÉNOM	P	PJ	V	D	N	MOY	%
2000-06	Denis	Marc	G	266	84	146	35	3,01	,905
2003-09	Leclaire	Pascal	G	125	45	55	12	2,82	,907
2001-03	Labbé	Jean-François	G	14	3	5	0	3,48	,890

STARS DE DALLAS DE 1993 À 2009				223 JOUEURS			23 QC		10,31%

AVANTS

SAISON	NOM	PRÉNOM	P	PJ	B	A	PTS	PUN	
2006-09	Ribeiro	Mike	C	239	67	153	220	120	
2001-04	Turgeon	Pierre	C	207	42	87	129	54	
1995-2002	Hogue	Benoit	C	238	39	73	112	179	
1995-2000	Carbonneau	Guy	C	364	34	66	100	181	
2001-02	Brunet	Benoit	A	32	4	9	13	8	
2001-02	Audette	Donald	A	20	4	8	12	12	
1997-98	Errey	Bob	A	59	2	9	11	46	
2002-03	Lemieux	Claude	A	32	2	4	6	14	
2001-02	Mckay	Randy	A	14	1	4	5	7	
2005-08	Lessard	Junior	A	8	2	0	2	14	
2008-09	Bégin	Steve	A	20	1	1	2	15	
2001-03	Montgomery	Jim	C	9	0	2	2	0	
2000-04	Gainey	Steve	A	13	0	1	1	14	
1995-98	Côté	Patrick	A	8	0	0	0	47	
1996-97	Labelle	Marc	A	9	0	0	0	46	
1995-96	Marois	Daniel	A	3	0	0	0	2	

DÉFENSEURS

SAISON	NOM	PRÉNOM	P	PJ	B	A	PTS	PUN	
2002-08	Boucher	Philippe	D	330	52	107	159	365	
2002-09	Robidas	Stéphane	D	394	21	79	100	357	
1999-2000	Côté	Sylvain	D	28	2	8	10	14	
1993-95	Donnelly	Gord	D	34	1	1	2	118	
1999-2000	Bouchard	Joël	D	2	0	0	0	2	
2005-06	Traverse	Patrick	D	1	0	0	0	0	

GARDIENS

SAISON	NOM	PRÉNOM	P	PJ	V	D	N	MOY	%
1994-2000	Fernandez	Manny	G	33	12	11	6	2,48	,909

| RED WINGS DE DETROIT DE 1970 À 2009 | | | | | 476 JOUEURS | | | 44 QC | 9,24% |

AVANTS

SAISON	NOM	PRÉNOM	P	PJ	B	A	PTS	PUN
1971-75	Dionne	Marcel	C	309	139	227	366	59
1991-2001	Lapointe	Martin	A	552	108	122	230	888
1970-75	Charron	Guy	C	265	61	78	139	57
1977-84	St-Laurent	André	C	172	50	73	123	249
1974-78	Bergeron	Michel	A	174	64	46	110	156
2001-03	Robitaille	Luc	A	162	41	40	81	88
1973-75	Jarry	Pierre	A	91	23	36	59	21
1994-97	Erry	Bob	A	137	18	34	52	124
1975-79	Leblanc	Jean-Paul	C	147	13	28	41	87
1971-73	Rochefort	Léon	A	84	19	16	35	12
1981-83	Smith	Derek	A	91	13	18	31	22
1989-91	Shank	Daniel	A	64	11	14	25	157
1970-71	Connelly	Wayne	C	51	8	13	21	12
1988-91	Mckay	Randy	A	83	4	13	17	234
1970-71	Leclerc	René	C	44	8	8	16	43
1976-78	Ritchie	Robert	A	28	8	4	12	10
1977-79	Cloutier	Roland	C	20	6	6	12	2
1976-79	Leblanc	Fernand	C	34	5	6	11	0
1983-85	Aubry	Pierre	A	39	6	3	9	41
1994-95	Krushelnyski	Mike	C	20	2	3	5	6
1989-90	Mckegney	Tony	A	14	2	1	3	8
1993-94	Maltais	Steve	A	4	0	1	1	0
1974-75	Drolet	René	A	1	0	0	0	0
1983-84	Johnson	Brian	A	3	0	0	0	5

DÉFENSEURS

SAISON	NOM	PRÉNOM	P	PJ	B	A	PTS	PUN
1995-2004	Dandenault	Mathieu	D	616	48	101	149	342
1989-93	Racine	Yves	D	231	22	102	124	230
1999-2002	Duchesne	Steve	D	197	19	65	84	118
1973-81	Hamel	Jean	D	451	19	62	81	574
1986-89	Delorme	Gilbert	D	121	5	14	19	165
1990-93	Dollas	Bobby	D	89	6	6	12	42
1995-96	Bergevin	Marc	D	70	1	9	10	33
2002-03	Boileau	Patrick	D	25	2	6	8	14
1976-79	Murray	Terry	D	23	0	7	7	10
1970-73	Lajeunesse	Serge	D	97	1	4	5	101
1989-90	Picard	Robert	D	20	0	3	3	20
1979-82	Cloutier	Réjean	D	5	0	2	2	2

GARDIENS

SAISON	NOM	PRÉNOM	P	PJ	V	D	N	MOY	%
1981-86	Micalef	Corrado	G	113	26	59	15	4,24	
1978-80	Vachon	Rogatien	G	109	30	57	19	3,74	
1980-83	Gilbert	Gilles	G	95	21	48	16	4,18	
1981-82	Sauvé	Robert	G	41	11	24	4	4,19	
1991-94	Riendeau	Vincent	G	32	17	8	2	3,28	,870
1986-90	St-Laurent	Sam	G	30	5	11	5	3,43	
1972-74	Dejordy	Denis	G	25	8	12	3	3,86	
1980-82	Legris	Claude	G	4	0	1	1	2,64	

OILERS D'EDMONTON DE 1979 À 2009		408 JOUEURS		28 QC		6,87 %

AVANTS

SAISON	NOM	PRÉNOM	P	PJ	B	A	PTS	PUN
1984-88	Krushelnyski	Mike	C	290	95	131	226	213
1988-93	Gélinas	Martin	A	258	60	60	120	156
1997-2006	Laraque	Georges	A	490	43	68	111	826
1991-92	Damphousse	Vincent	C	80	38	51	89	53
1991-93	Mellanby	Scott	A	149	38	44	82	344
1986-90	Lacombe	Normand	A	133	30	22	52	116
2005-09	Pouliot	M.-Antoine	C	141	14	25	39	53
1993-96	White	Peter	C	61	10	12	22	2
2005-08	Jacques	Jean-François	A	53	1	0	1	44
1979-80	Carter	Ron	A	2	0	0	0	0
2000-01	Côté	Patrick	A	6	0	0	0	18
1998-99	Lacroix	Daniel	A	4	0	0	0	13
1999-2000	Picard	Michel	A	2	0	0	0	2
1996-97	Bélanger	Jesse	C	6	0	0	0	0
2005-06	Stastny	Yan	C	3	0	0	0	0

DÉFENSEURS

SAISON	NOM	PRÉNOM	P	PJ	B	A	PTS	PUN
1979-98	Lowe	Kevin	D	1037	74	310	384	1236
2002-07	Bergeron	Marc-André	D	189	33	55	88	101
1995-97	Dufresne	Donald	D	64	1	7	8	31
1997-98	Dollas	Bobby	D	30	2	5	7	22
1998-2000	Laflamme	Christian	D	61	0	6	6	32
1996-97	Petit	Michel	D	18	2	4	6	20
1988-93	Leroux	François	D	11	0	3	3	11
2005-08	Roy	Mathieu	D	30	2	1	3	57
2006-07	Bisaillon	Sébastien	D	2	0	0	0	0

➲

Liste des Québécois qui ont joué dans la LNH, par équipe, de 1970 à 2009 (suite)

OILERS D'EDMONTON DE 1979 À 2009				408 JOUEURS			28 QC		6,87 %

GARDIENS

SAISON	NOM	PRÉNOM	P	PJ	V	D	N	MOY	%
2007-09	Garon	Mathieu	G	62	32	26	1	2,78	,909
2008-09	Deslauriers	Jeff	G	10	4	3	0	3,34	,901
2000-01	Roussel	Dominic	G	8	1	4	0	3,62	,861
1979-80	Corsi	James	G	26	8	14	3	3,65	
1984-85	Baron	Marco	G	1	0	1	0	3,64	

PANTHERS DE LA FLORIDE DE 1993 À 2009				232 JOUEURS			17 QC		7,33 %

AVANTS

SAISON	NOM	PRÉNOM	P	PJ	B	A	PTS	PUN	
1993-2001	Mellanby	Scott	A	552	157	197	354	953	
1993-96	Bélanger	Jesse	C	180	49	68	117	44	
2005-07	Gélinas	Martin	A	164	31	54	85	116	
1993-97	Hough	Mike	A	259	27	52	79	185	
1997-2003	Worrell	Peter	A	342	16	26	42	1375	
2003-04	Audette	Donald	A	28	6	7	13	22	
2005-09	Stewart	Anthony	A	105	4	8	12	38	
2001-03	Dagenais	Pierre	A	35	7	1	8	8	
2002-03	Matteau	Stéphane	A	52	4	4	8	27	
1995-96	Dionne	Gilbert	A	5	1	2	3	0	
1994-95	Duchesne	Gaétan	A	13	1	2	3	0	
1993-94	Lebeau	Patrick	A	4	1	1	2	4	
2000-01	Brousseau	Paul	A	1	0	0	0	0	

DÉFENSEURS

SAISON	NOM	PRÉNOM	P	PJ	B	A	PTS	PUN	%
2002-04	Biron	Mathieu	D	91	4	18	22	65	
2003-04	Messier	Éric	D	21	0	3	3	16	
1993-95	Richer	Stéphane	D	3	0	1	1	2	

GARDIENS

SAISON	NOM	PRÉNOM	P	PJ	V	D	N	MOY	%
2000-06	Luongo	Roberto	G	317	108	154	59	2,68	,920

WHALERS DE HARTFORD DE 1979 À 1997				275 JOUEURS			23 QC		8,36 %

AVANTS

SAISON	NOM	PRÉNOM	P	PJ	B	A	PTS	PUN	
1984-97	Dineen	Kevin	A	587	235	268	503	1237	
1983-89	Turgeon	Sylvain	A	370	178	150	328	366	

SAISON	NOM	PRÉNOM	P	PJ	B	A	PTS	PUN	
1979-82	Keon	Dave	C	234	31	97	128	42	
1981-83	Larouche	Pierre	C	83	43	47	90	20	
1991-94	Poulin	Patrick	A	91	22	32	54	50	
1983-84	Dupont	Normand	A	40	7	15	22	12	
1993-96	Lemieux	Jocelyn	A	86	13	8	21	82	
1980-83	Galarneau	Michel	C	78	7	10	17	34	
1979-80	Lacroix	André	C	29	3	14	17	2	
1990-92	Picard	Michel	A	30	4	5	9	8	
1995-97	Martins	Steve	C	25	1	4	5	8	
1991-92	Shank	Daniel	A	13	2	0	2	18	
1983-84	Yates	Ross	C	7	1	1	2	4	
1986-87	Courteau	Yves	A	4	0	0	0	0	
1979-80	Savard	Jean	C	1	0	0	0	0	

DÉFENSEURS

SAISON	NOM	PRÉNOM	P	PJ	B	A	PTS	PUN	
1984-91	Côté	Sylvain	D	382	31	61	92	147	
1982-83	Lacroix	Pierre	D	56	6	25	31	18	
1990-92	Bergevin	Marc	D	79	7	17	24	68	
1980-82	Lupien	Gilles	D	21	2	5	7	41	
1984-85	Weir	Wally	D	34	2	3	5	56	

GARDIENS

SAISON	NOM	PRÉNOM	P	PJ	V	D	N	MOY	%
1992-94	Gosselin	Mario	G	23	5	13	1	4,20	,071
1996-97	Giguère	J.-Sébastien	G	8	1	4	0	3,65	,881
1987-88	Brodeur	Richard	G	6	4	2	0	2,65	,894

SCOUTS DE KANSAS CITY DE 1974 À 1976				50 JOUEURS			11 QC		22 %

AVANTS

SAISON	NOM	PRÉNOM	P	PJ	B	A	PTS	PUN	
1974-76	Charron	Guy	C	129	40	73	113	33	
1974-76	Nolet	Simon	A	113	36	47	83	46	
1974-76	Burns	Robin	A	149	31	33	64	107	
1974-76	Lemieux	Richard	C	81	10	20	30	64	
1974-76	Dubé	Normand	A	57	8	10	18	54	
1975-76	Dupéré	Denis	A	43	6	8	14	16	
1975-76	Gagnon	Germain	A	31	1	9	10	6	

DÉFENSEURS

SAISON	NOM	PRÉNOM	P	PJ	B	A	PTS	PUN	
1974-76	Lagacé	Jean-Guy	D	88	5	19	24	130	
1974-76	Houde	Claude	D	59	3	6	9	40	

SCOUTS DE KANSAS CITY DE 1974 À 1976		50 JOUEURS		11 QC		22 %	
GARDIENS							
SAISON	NOM	PRÉNOM	P	PJ	V	D	N	MOY	%
1974-76	Herron	Denis	G	86	15	52	15	3,96	
1974-75	Plasse	Michel	G	24	4	16	3	4,06	

KINGS DE LOS ANGELES DE 1970 À 2009		533 JOUEURS		61 QC		11,44 %	
AVANTS							
SAISON	NOM	PRÉNOM	P	PJ	B	A	PTS	PUN
1975-87	Dionne	Marcel	C	921	550	757	1307	461
1986-2006	Robitaille	Luc	A	1077	557	597	1154	924
1970-77	Berry	Bob	A	539	159	191	350	344
1995-2004	Laperriere	Ian	A	595	61	104	165	1017
1994-99	Perreault	Yanic	C	288	76	80	156	118
2000-06	Bélanger	Éric	C	323	63	87	150	169
1988-91	Krushelnyski	Mike	C	156	43	66	109	170
1988-91	Kasper	Steve	A	173	35	62	97	74
1971-73	Bernier	Serge	A	101	33	57	90	55
1998-2000	Audette	Donald	A	98	30	38	68	96
1970-74	Lemieux	Réal	A	215	21	41	62	62
1979-82	St-Laurent	André	C	115	18	34	52	179
1994-99	Lacroix	Éric	A	144	25	24	49	176
1985-88	Mckenna	Sean	A	129	21	21	42	29
1970-72	Grenier	Lucien	A	128	12	11	23	16
1977-78	Monahan	Hartland	A	64	10	9	19	45
1988-92	Couturier	Sylvain	A	33	4	5	9	4
1990-93	Breault	Francis	A	27	2	4	6	42
1980-82	Martin	Richard	A	4	2	4	6	2
1985-86	Mongrain	Robert	C	11	2	3	5	2
1985-88	Currie	Glen	A	19	1	2	3	9
1995-96	Larouche	Steve	C	7	1	2	3	4
1995-96	Tardif	Patrice	C	15	1	1	2	37
1978-79	Garland	Scott	A	6	0	1	1	24
1982-83	Giroux	Pierre	C	6	1	0	1	17
1988-89	Hamel	Gilles	A	11	0	1	1	2
1992-93	Fortier	Marc	C	6	0	0	0	5
1988-89	Logan	Bob	A	4	0	0	0	0
DÉFENSEURS							
SAISON	NOM	PRÉNOM	P	PJ	B	A	PTS	PUN
1986-99	Duchesne	Steve	D	442	99	216	315	399

SAISON	NOM	PRÉNOM	P	PJ	B	A	PTS	PUN	
1979-94	Hardy	Mark	D	616	53	250	303	858	
1984-2000	Galley	Garry	D	361	44	115	159	330	
1970-74	Marotte	Gilles	D	250	23	101	124	272	
1994-2002	Boucher	Philippe	D	312	32	77	109	255	
1981-82	Turnbull	Ian	D	42	11	15	26	81	
1994-96	Petit	Michel	D	49	5	13	18	111	
1978-80	Mulhern	Rich	D	51	2	12	14	39	
1995-97	Finn	Steven	D	104	5	5	10	186	
1993-94	Lavoie	Dominic	D	8	3	3	6	2	
1991-93	Chychrun	Jeff	D	43	0	4	4	99	
2008-09	Gauthier	Denis	D	65	2	2	4	90	
1987-88	Germain	Éric	D	4	0	1	1	13	
1977-78	Carriere	Larry	D	2	0	0	0	0	
1993-94	Dufresne	Donald	D	9	0	0	0	10	
1994-95	Lavigne	Éric	D	1	0	0	0	0	

GARDIENS

SAISON	NOM	PRÉNOM	P	PJ	V	D	N	MOY	%
1971-78	Vachon	Rogatien	G	389	171	148	66	2,86	
1978-84	Lessard	Mario	G	240	92	97	39	3,74	
1996-2001	Fiset	Stéphane	G	200	80	85	27	2,83	,906
2000-03	Potvin	Félix	G	136	61	52	25	2,35	,905
2005-07	Garon	Mathieu	G	95	44	36	9	3,03	,898
1970-72	Dejordy	Denis	G	65	18	34	11	4,20	
1990-92	Berthiaume	Daniel	G	56	27	21	7	3,54	,888
2006-08	Cloutier	Daniel	G	33	8	18	3	3,83	,868
1989-90	Gosselin	Mario	G	26	7	11	2	3,87	,864
1983-84	Baron	Marco	G	21	3	14	4	4,31	
2007-08	Aubin	J.-Sébastien	G	19	5	6	1	3,19	,886
1997-98	Chabot	Frédéric	G	12	3	3	2	3,14	,891
1999-2000	Cousineau	Marcel	G	5	1	1	1	2,11	,906
2007-08	Bernier	Jonathan	G	4	1	3	0	4,03	,864
1996-97	Bergeron	Jean-Claude	G	1	0	1	0	1,30	,886
2003-04	Chouinard	Mathieu	G	1	0	0	0	0,00	1,000
1980-81	Pageau	Paul	G	1	0	1	0	8,00	

NORTH STARS DU MINNESOTA DE 1970 À 1993			310 JOUEURS			23 QC			7,42 %
AVANTS									
SAISON	NOM	PRÉNOM	P	PJ	B	A	PTS	PUN	
1970-75	Drouin	Jude	A	319	79	183	262	187	

➲

Les équipes de la LNH et leur utilisation des joueurs québécois • 147

Liste des Québécois qui ont joué dans la LNH, par équipe, de 1970 à 2009 (suite)

NORTH STARS DU MINNESOTA DE 1970 À 1993				310 JOUEURS			23 QC		7,42 %
AVANTS									
SAISON	NOM	PRÉNOM	P	PJ	B	A	PTS	PUN	
1989-93	Duchesne	Gaétan	A	297	45	45	90	183	
1975-78	Jarry	Pierre	A	115	38	48	86	36	
1984-87	Mckegney	Tony	A	108	28	41	69	68	
1974-76	Gratton	Normand	A	66	21	15	36	22	
1970-71	Rousseau	Robert	A	63	4	20	24	12	
1990-92	Bureau	Marc	A	55	6	10	16	54	
1974-77	Nantais	Richard	A	63	5	4	9	79	
1973-75	Langlais	Alain	A	25	4	4	8	10	
1978-80	Chicoine	Daniel	A	25	1	2	3	12	
1991-92	Maltais	Steve	A	12	2	1	3	2	
1987-88	Roy	Stéphane	C	12	1	0	1	0	
1989-90	Thyer	Mario	C	5	0	0	0	0	
1988-91	Zettler	Rob	D	80	1	12	13	164	
1988-89	Hardy	Mark	D	15	2	4	6	26	
1981-82	Poulin	Daniel	D	3	1	1	2	2	
1981-82	Meighan	Ron	D	7	1	1	2	2	
1991-93	Ciccone	Enrico	D	42	0	1	1	163	
GARDIENS									
SAISON	NOM	PRÉNOM	P	PJ	V	D	N	MOY	%
1978-85	Meloche	Gilles	G	327	141	117	52	3,51	
1970-73	Gilbert	Gilles	G	42	14	22	5	3,39	
1970-75	Rivard	Fernand	G	28	6	15	2	4,26	
1989-90	Berthiaume	Daniel	G	5	1	3	0	3,49	,865
1979-80	Levasseur	Louis	G	1	0	1	0	7,00	

WILD DU MINNESOTA DE 2000 À 2009				116 JOUEURS			13 QC		11,21 %
AVANTS									
SAISON	NOM	PRÉNOM	P	PJ	B	A	PTS	PUN	
2002-09	Bouchard	Pierre-Marc	C	425	77	190	267	136	
2000-07	Dupuis	Pascal	A	334	67	74	141	162	
2002-09	Veilleux	Stéphane	A	361	43	47	90	254	
2003-06	Daigle	Alexandre	C	124	25	54	79	26	
2007-09	Bélanger	Éric	C	154	26	47	73	56	
2003-06	Chouinard	Marc	C	119	25	26	51	51	
2000-03	Blouin	Sylvain	A	86	3	4	7	251	
2003-04	Chouinard	Éric	C	31	3	4	7	6	

SAISON	NOM	PRÉNOM	P	PJ	B	A	PTS	PUN	
2001-02	Bordeleau	Sébastien	C	14	1	4	5	8	
2000-01	Matte	Christian	A	3	0	0	0	2	

DÉFENSEURS

SAISON	NOM	PRÉNOM	P	PJ	B	A	PTS	PUN	
2008-09	Bergeron	Marc-André	D	72	14	18	32	30	
2000-01	Daigneault	J.-Jacques	D	1	0	0	0	0	

GARDIENS

SAISON	NOM	PRÉNOM	P	PJ	V	D	N	MOY	%
2000-07	Fernandez	Manny	G	260	113	102	28	2,46	,913

CANADIEN DE MONTRÉAL DE 1970 À 2009		374 JOUEURS		128 QC			34,22 %		

AVANTS

SAISON	NOM	PRÉNOM	P	PJ	B	A	PTS	PUN	
1971-85	Lafleur	Guy	A	962	518	728	1246	381	
1970-79	Lemaire	Jacques	C	640	283	387	670	156	
1974-86	Tremblay	Mario	A	852	258	326	584	1043	
1970-79	Cournoyer	Yvan	A	562	276	287	563	146	
1980-94	Carbonneau	Guy	C	912	221	326	547	623	
1992-99	Damphousse	Vincent	C	519	184	314	498	559	
1976-85	Mondou	Pierre	C	548	194	262	456	179	
1984-98	Richer	Stéphane	A	490	225	196	421	399	
1972-81	Lambert	Yvon	A	606	181	234	415	302	
1970-83	Houle	Réjean	A	626	161	246	407	395	
1988-94	Lebeau	Stéphane	C	313	104	139	243	79	
1988-2002	Brunet	Benoit	A	494	92	149	241	221	
1977-82	Larouche	Pierre	C	236	110	126	236	59	
1970-75	Richard	Henri	C	315	54	150	204	147	
1983-90	Lemieux	Claude	A	281	97	92	189	576	
1990-93	Savard	Denis	C	210	72	107	179	215	
1999-2006	Ribeiro	Mike	C	276	50	103	153	92	
1970-73	Tardif	Marc	A	227	75	77	152	262	
2001-04	Perreault	Yanic	C	224	67	66	133	110	
1990-95	Dionne	Gilbert	A	196	60	70	130	106	
1994-97	Turgeon	Pierre	C	104	50	77	127	50	
2006-09	Latendresse	Guillaume	A	209	46	36	82	133	
1970-71	Beliveau	Jean	C	70	25	51	76	40	
1997-2002	Poulin	Patrick	C	277	31	44	75	65	
2001-04	Juneau	Joé	C	212	19	54	73	50	
1983-88	Momesso	Sergio	A	137	29	38	67	243	

➲

Liste des Québécois qui ont joué dans la LNH, par équipe, de 1970 à 2009 (suite)

CANADIEN DE MONTRÉAL DE 1970 À 2009				374 JOUEURS			128 QC		34,22%

AVANTS

SAISON	NOM	PRÉNOM	P	PJ	B	A	PTS	PUN	
2003-09	Bégin	Steve	A	266	35	31	66	275	
2005-09	Lapierre	Maxim	C	179	28	30	58	160	
1984-86	Deblois	Lucien	A	112	26	28	54	68	
1995-98	Bureau	Marc	A	182	22	22	44	74	
2008-09	Tanguay	Alex	A	50	16	25	41	34	
2003-06	Dagenais	Pierre	A	82	22	17	39	40	
2001-04	Audette	Donald	A	90	15	22	37	43	
1990-92	Turgeon	Sylvain	A	75	14	18	32	59	
1986-89	Thibaudeau	Gilles	C	58	12	15	27	6	
1995-98	Bordeleau	Sébastien	C	85	8	17	25	38	
2002-03	Mckay	Randy	A	75	6	13	19	72	
1991-2000	Bélanger	Jesse	C	39	7	8	15	6	
1970-71	Rochefort	Léon	A	57	5	10	15	4	
1990-95	Roberge	Mario	A	112	7	7	14	314	
2000-02	Landry	Éric	C	53	4	8	12	43	
1984-88	Boisvert	Serge	A	29	5	5	10	4	
1993-97	Brashear	Donald	A	111	3	7	10	358	
2000-02	Odjick	Gino	A	49	5	4	9	148	
1993-97	Sévigny	Pierre	A	75	4	5	9	62	
1988-90	Lemieux	Jocelyn	A	35	4	3	7	61	
1987-89	Charbonneau	José	A	25	1	5	6	12	
1979-80	Geoffrion	Daniel	A	32	0	6	6	12	
2000-01	Delisle	Xavier	C	14	3	2	5	6	
1996-99	Houde	Éric	C	30	2	3	5	4	
1970-71	Charron	Guy	C	15	2	2	4	2	
2000-01	Chouinard	Éric	C	13	1	3	4	0	
1979-80	Dupont	Normand	A	35	1	3	4	4	
2000-01	Stock	P.-J.	A	20	1	2	3	32	
1989-90	Desjardins	Martin	C	8	0	2	2	2	
2001-04	Gratton	Benoit	C	12	1	1	2	12	
2008-09	Laraque	Georges	A	33	0	2	2	61	
1990-91	Lebeau	Patrick	A	2	1	1	2	0	
1982-83	Daoust	Dan	C	4	0	1	1	4	
2005-06	Ferland	Jonathan	A	7	1	0	1	2	
1994-96	Sarault	Yves	A	22	0	1	1	4	
1983-84	Baron	Normand	A	4	0	0	0	12	
2000-01	Bélanger	Francis	A	10	0	0	0	29	

SAISON	NOM	PRÉNOM	P	PJ	B	A	PTS	PUN	
2000-01	Bertrand	Éric	A	3	0	0	0	0	
1998-2003	Blouin	Sylvain	A	22	0	0	0	62	
1971-72	Comeau	Reynald	C	4	0	0	0	0	
1998-99	Delisle	Jonathan	A	1	0	0	0	0	
1993-95	Fleming	Gerry	A	11	0	0	0	42	
1971-72	Gagnon	Germain	A	4	0	0	0	0	
1998-99	Jomphe	Jean-François	C	6	0	0	0	0	
1994-95	Montgomery	Jim	C	5	0	0	0	2	
1998-2000	Morissette	Dave	A	11	0	0	0	57	

DÉFENSEURS

SAISON	NOM	PRÉNOM	P	PJ	B	A	PTS	PUN	
1970-82	Lapointe	Guy	D	771	121	406	527	806	
1990-2009	Brisebois	Patrice	D	896	87	284	371	546	
1970-81	Savard	Serge	D	710	78	257	335	392	
1988-95	Desjardins	Éric	D	405	43	136	179	351	
1979-88	Gingras	Gaston	D	247	34	102	136	111	
1970-72	Tremblay	Jean-Claude	D	152	17	103	120	47	
1995-2004	Quintal	Stéphane	D	507	37	78	115	637	
1999-2009	Bouillon	Francis	D	481	21	81	102	369	
1989-96	Daigneault	Jean-Jacques	D	352	22	68	90	257	
1970-78	Bouchard	Pierre	D	489	16	66	82	379	
1970-74	Laperrière	Jacques	D	221	12	66	78	79	
1980-84	Picard	Robert	D	141	11	61	72	172	
2005-09	Dandenault	Mathieu	D	252	20	34	54	174	
1981-84	Delorme	Gilbert	D	165	17	36	53	152	
1999-2004	Dykhuis	Karl	D	288	21	32	53	152	
1989-92	Lefebvre	Sylvain	D	200	11	42	53	182	
1988-93	Dufresne	Donald	D	119	3	20	23	155	
1999-2002	Robidas	Stéphane	D	122	7	16	23	28	
2000-03	Traverse	Patrick	D	109	4	19	23	48	
1977-80	Lupien	Gilles	D	174	3	19	22	341	
1994-96	Racine	Yves	D	72	4	10	14	68	
1983-84	Hamel	Jean	D	79	1	12	13	92	
1990-92	Côté	Alain	D	41	0	9	9	48	
1999-2001	Laflamme	Christian	D	54	0	5	5	50	
1993-94	Proulx	Christian	D	7	1	2	3	20	
2000-01	Descoteaux	Mathieu	D	5	1	1	2	4	
1995-98	Groleau	François	D	8	0	1	1	6	
2002-03	Beauchemin	François	D	1	0	0	0	0	
1992-93	Charron	Éric	D	3	0	0	0	2	

➡

Liste des Québécois qui ont joué dans la LNH, par équipe, de 1970 à 2009 (suite)

| CANADIEN DE MONTRÉAL DE 1970 À 2009 | | | | 374 JOUEURS | | | 128 QC | | 34,22% |

DÉFENSEURS

SAISON	NOM	PRÉNOM	P	PJ	B	A	PTS	PUN	
2000-01	Ciccone	Enrico	D	3	0	0	0	14	
2005-06	Côté	Jean-Philippe	D	8	0	0	0	4	
1990-91	Gauthier	Luc	D	3	0	0	0	2	
1983-84	Gauvreau	Jocelyn	D	0	0	0	0	0	
1998-99	Nasreddine	Alain	D	8	0	0	0	33	

GARDIENS

SAISON	NOM	PRÉNOM	P	PJ	V	D	N	MOY	%
1984-96	Roy	Patrick	G	551	289	175	82	2,78	
1995-2006	Théodore	José	G	353	141	158	54	2,62	,911
1973-81	Larocque	Michel	G	231	144	48	31	2,83	
1995-99	Thibault	Jocelyn	G	158	67	56	28	2,73	,908
1979-84	Sévigny	Richard	G	141	67	41	17	3,10	
1979-82	Herron	Denis	G	86	43	18	17	2,80	
1983-86	Penney	Steve	G	76	32	30	10	3,45	
1989-94	Racicot	André	G	68	26	23	9	3,50	,880
1970-72	Vachon	Rogatien	G	48	23	13	9	2,66	
2000-04	Garon	Mathieu	G	43	16	20	5	2,49	,914
1970-72	Myre	Philippe	G	39	17	16	4	3,21	
1972-74	Plasse	Michel	G	32	18	6	5	3,29	
1990-91	Bergeron	Jean-Claude	G	18	7	6	2	3,76	,862
1990-99	Chabot	Frédéric	G	16	1	4	3	2,63	,899
1971-72	Dejordy	Denis	G	7	3	2	1	4,52	
2005-06	Danis	Yann	G	6	3	2	0	2,69	,908
2000-01	Fichaud	Éric	G	2	0	2	0	3,89	,875
2001-02	Fiset	Stéphane	G	2	0	1	0	3,85	,883
1995-96	Labrecque	Patrick	G	2	0	1	0	4,29	,851
2008-09	Denis	Marc	G	1	0	0	0	3,00	,857
2001-02	Michaud	Olivier	G	1	0	0	0	0,00	1,00
1987-88	Riendeau	Vincent	G	1	0	0	0	8,24	,773

| PREDATORS DE NASHVILLE DE 1998 À 2009 | | | | 161 JOUEURS | | | 16 QC | | 10% |

AVANTS

SAISON	NOM	PRÉNOM	P	PJ	B	A	PTS	PUN	
2006-09	Dumont	J.-P.	A	244	66	137	203	82	
1998-2001	Bordeleau	Sébastien	C	146	28	40	68	70	
2005-06	Perreault	Yanic	C	69	22	35	57	30	

SAISON	NOM	PRÉNOM	P	PJ	B	A	PTS	PUN	
2007-08	Gélinas	Martin	A	57	9	11	20	20	
2006-07	Abid	Ramzi	A	13	1	4	5	13	
1998-2000	Côté	Patrick	A	91	1	2	3	312	
1999-2002	Gosselin	David	A	13	2	1	3	11	
2003-06	Gamache	Simon	C	18	1	0	1	0	
2003-04	Darche	Mathieu	A	2	0	0	0	0	
2001-02	Sarault	Yves	A	1	0	0	0	0	

DÉFENSEURS

SAISON	NOM	PRÉNOM	P	PJ	B	A	PTS	PUN	
1998-2000	Bouchard	Joël	D	116	5	15	20	83	
1998-99	Daigneault	J.-Jacques	D	35	2	2	4	38	
2002-03	Bouillon	Francis	D	4	0	0	0	2	
2002-03	Trépanier	Pascal	D	1	0	0	0	0	
1998-99	Zettler	Rob	D	2	0	0	0	2	

GARDIENS

SAISON	NOM	PRÉNOM	P	PJ	V	D	N	MOY	%
1998-99	Fichaud	Éric	G	9	0	6	0	3,22	,895

DEVILS DU NEW JERSEY DE 1982 À 2009				282 JOUEURS			18 QC		6,38 %

AVANTS

SAISON	NOM	PRÉNOM	P	PJ	B	A	PTS	PUN	
1991-2002	Mckay	Randy	A	760	151	171	322	1418	
1990-2000	Lemieux	Claude	A	423	142	155	297	627	
1991-2002	Richer	Stéphane	A	360	147	136	283	125	
1989-93	Vilgrain	Claude	A	81	20	31	51	78	
1989-90	Turgeon	Sylvain	A	72	30	17	47	81	
1989-92	Brady	Neil	C	29	2	4	6	17	
2000-02	Dagenais	Pierre	A	25	6	5	11	10	
1996-2006	Rhéaume	Pascal	C	35	5	1	6	12	
1995-96	Lemieux	Jocelyn	A	18	0	1	1	4	
2008-09	Létourneau Leblond	Pierre-Luc	A	8	0	1	1	22	
1999-2000	Bertrand	Éric	A	4	0	0	0	0	

DÉFENSEURS

SAISON	NOM	PRÉNOM	P	PJ	B	A	PTS	PUN	
1985-90	Velishek	Randy	D	304	11	52	63	299	
1982-83	Vadnais	Carol	D	51	2	7	9	64	
2001-02	Bouchard	Joël	D	1	0	1	1	0	

GARDIENS

SAISON	NOM	PRÉNOM	P	PJ	V	D	N	MOY	%
1991-2009	Brodeur	Martin	G	999	557	299	150	2,21	,914
1987-89	Sauvé	Robert	G	49	14	21	5	3,88	,858

➲

Liste des Québécois qui ont joué dans la LNH, par équipe, de 1970 à 2009 (suite)

DEVILS DU NEW JERSEY DE 1982 À 2009				282 JOUEURS			18 QC		6,38 %

GARDIENS

SAISON	NOM	PRÉNOM	P	PJ	V	D	N	MOY	%
2001-02	Damphousse	Jean-François	G	6	1	3	0	2,45	0,896
1985-86	St-Laurent	Sam	G	4	2	1	0	4,15	

ISLANDERS DE NEW YORK DE 1972 À 2009				441 JOUEURS			33 QC		7,48 %

AVANTS

SAISON	NOM	PRÉNOM	P	PJ	B	A	PTS	PUN	
1977-87	Bossy	Michael	A	752	573	553	1126	210	
1991-95	Turgeon	Pierre	C	255	147	193	340	70	
1991-95	Hogue	Benoit	C	258	105	124	229	282	
1996-2003	Lapointe	Claude	C	535	76	95	171	354	
1974-78	Drouin	Jude	A	250	64	105	169	103	
1973-78	St-Laurent	André	C	261	38	66	104	191	
1972-74	Gagnon	Germain	A	125	20	43	63	39	
1997-2000	Odjick	Gino	A	82	9	13	22	254	
1977-78	Bergeron	Michel	A	25	9	6	15	2	
1997-99	Hough	Mike	A	85	5	7	12	29	
1989-90	Thibaudeau	Gilles	C	20	4	4	8	17	
2000-01	Martins	Steve	C	39	1	3	4	20	
1972-73	Grenier	Richard	C	10	1	1	2	2	
2007-09	Walter	Ben	C	12	1	0	1	0	
2000-01	Bélanger	Jesse	A	12	0	0	0	2	
1999-2000	Lacroix	Daniel	A	1	0	0	0	0	
1996-97	Vachon	Nicholas	A	1	0	0	0	0	

DÉFENSEURS

SAISON	NOM	PRÉNOM	P	PJ	B	A	PTS	PUN	
1973-88	Potvin	Denis	D	1060	310	742	1052	1356	
2005-09	Gervais	Bruno	D	207	6	39	45	103	
2006-08	Bergeron	Marc-André	D	69	15	24	39	26	
2000-01	Galley	Garry	D	56	6	14	20	59	
1988-90	Bergevin	Marc	D	76	2	17	19	92	
1991-93	Marois	Mario	D	40	4	10	14	53	
1999-2001	Biron	Mathieu	D	74	4	5	9	50	
2005-06	Bouchard	Joël	D	25	1	8	9	23	
1997-98	Daigneault	J.-Jacques	D	18	0	6	6	21	
2002-03	Nasreddine	Alain	D	3	0	0	0	2	

GARDIENS

SAISON	NOM	PRÉNOM	P	PJ	V	D	N	MOY	%
1995-98	Fichaud	Éric	G	75	19	34	12	3,14	,899
1998-2000	Potvin	Félix	G	33	7	21	6	3,35	,892
2008-09	Danis	Yann	G	31	10	17	3	2,86	,910
1999-2000	Luongo	Roberto	G	24	7	14	1	3,25	,904
1998-99	Cousineau	Marcel	G	6	0	4	1	2,87	,882
1979-80	Brodeur	Richard	G	2	1	0	0	4,50	

RANGERS DE NEW YORK DE 1970 À 2009		555 JOUEURS		55 QC		9,91 %

AVANTS

SAISON	NOM	PRÉNOM	P	PJ	B	A	PTS	PUN	
1970-78	Gilbert	Rodrigue	A	544	235	351	586	284	
1970-76	Ratelle	Jean	C	379	182	266	448	74	
1983-88	Larouche	Pierre	C	253	123	120	243	59	
1971-75	Rousseau	Bobby	A	236	41	116	157	30	
1977-89	Deblois	Lucien	A	326	57	79	136	297	
1995-97	Robitaille	Lucien	A	146	47	70	117	128	
1986-89	Dionne	Marcel	C	118	42	56	98	50	
1986-87	Mckegney	Tony	A	64	29	17	46	56	
1988-89	Lafleur	Guy	A	67	18	27	45	12	
1980-82	Gillis	Jere	A	61	13	19	32	20	
1993-96	Matteau	Stéphane	A	11	10	21	31	49	
1978-79	Plante	Pierre	A	70	6	25	31	37	
1999-2000	Daigle	Alexandre	C	58	8	18	26	23	
1998-2001	Lacroix	Éric	A	146	8	12	20	67	
1996-2000	Goneau	Daniel	A	53	12	3	15	14	
1979-82	Larose	Claude	A	25	4	7	11	2	
1995-97	Momesso	Sergio	A	28	4	4	8	41	
1971-72	Jarry	Pierre	A	34	3	3	6	20	
1997-2000	Stock	P.-J.	A	54	2	4	6	131	
1971-72	Goyette	Philippe	C	8	1	4	5	0	
1993-96	Lacroix	Daniel	A	30	2	2	4	30	
1995-96	Laperrière	Ian	A	28	1	2	3	53	
1996-99	Dubé	Christian	C	33	1	1	2	4	
2006-07	Dupuis	Pascal	A	6	1	0	1	0	
1971-72	Gratton	Normand	A	3	0	1	1	0	
1994-95	Roy	Jean-Yves	A	3	1	0	1	2	
1974-75	Monahan	Hartland	A	6	0	1	1	4	
1996-98	Blouin	Sylvain	A	7	0	0	0	23	

➲

Liste des Québécois qui ont joué dans la LNH, par équipe, de 1970 à 2009 (suite)

RANGERS DE NEW YORK DE 1970 À 2009				555 JOUEURS			55 QC		9,91%

AVANTS

SAISON	NOM	PRÉNOM	P	PJ	B	A	PTS	PUN	
1977-78	Gosselin	Benoit	A	7	0	0	0	33	
1973-74	Lemieux	Réal	A	7	0	0	0	0	
1997-98	Sévigny	Pierre	A	3	0	0	0	2	
2003-04	Dusablon	Benoit	C	3	0	0	0	2	
2005-06	Giroux	Alexandre	C	1	0	0	0	0	
1995-96	Larouche	Steve	C	1	0	0	0	0	
2003-04	Rhéaume	Pascal	C	17	0	0	0	5	
1975-78	Holst	Greg	C	11	0	0	0	0	

DÉFENSEURS

SAISON	NOM	PRÉNOM	P	PJ	B	A	PTS	PUN	
1975-82	Vadnais	Carol	D	485	56	190	246	690	
1973-76	Marotte	Gilles	D	180	10	66	76	131	
1977-81	Marois	Mario	D	166	15	52	67	356	
1987-89	Petit	Michel	D	133	17	49	66	377	
1987-93	Hardy	Mark	D	284	7	52	59	409	
1978-85	Doré	André	D	139	8	38	46	153	
1972-76	Harris	Ron	D	146	6	30	36	64	
1999-2003	Lefebvre	Sylvain	D	229	4	30	34	131	
1988-92	Rochefort	Normand	D	112	7	15	22	108	
2002-04	Bouchard	Joël	D	55	6	14	20	24	
1999-2000	Quintal	Stéphane	D	75	2	14	16	77	
1979-80	Guèvremont	Jocelyn	D	20	2	5	7	6	
1970-71	Dupont	André	D	7	1	2	3	21	
1988-89	Brochu	Stéphane	D	1	0	0	0	0	

GARDIENS

SAISON	NOM	PRÉNOM	P	PJ	V	D	N	MOY	%
1970-75	Villemure	Gilles	G	171	95	48	19	2,27	
2001-03	Blackburn	Dan	G	63	20	32	6	3,22	,894
1976-77	Gratton	Gilles	G	41	11	18	7	4,22	
1997-99	Cloutier	Dan	G	34	10	13	4	2,62	,912
1999-2000	Labbé	Jean-François	G	1	0	1	0	3,00	,864

SEALS D'OAKLAND DE 1970 À 1976				102 JOUEURS			8 QC		7,84%

AVANTS

SAISON	NOM	PRÉNOM	P	PJ	B	A	PTS	PUN	
1975-76	Girard	Bob	A	80	16	26	42	54	
1970-71	Hardy	Joe	C	40	4	10	14	31	
1973-74	Monahan	Hartland	A	1	0	0	0	0	

DÉFENSEURS

SAISON	NOM	PRÉNOM	P	PJ	B	A	PTS	PUN	
1970-72	Vadnais	Carol	D	94	24	36	60	197	
1972-75	Murray	Terry	D	90	0	17	17	60	

GARDIENS

SAISON	NOM	PRÉNOM	P	PJ	V	D	N	MOY	%
1971-76	Meloche	Gilles	G	250	58	140	48	3,83	
1973-74	Champoux	Bob	G	17	2	11	3	5,20	

SÉNATEURS D'OTTAWA DE 1992 À 2009		257 JOUEURS		30 QC		11,67%

AVANTS

SAISON	NOM	PRÉNOM	P	PJ	B	A	PTS	PUN	
1993-98	Daigle	Alexandre	A	301	74	98	172	119	
2003-09	Vermette	Antoine	C	359	80	87	167	205	
1992-95	Turgeon	Sylvain	A	152	47	41	88	185	
1999-2000	Juneau	Joé	C	65	13	24	37	22	
1999-2002	Roy	André	A	193	13	16	29	462	
1994-96	Picard	Michel	A	41	7	14	21	24	
1998-2006	Martins	Steve	C	70	9	7	16	24	
1994-95	Larouche	Steve	C	10	8	7	15	6	
1999-2000	Dineen	Kevin	A	67	4	8	12	57	
2001 02	Brunet	Benoit	A	13	5	3	8	0	
2003-07	Hamel	Denis	A	52	5	3	8	10	
2007-08	Lapointe	Martin	A	18	3	3	6	23	
1996-97	Chassé	Denis	A	22	1	4	5	19	
1998-2000	Sarault	Yves	A	22	0	3	3	11	
1993-95	Boivin	Claude	A	18	1	1	2	44	
1995-96	Roy	Jean-Yves	A	4	1	1	2	2	
2000-01	Lacroix	Éric	A	9	0	1	1	4	
1992-93	Fortier	Marc	C	10	0	1	1	6	
1994-95	Guérard	Daniel	A	2	0	0	0	0	
1992-93	St-Amour	Martin	A	1	0	0	0	2	

DÉFENSEURS

SAISON	NOM	PRÉNOM	P	PJ	B	A	PTS	PUN	
1995-97	Duchesne	Steve	D	140	31	52	83	80	
1995-2000	Traverse	Patrick	D	117	7	26	33	45	
2008-09	Picard	Alexandre	D	47	6	8	14	8	
1994-96	Laperrière	Daniel	D	19	1	1	2	4	
1992-93	Lavoie	Dominic	D	2	0	1	1	0	

➲

Liste des Québécois qui ont joué dans la LNH, par équipe, de 1970 à 2009 (suite)

SÉNATEURS D'OTTAWA DE 1992 À 2009				257 JOUEURS		30 QC			11,67%

DÉFENSEURS

SAISON	NOM	PRÉNOM	P	PJ	B	A	PTS	PUN	
1993-94	Leroux	François	D	23	0	1	1	70	
1999-2000	Dollas	Bobby	D	1	0	0	0	0	

GARDIENS

SAISON	NOM	PRÉNOM	P	PJ	V	D	N	MOY	%
1999-2004	Lalime	Patrick	G	283	146	100	46	2,32	,908
1992-94	Berthiaume	Daniel	G	26	2	17	3	4,39	,869
2001-02	Lajeunesse	Simon	G	1	0	0	0	0,00	1,000

FLYERS DE PHILADELPHIE DE 1970 À 2009				491 JOUEURS		64 QC			13,03%

AVANTS

SAISON	NOM	PRÉNOM	P	PJ	B	A	PTS	PUN	
1999-09	Gagné	Simon	A	606	242	242	484	231	
1985-91	Mellanby	Scott	A	355	83	114	197	694	
1991-96	Dineen	Kevin	A	284	88	88	176	533	
1970-74	Nolet	Simon	A	263	67	76	143	83	
1971-75	Clément	Bill	C	229	53	52	105	166	
2007-09	Brière	Daniel	C	108	42	55	97	94	
1970-72	Bernier	Serge	A	121	35	39	74	138	
2001-06	Brashear	Donald	A	270	22	44	66	648	
1970-72	Gendron	Jean-Guy	A	132	26	29	55	82	
1970-71	Lacroix	André	C	78	20	22	42	12	
1989-91	Lacombe	Normand	A	92	11	22	33	34	
1997-99	Daigle	Alexandre	A	68	12	19	31	8	
1998-2004	White	Peter	C	104	10	21	31	24	
1991-94	Boivin	Claude	A	114	11	18	29	320	
1992-94	Faust	André	A	47	10	7	17	14	
1998-2000	Bureau	Marc	A	125	6	8	14	20	
1971-72	Parizeau	Michel	A	37	2	12	14	10	
1996-98	Lacroix	Daniel	A	130	8	5	13	298	
2002-04	Lapointe	Claude	C	56	7	5	12	48	
2002-06	Chouinard	Éric	C	46	7	4	11	10	
1978-81	Preston	Yves	A	28	7	3	10	4	
1991-93	Kasper	Steve	A	37	4	5	9	12	
1999-2001	Odjick	Gino	A	30	4	4	8	38	
1994-96	Dionne	Gilbert	A	22	0	7	7	2	
1971-72	Sarrazin	Dick	A	28	3	4	7	4	

SAISON	NOM	PRÉNOM	P	PJ	B	A	PTS	PUN	
2000-01	Picard	Michel	A	7	1	4	5	0	
1971-73	Plante	Pierre	A	26	1	3	4	15	
2000-01	Stock	P.-J.	A	31	1	3	4	78	
2006-07	Meloche	Éric	A	13	1	2	3	4	
1991-96	Dupré	Yanick	A	35	2	0	2	16	
1974-75	Sirois	Bob	A	4	1	0	1	4	
1974-75	Boland	Mike	A	2	0	0	0	0	
1971-72	Drolet	René	A	1	0	0	0	0	
1986-87	Gillis	Jerry	A	1	0	0	0	0	
2006-07	Hamel	Denis	A	7	0	0	0	0	
2001-03	Lefebvre	Guillaume	A	17	0	0	0	4	
1976-77	Ritchie	Robert	A	1	0	0	0	0	
1993-94	Vilgrain	Claude	A	2	0	0	0	0	

DÉFENSEURS

SAISON	NOM	PRÉNOM	P	PJ	B	A	PTS	PUN	
1994-06	Desjardins	Éric	D	738	93	303	396	406	
1972-80	Dupont	André	D	549	42	135	177	1505	
1991-95	Galley	Garry	D	236	28	144	172	260	
1991-99	Duchesne	Steve	D	89	20	43	63	88	
1994-2000	Dykhuis	Karl	D	227	13	41	54	211	
1993-94	Racine	Yves	D	67	9	43	52	48	
1975-81	Murray	Terry	D	115	1	30	31	69	
1986-88	Daigneault	Jean-Jacques	D	105	8	18	26	68	
2005-08	Picard	Alexandre	D	72	3	19	22	23	
1993-95	Zettler	Rob	D	65	0	5	5	103	
2005-07	Gauthier	Denis	D	60	0	4	4	82	
1996-97	Petit	Michel	D	20	0	3	3	51	
2006-07	Grenier	Martin	D	3	0	0	0	0	
1973-75	Lajeunesse	Serge	D	6	0	0	0	2	
2001-03	St-Jacques	Bruno	D	13	0	0	0	4	

GARDIENS

SAISON	NOM	PRÉNOM	P	PJ	V	D	N	MOY	%
1970-79	Parent	Bernard	G	328	225	129	80	2,45	
1991-96	Roussel	Dominic	G	139	62	49	21	3,18	,895
2006-09	Biron	Martin	G	133	65	47	16	2,71	,915
1979-81	Myre	Philippe	G	57	24	12	19	3,71	
1972-73	Belhumeur	Michel	G	23	9	7	3	3,22	
1992-93	Beauregard	Stéphane	G	16	3	9	0	4,41	,854
1993-94	Chabot	Frédéric	G	4	0	1	2	4,26	,875
1982-83	Larocque	Michel	G	2	0	1	1	4,00	

➲

Liste des Québécois qui ont joué dans la LNH, par équipe, de 1970 à 2009 (suite)

FLYERS DE PHILADELPHIE DE 1970 À 2009			491 JOUEURS			64 QC			13,03 %

GARDIENS

SAISON	NOM	PRÉNOM	P	PJ	V	D	N	MOY	%
2000-01	Ouellet	Maxime	G	2	0	1	0	2,38	,889
2006-07	Houle	Martin	G	1	0	0	0	27,27	,667
1998-99	Pelletier	Jean-Marc	G	1	0	1	0	5,00	,828

COYOTES DE PHOENIX DE 1996 À 2009			230 JOUEURS			22 QC			9,57 %

AVANTS

SAISON	NOM	PRÉNOM	P	PJ	B	A	PTS	PUN	
1997-2003	Brière	Daniel	C	258	70	76	146	146	
2000-03	Lemieux	Claude	A	164	32	49	81	158	
2000-01	Juneau	Joé	C	69	10	23	33	28	
2006-07	Perreault	Yanic	C	49	19	14	33	30	
2006-07	Laraque	Georges	A	56	5	17	22	52	
2005-09	Perrault	Joël	C	76	11	14	25	68	
2002-03	Abid	Ramzi	A	30	10	8	18	30	
1999-2000	Hogue	Benoit	C	27	3	10	13	10	
1996-98	Lemieux	Jocelyn	A	32	4	3	7	27	
2005-07	Lehoux	Yanick	C	10	2	2	4	6	
2001-02	Bordeleau	Sébastien	C	6	0	0	0	0	
1998-99	Jomphe	Jean-François	C	1	0	0	0	2	
2005-06	Rhéaume	Pascal	C	1	0	0	0	0	

DÉFENSEURS

SAISON	NOM	PRÉNOM	P	PJ	B	A	PTS	PUN	
1998-2000	Daigneault	J.-Jacques	D	88	1	13	14	54	
2005-06	Gauthier	Denis	D	45	2	9	11	61	
1997-98	Petit	Michel	D	32	4	2	6	77	
2000-01	Bouchard	Joé	D	32	1	2	3	22	
1997-99	Doig	Jason	D	13	0	2	2	22	
2001-03	Grenier	Martin	D	8	0	0	0	5	

GARDIENS

SAISON	NOM	PRÉNOM	P	PJ	V	D	N	MOY	%
1997-99	Waite	Jimmy	G	33	11	11	5	2,45	,903
2002-04	Pelletier	Jean-Marc	G	6	1	3	1	3,68	,864
2005-06	Sauvé	Philippe	G	5	1	5	1	5,46	,867
2008-09	Torsman	Josh	G	2	0	2	0	4,08	,871

PENGUINS DE PITTSBURGH DE 1970 À 2009				526 JOUEURS			62 QC		11,79%

AVANTS

SAISON	NOM	PRÉNOM	P	PJ	B	A	PTS	PUN	
1984-2006	Lemieux	Mario	C	915	690	1033	1723	834	
1970-78	Pronovost	Jean	A	605	280	241	521	220	
1983-93	Erry	Bob	A	572	132	140	272	651	
1974-78	Larouche	Pierre	C	240	119	134	253	99	
2005-07	Ouellet	Michel	A	123	35	45	80	46	
2005-09	Talbot	Maxime	A	261	42	38	80	228	
1994-95	Robitaille	Luc	A	46	23	19	42	37	
2007-09	Dupuis	Pascal	A	87	14	26	40	38	
1981-84	St-Laurent	André	C	96	23	14	37	130	
2001-02	Richer	Stéphane	A	58	13	12	25	14	
1981-83	Simpson	Bobby	A	30	10	9	19	4	
1999-2001	Corbet	René	A	47	9	9	18	57	
1971-72	Robert	René	A	49	7	11	18	42	
2001-04	Meloche	Éric	A	61	8	9	17	32	
1975-76	Nolet	Simon	A	39	9	8	17	2	
2006-08	Laraque	Georges	A	88	4	11	15	159	
1975-79	Cossette	Jacques	A	64	8	6	14	29	
2002-03	Daigle	Alexandre	C	33	4	3	7	8	
2002-06	Lefebvre	Guillaume	A	21	2	4	6	9	
2002-04	Abid	Ramzi	A	19	3	2	5	29	
1970-73	Burns	Robin	A	41	0	5	5	32	
2005-07	Roy	André	A	47	2	1	3	128	
1977-78	Monahan	Hartland	A	7	2	0	2	2	
1998-99	Lebeau	Patrick	A	8	1	0	1	2	
1974-77	Bergeron	Yves	A	3	0	0	0	0	
1987-88	Mann	Jimmy	A	9	0	0	0	53	
1986-87	Lemieux	Alain	C	1	0	0	0	0	

DÉFENSEURS

SAISON	NOM	PRÉNOM	P	PJ	B	A	PTS	PUN	
1974-82	Faubert	Mario	D	231	21	90	111	222	
2006-09	Letang	Kristopher	D	144	18	34	52	51	
1978-80	Tallon	Dale	D	95	10	33	43	53	
1995-97	Daigneault	J.-Jacques	D	66	6	17	23	59	
1970-75	Lagacé	Jean-Guy	D	89	4	19	23	105	
2000-04	Bergevin	Marc	D	157	4	17	21	89	
1994-97	Leroux	François	D	165	2	14	16	356	
1989-90	Delorme	Gilbert	D	54	3	7	10	44	

➲

Liste des Québécois qui ont joué dans la LNH, par équipe, de 1970 à 2009 (suite)

PENGUINS DE PITTSBURGH DE 1970 À 2009				526 JOUEURS			62 QC		11,79 %

DÉFENSEURS

SAISON	NOM	PRÉNOM	P	PJ	B	A	PTS	PUN	
1998-2001	Dollas	Bobby	D	75	2	8	10	64	
2003-04	Boileau	Patrick	D	16	3	4	7	8	
2008-09	Boucher	Philippe	D	25	3	3	6	24	
1982-83	Meighan	Ron	D	41	2	6	8	16	
2005-08	Nasreddine	Alain	D	56	1	4	5	30	
1984-85	Weir	Wally	D	14	0	3	3	34	
2002-03	Bouchard	Joël	D	7	0	1	1	0	
1991-93	Chychrun	Jeff	D	18	0	1	1	37	
1980-81	Lupien	Gilles	D	31	0	1	1	34	
1982-83	Turnbull	Ian	D	6	0	0	0	4	

GARDIENS

SAISON	NOM	PRÉNOM	P	PJ	V	D	N	MOY	%
1972-86	Herron	Denis	G	290	88	133	44	3,88	
2003-09	Fleury	Marc-André	G	235	111	85	28	2,87	,907
1998-2004	Aubin	J.-Sébastien	G	168	63	72	21	2,92	,901
1981-85	Dion	Michel	G	151	42	79	20	4,28	
1982-94	Romano	Roberto	G	125	42	62	8	3,96	
1985-88	Meloche	Gilles	G	104	34	43	18	3,65	
2002-06	Caron	Sébastien	G	90	24	47	14	3,49	,892
1974-76	Plasse	Michel	G	75	33	24	14	3,59	
1979-81	Holland	Robbie	G	44	11	22	9	4,08	
2005-09	Sabourin	Dany	G	44	16	18	3	2,88	,899
1996-97	Lalime	Patrick	G	39	21	12	4	2,95	,913
2005-07	Thibault	Jocelyn	G	38	8	17	5	3,52	,894
1975-79	Laxton	Gord	G	17	4	9	0	5,55	
2008-09	Garon	Mathieu	G	4	2	1	0	2,91	,894
1983-84	Tremblay	Vincent	G	4	0	4	0	6,00	
1994-97	Derouville	Philippe	G	3	1	2	0	3,16	,903
2003-04	Brochu	Martin	G	1	0	0	0	1,84	,947
2000-01	Parent	Rich	G	7	1	1	3	3,08	,887

NORDIQUES DE QUÉBEC DE 1979 À 1995				245 JOUEURS			75 QC		30,61 %

AVANTS

SAISON	NOM	PRÉNOM	P	PJ	B	A	PTS	PUN	
1979-90	Goulet	Michel	A	813	456	489	945	613	
1979-89	Côté	Alain	A	696	103	190	293	383	
1979-83	Cloutier	Réal	A	236	122	162	284	94	
1979-83	Tardif	Marc	A	272	116	128	244	154	

SAISON	NOM	PRÉNOM	P	PJ	B	A	PTS	PUN
1979-83	Richard	Jacques	A	186	79	103	182	126
1984-93	Hough	Mike	A	363	68	97	165	461
1983-91	Mckegney	Tony	C	203	69	63	132	124
1983-87	Sauvé	Jean-François	C	192	41	89	130	47
1990-95	Lapointe	Claude	C	253	40	73	113	299
1987-92	Fortier	Marc	C	196	42	59	101	124
1987-89	Duchesne	Gaétan	A	150	32	44	76	139
1983-85	Savard	André	C	95	29	34	63	46
1989-91	Lafleur	Guy	A	98	24	38	62	6
1979-85	Sleigher	Louis	A	111	30	32	62	81
1979-81	Leduc	Richard	C	97	24	34	58	55
1987-88	Haworth	Alan	A	72	23	34	57	112
1989-92	Morin	Stéphane	C	84	15	37	52	46
1980-84	Aubry	Pierre	A	163	18	23	41	92
1979-81	Bernier	Serge	A	78	10	22	32	49
1984-86	Lemieux	Alain	C	37	11	11	22	14
1989-91	Deblois	Lucien	A	84	11	10	21	58
1979-80	Plante	Pierre	A	69	4	14	18	68
1993-94	Gélinas	Martin	A	31	6	6	12	8
1983-86	Mann	Jimmy	A	82	1	8	9	244
1979-83	David	Richard	A	31	4	4	8	10
1979-80	Smrke	John	A	30	3	5	8	2
1993-94	Savage	Réginald	C	17	3	4	7	16
1993-95	Corbet	René	A	17	1	4	5	2
1989-91	Dore	Daniel	A	17	2	3	5	59
1984-85	Dufour	Luc	A	30	2	3	5	27
1979-80	Cloutier	Roland	C	14	2	3	5	0
1981-82	Gillis	Jere	A	12	2	1	3	0
1989-91	Vincelette	Daniel	A	27	0	2	2	63
1979-80	Bilodeau	Gilles	A	9	0	1	1	25
1988-89	Baillargeon	Joël	A	5	0	0	0	4
1991-92	Charbonneau	Stéphane	A	2	0	0	0	0
1986-87	Héroux	Yves	A	1	0	0	0	0
1988-89	Mailhot	Jacques	A	5	0	0	0	33
1990-91	Roberge	Serge	A	9	0	0	0	24
1989-90	Routhier	Jean-Marc	A	8	0	0	0	9
1981-82	Tanguay	Christian	A	2	0	0	0	0
DÉFENSEURS								
SAISON	NOM	PRÉNOM	P	PJ	B	A	PTS	PUN
1980-90	Marois	Mario	D	403	38	162	200	778
1980-88	Rochefort	Normand	D	480	32	104	136	452

Liste des Québécois qui ont joué dans la LNH, par équipe, de 1970 à 2009 (suite)

NORDIQUES DE QUÉBEC DE 1979 À 1995				245 JOUEURS			75 QC		30,61 %

DÉFENSEURS

SAISON	NOM	PRÉNOM	P	PJ	B	A	PTS	PUN	
1985-90	Picard	Robert	D	289	25	79	104	299	
1985-95	Finn	Steven	D	605	29	73	102	1514	
1979-83	Lacroix	Pierre	D	218	18	82	100	179	
1992-93	Duchesne	Steve	D	82	20	62	82	57	
1979-84	Weir	Wally	D	272	19	39	58	535	
1989-91	Petit	Michel	D	82	16	31	47	262	
1980-83	Dupont	André	D	169	12	32	44	262	
1985-87	Delorme	Gilbert	D	83	4	18	22	65	
1983-89	Donnelly	Gord	D	213	10	12	22	668	
1983-84	Doré	André	D	25	1	16	17	25	
1981-83	Hamel	Jean	D	91	3	13	16	70	
1990-91	Anderson	Shawn	D	31	3	10	13	21	
1994-95	Lefebvre	Sylvain	D	48	2	11	13	17	
1980-83	Therrien	Gaston	D	22	0	8	8	12	
1982-86	Gaulin	Jean-Marc	D	26	4	3	7	8	
1985-88	Poudrier	Daniel	D	25	1	5	6	10	
1989-91	Doyon	Mario	D	21	2	3	5	10	
1987-89	Dollas	Bobby	D	25	0	3	3	18	
1987-90	Richard	Jean-Marc	D	5	2	1	3	2	
1981-83	Bolduc	Michel	D	10	0	0	0	6	
1993-94	Côté	Alain	D	6	0	0	0	4	
1987-90	Guérard	Stéphane	D	34	0	0	0	40	
1979-80	Lacombe	François	D	3	0	0	0	2	

GARDIENS

SAISON	NOM	PRÉNOM	P	PJ	V	D	N	MOY	%
1980-85	Bouchard	Daniel	G	225	107	79	36	3,59	
1983-89	Gosselin	Mario	G	193	79	83	12	3,67	
1989-95	Fiset	Stéphane	G	151	62	61	15	3,42	,891
1979-81	Dion	Michel	G	62	15	33	9	4,02	
1990-94	Cloutier	Jacques	G	58	12	26	7	3,92	,881
1993-95	Thibault	Jocelyn	G	47	20	15	5	2,95	,901
1980-82	Plasse	Michel	G	41	12	17	10	3,96	
1987-90	Brunetta	Mario	G	40	12	17	1	3,92	,871
1984-87	Sévigny	Richard	G	35	13	13	3	3,71	

SHARKS DE SAN JOSE DE 1991 À 2009			236 JOUEURS			17 QC			7,20 %
AVANTS									
SAISON	NOM	PRÉNOM	P	PJ	B	A	PTS	PUN	
1998-2004	Damphousse	Vincent	C	385	92	197	289	316	
2005-08	Bernier	Steve	A	160	42	39	81	126	
1993-97	Errey	Bob	A	107	17	26	43	173	
1993-95	Duchesne	Gaétan	A	117	14	25	39	44	
1998-2000	Stern	Ronnie	A	145	11	14	25	309	
1991-93	Courtenay	Ed	A	44	7	13	20	10	
2007-08	Mitchell	Torrey	C	82	10	10	20	50	
1991-93	Quintin	Jean-François	A	22	5	5	10	4	
2000-01	Montgomery	Jim	C	28	1	6	7	19	
1992-93	Picard	Michel	A	25	4	0	4	24	
2008-09	Lemieux	Claude	A	18	0	1	1	21	
2006-07	Darche	Mathieu	A	2	0	0	0	0	
DÉFENSEURS									
SAISON	NOM	PRÉNOM	P	PJ	B	A	PTS	PUN	
1997-2002	Matteau	Stéphane	D	345	55	64	119	241	
2006-09	Vlasic	M.-Édouard	D	245	11	65	76	84	
1991-94	Zettler	Rob	D	196	1	18	19	351	
1995-96	Racine	Yves	D	32	1	16	17	28	
2000-01	Dollas	Bobby	D	16	1	1	2	14	

BLUES DE ST. LOUIS DE 1970 À 2009			548 JOUEURS			63 QC			11,50 %
AVANTS									
SAISON	NOM	PRÉNOM	P	PJ	B	A	PTS	PUN	
1996-2001	Turgeon	Pierre	C	327	134	221	355	117	
1972-77	Plante	Pierre	A	357	104	112	216	420	
2000-04	Mellanby	Scott	A	235	62	75	137	370	
1987-89	Mckegney	Tony	A	151	65	55	120	140	
1988-97	Momesso	Sergio	A	222	44	70	114	506	
2007-09	Perron	David	C	143	28	49	77	88	
1970-72	Bordeleau	Christian	C	119	29	41	70	54	
1981-85	Lemieux	Alain	C	81	17	33	50	24	
1997-2004	Rhéaume	Pascal	C	148	19	31	50	74	
1983-84	Chouinard	Guy	C	64	12	34	46	10	
1993-96	Laperrière	Ian	A	71	16	20	36	172	
1997-99	Picard	Michel	A	61	12	19	31	45	
1999-2000	Richer	Stéphane	A	36	8	17	25	14	

➲

Liste des Québécois qui ont joué dans la LNH, par équipe, de 1970 à 2009 (suite)

BLUES DE ST. LOUIS DE 1970 À 2009				548 JOUEURS			63 QC		11,50%

AVANTS

SAISON	NOM	PRÉNOM	P	PJ	B	A	PTS	PUN	
2000-03	Corso	Daniel	C	70	14	10	24	20	
1979-81	Monahan	Hartland	A	97	9	14	23	40	
1989-92	Mongeau	Michel	C	50	5	18	23	8	
1993-96	Chassé	Denis	A	92	10	10	20	256	
1993-94	Montgomery	Jim	C	67	6	14	20	44	
1986-88	Lemieux	Jocelyn	A	76	11	8	19	136	
1994-95	Carbonneau	Guy	C	42	5	11	16	16	
1994-96	Tardif	Patrice	C	50	6	10	16	41	
1984-86	Cyr	Denis	A	40	8	7	15	2	
1974-75	Dupéré	Denis	A	22	3	6	9	8	
2007-09	Stastny	Yan	C	46	4	5	9	29	
2005-06	Gamache	Simon	A	15	3	4	7	10	
1979-80	Simpson	Bobby	A	18	2	2	4	0	
1984-85	Dufour	Luc	C	23	1	3	4	18	
1971-72	Parizeau	Michel	A	21	1	2	3	8	
1985-86	Baron	Normand	A	23	2	0	2	39	
2006-07	Perreault	Joël	C	11	0	0	0	0	

DÉFENSEURS

SAISON	NOM	PRÉNOM	P	PJ	B	A	PTS	PUN	
1993-98	Duchesne	Steve	D	163	38	87	125	82	
1995-97	Matteau	Stéphane	D	120	23	33	56	115	
1987-89	Gingras	Gaston	D	120	10	32	42	24	
1981-83	Lapointe	Guy	D	72	3	29	32	47	
1996-2002	Bergevin	Marc	D	328	5	23	28	319	
1971-73	Dupont	André	D	85	4	16	20	198	
1983-85	Delorme	Gilbert	D	118	2	17	19	94	
1970-73	Picard	Noël	D	106	5	13	18	179	
1990-92	Marois	Mario	D	81	2	15	17	119	
1991-93	Quintal	Stéphane	D	101	1	16	17	132	
2001-04	Laflamme	Christian	D	71	0	11	11	69	
1972-74	Hamel	Jean	D	78	3	8	11	30	
1981-83	Vigneault	Alain	D	42	2	5	7	82	
1976-77	Marotte	Gilles	D	47	3	4	7	26	
2002-04	Martins	Steve	D	53	4	3	7	40	
1988-92	Lavoie	Dominic	D	26	2	4	6	28	
1992-95	Laperrière	Daniel	D	29	1	4	5	23	
1995-96	Daigneault	J.-Jacques	D	37	1	3	4	24	

SAISON	NOM	PRÉNOM	P	PJ	B	A	PTS	PUN	
1994-96	Dufresne	Donald	D	25	0	3	3	14	
1989-90	Plavsic	Adrien	D	4	0	1	1	2	
1970-71	Talbot	Jean-Guy	D	5	0	0	0	6	
2003-04	Pollock	James	D	9	0	0	0	6	
1972-73	Lafrenière	Roger	D	10	0	0	0	0	

GARDIENS

SAISON	NOM	PRÉNOM	P	PJ	V	D	N	MOY	%
1988-92	Riendeau	Vincent	G	122	58	45	20	3,34	,883
1974-78	Johnston	Eddie	G	118	41	52	20	3,36	
1977-79	Myre	Philippe	G	83	20	47	16	3,96	
1971-73	Caron	Jacques	G	58	22	22	10	3,02	
1974-78	Bélanger	Yves	G	48	19	23	3	3,66	
2005-06	Lalime	Patrick	G	31	4	18	16	3,64	,881
1993-94	Hrivnac	Jim	G	23	4	10	0	4,27	,877
1997-99	Parent	Rich	G	11	4	3	2	2,49	,887
1975-76	Gratton	Gilles	G	6	2	0	2	2,49	
1983-84	Larocque	Michel	G	5	0	5	0	6,20	
1970-71	Plasse	Michel	G	1	1	0	0	3,00	

LIGHTNING DE TAMPA BAY DE 1992 À 2009			288 JOUEURS			39 QC			13,54 %

AVANTS

SAISON	NOM	PRÉNOM	P	PJ	B	A	PTS	PUN	
1998-2009	Lecavalier	Vincent	C	787	302	367	669	561	
2000-09	St-Louis	Martin	A	621	234	331	565	194	
1997-2000	Richer	Stéphane	A	110	28	37	65	62	
1993-95	Savard	Denis	C	105	24	39	63	116	
1992-95	Bureau	Marc	A	186	20	40	60	171	
2007-08	Ouellet	Michel	A	64	17	19	36	12	
2003-07	Perrin	Éric	C	86	13	23	36	30	
1995-98	Poulin	Patrick	C	125	14	22	36	75	
2001-08	Roy	André	A	218	17	14	31	484	
1998-99	Hogue	Benoit	C	62	11	14	25	50	
2007-08	Darche	Mathieu	A	73	7	15	22	20	
1992-93	Maltais	Steve	A	63	7	13	20	35	
1999-2001	Martins	Steve	C	77	6	8	14	50	
1998-99	Daigle	Alexandre	A	32	6	6	12	2	
1992-93	Kasper	Steve	C	47	3	4	7	18	
1996-98	Brousseau	Paul	A	17	0	2	2	27	
2007-08	Lessard	Junior	A	19	1	1	2	9	
1992-93	Mongeau	Michel	C	4	1	1	2	2	
2001-02	Royer	Gaétan	A	3	0	0	0	2	

Liste des Québécois qui ont joué dans la LNH, par équipe, de 1970 à 2009 (suite)

LIGHTNING DE TAMPA BAY DE 1992 À 2009				288 JOUEURS			39 QC		13,54 %

AVANTS

SAISON	NOM	PRÉNOM	P	PJ	B	A	PTS	PUN	
1992-93	Simard	Martin	A	7	0	0	0	11	
1998-99	Delisle	Xavier	C	2	0	0	0	0	

DÉFENSEURS

SAISON	NOM	PRÉNOM	P	PJ	B	A	PTS	PUN	
1992-2003	Bergevin	Marc	D	206	5	31	36	204	
1997-99	Dykhuis	Karl	D	111	7	10	17	128	
1993-99	Ciccone	Enrico	D	135	5	9	14	604	
1995-96	Petit	Michel	D	45	4	7	11	108	
1993-94	Dufresne	Donald	D	51	2	6	8	48	
1997-98	Racine	Yves	D	60	0	8	8	41	
2007-08	Picard	Alexandre	D	20	3	3	6	8	
1993-96	Charron	Éric	D	63	1	4	5	46	
1992-93	Côté	Alain	D	2	0	0	0	0	
1995-96	Finn	Steven	D	16	0	0	0	24	
1998-99	Larocque	Mario	D	5	0	0	0	16	
1992-93	Richer	Stéphane	D	3	0	0	0	0	
1993-94	Rochefort	Normand	D	6	0	0	0	10	

GARDIENS

SAISON	NOM	PRÉNOM	P	PJ	V	D	N	MOY	%
1999-2001	Cloutier	Daniel	G	76	12	43	16	3,50	,887
2006-08	Denis	Marc	G	54	18	23	2	3,32	,879
1992-96	Bergeron	Jean-Claude	G	53	14	26	5	3,65	,867
1996-99	Wilkinson	Derek	G	22	3	12	4	3,67	,874
1999-2000	Parent	Rich	G	14	2	7	2	3,70	,878

MAPLE LEAFS DE TORONTO DE 1970 À 2009				498 JOUEURS			45 QC		9,04 %

AVANTS

SAISON	NOM	PRÉNOM	P	PJ	B	A	PTS	PUN	
1986-91	Damphousse	Vincent	C	394	118	211	329	262	
1970-75	Keon	Dave	C	376	134	175	309	21	
1982-90	Daoust	Dan	C	518	87	166	253	540	
1987-92	Marois	Daniel	A	285	106	80	186	346	
1993-2007	Perreault	Yanic	C	176	54	69	123	90	
1970-74	Dupéré	Denis	A	192	29	44	73	26	
1971-74	Jarry	Pierre	A	104	24	30	54	65	
1970-82	Robert	René	A	74	19	31	50	45	

SAISON	NOM	PRÉNOM	P	PJ	B	A	PTS	PUN	
1970-72	Trottier	Guy	A	113	28	17	45	37	
1994-96	Hogue	Benoit	C	56	15	28	43	68	
1990-92	Deblois	Lucien	A	92	18	23	41	69	
1975-77	Garland	Scott	A	85	13	23	36	91	
1981-83	Aubin	Norm	C	69	18	13	31	30	
1989-91	Thibaudeau	Gilles	C	41	9	18	27	17	
1991-94	Larose	Guy	C	53	10	7	17	45	
1995-96	Momesso	Sergio	A	54	7	8	15	112	
1987-90	Mckenna	Sean	A	48	5	6	11	32	
2007-08	Gamache	Simon	A	11	2	2	4	6	
1982-83	Boisvert	Serge	A	17	0	2	2	4	
1977-78	Bélanger	Alain	A	9	0	1	1	6	
1993-94	Lacroix	Éric	A	3	0	0	0	2	
1986-87	James	Val	A	4	0	0	0	14	
1995-96	White	Peter	C	1	0	0	0	0	

DÉFENSEURS

SAISON	NOM	PRÉNOM	P	PJ	B	A	PTS	PUN	
1973-82	Turnbull	Ian	D	580	112	302	414	651	
1982-85	Gingras	Gaston	D	109	17	40	57	26	
1990-92	Petit	Michel	D	88	10	32	42	217	
1997-2000	Côté	Sylvain	D	94	8	31	39	34	
1992-94	Lefebvre	Sylvain	D	164	4	21	25	169	
1980-81	Picard	Robert	D	59	6	19	25	68	
1995-98	Zettler	Rob	D	136	2	20	22	207	
1996-99	Tremblay	Yannick	D	78	4	11	15	22	
1979-80	Mulhern	Richard	D	26	0	10	10	11	
1979-80	Carriere	Larry	D	2	0	1	1	0	
1976-77	Mackasey	Blair	D	1	0	0	0	2	

GARDIENS

SAISON	NOM	PRÉNOM	P	PJ	V	D	N	MOY	%
1991-99	Potvin	Félix	G	369	160	149	53	2,87	,908
1970-73	Plante	Jacques	G	106	48	38	15	2,46	
1972-78	Mcrae	Gord	G	71	30	22	10	3,49	
1980-83	Larocque	Michel	G	74	16	35	13	4,79	
1970-72	Parent	Bernard	G	65	24	25	12	2,59	
1979-83	Tremblay	Vincent	G	54	12	22	8	4,59	
2005-07	Aubin	J.-Sébastien	G	31	12	5	4	2,88	,899
1973-74	Johnston	Ed	G	26	12	9	4	3,09	
1996-98	Cousineau	Marcel	G	15	3	5	1	3,19	,905
1974-79	Hamel	Pierre	G	5	1	2	0	5,51	
2001-02	Centomo	Sébastien	G	1	0	0	0	4,50	,750

➡

Liste des Québécois qui ont joué dans la LNH, par équipe, de 1970 à 2009 (suite)

CANUCKS DE VANCOUVER DE 1970 À 2009			473 JOUEURS			44 QC		9,30 %

AVANTS

SAISON	NOM	PRÉNOM	P	PJ	B	A	PTS	PUN
1970-76	Boudrias	André	A	458	121	267	388	140
1971-77	Lalonde	Bobby	C	353	72	117	189	185
1993-98	Gélinas	Martin	A	258	90	81	171	173
1990-95	Momesso	Sergio	A	269	68	73	141	655
1977-85	Gillis	Jere	A	309	63	75	138	210
1996-2002	Brashear	Donald	A	388	50	53	103	1159
2005-09	Burrows	Alexandre	A	288	50	53	103	483
1990-98	Odjick	Gino	A	444	46	52	98	2127
1971-74	Lemieux	Richard	A	129	29	61	90	68
1973-76	Bordeleau	Paulin	A	183	33	56	89	47
1977-79	Martin	Hubert Pit	C	131	27	45	72	60
1971-72	Connelly	Wayne	C	53	14	20	34	12
1983-88	Lanthier	Jean-Marc	A	105	16	16	32	29
1974-76	Rochefort	Léon	A	87	18	14	32	2
2008-09	Bernier	Steve	A	81	15	17	32	27
1988-95	Charbonneau	José	A	46	8	8	16	55
1987-91	Stern	Ronnie	A	97	5	6	11	480
2006-07	Chouinard	Marc	C	42	2	2	4	10
1995-96	Bélanger	Jesse	C	9	3	0	3	4
1992-94	Morin	Stéphane	C	6	1	2	3	6
1987-88	Vilgrain	Claude	C	6	1	1	2	0
2008-09	Ouellet	Michel	A	3	0	0	0	0

DÉFENSEURS

SAISON	NOM	PRÉNOM	P	PJ	B	A	PTS	PUN
1970-73	Tallon	Dale	D	222	44	93	137	219
1971-75	Guèvremont	Jocelyn	D	227	44	88	132	124
1982-88	Petit	Michel	D	226	24	57	81	373
1984-86	Daigneault	J.-Jacques	D	131	9	46	55	114
1980-81	Marois	Mario	D	50	4	12	16	115
1976-78	Carriere	Larry	D	56	1	12	13	66
1979-81	Logan	Dave	D	40	1	5	6	122
2006-07	Tremblay	Yannick	D	12	1	2	3	12
2003-04	Bergevin	Marc	D	9	0	2	2	2
1997-98	Ciccone	Enrico	D	13	0	1	1	47
2006-07	Coulombe	Patrick	D	7	0	1	1	4
2003-04	Grenier	Martin	D	7	1	0	1	9
1973-74	Folco	Peter	D	2	0	0	0	0

GARDIENS

SAISON	NOM	PRÉNOM	P	PJ	V	D	N	MOY	%
1980-88	Brodeur	Richard	G	377	126	173	62	3,87	
2000-06	Cloutier	Dan	G	208	109	68	29	2,42	,906
2006-09	Luongo	Roberto	G	203	115	64	22	2,32	,920
1999-2001	Potvin	Félix	G	69	26	30	17	2,84	,897
1970-71	Hodge	Charlie	G	35	10	13	5	3,42	
1973-74	Caron	Jacques	G	10	2	5	1	4,90	
2006-07	Sabourin	Dany	G	9	2	4	1	2,63	,906
2001-02	Brochu	Martin	G	6	0	3	0	4,16	,856
2005-06	Ouellet	Maxime	G	4	0	2	1	3,25	,894

CAPITALS DE WASHINGTON DE 1974 À 2009	450 JOUEURS		52 QC	11,56%

AVANTS

SAISON	NOM	PRÉNOM	P	PJ	B	A	PTS	PUN	
1976-81	Charron	Guy	C	320	118	156	274	54	
1982-87	Haworth	Alan	C	346	129	139	268	249	
1993-99	Juneau	Joé	C	312	62	172	234	98	
1981-87	Duchesne	Gaétan	A	451	87	138	225	251	
1975-80	Sirois	Bob	A	282	91	120	211	38	
1975-85	Currie	Glen	A	307	38	77	115	91	
1975-76	Monahan	Hartland	A	159	40	56	96	72	
1981-84	Valentine	Chris	A	105	43	52	95	127	
1980-82	Pronovost	Jean	A	90	23	38	61	65	
1977-80	Girard	Bob	A	132	18	29	47	42	
1974-75	Dupéré	Denis	A	53	20	15	35	8	
1975-76	Clément	Bill	C	46	10	17	27	20	
2006-09	Brashear	Donald	A	220	10	15	25	396	
1977-79	Forbes	Dave	A	79	11	12	23	121	
1978-79	Bergeron	Michel	A	30	7	6	13	7	
1977-79	Godin	Eddie	A	27	3	6	9	12	
1997-99	Gratton	Benoit	C	22	4	4	8	22	
1994-96	Gendron	Martin	A	26	4	2	6	10	
1990-93	Savage	Réginald	C	17	2	3	5	12	
2006-07	Giroux	Alexandre	C	9	2	2	4	2	
2001-02	Hogue	Benoit	C	9	0	1	1	4	
1995-96	Chassé	Denis	A	3	0	0	0	5	
1989-91	Maltais	Steve	A	15	0	0	0	4	
2005-06	Robitaille	Louis	A	2	0	0	0	5	
1998-99	Lefebvre	Patrice	C	3	0	0	0	2	

➲

Liste des Québécois qui ont joué dans la LNH, par équipe, de 1970 à 2009 (suite)

CAPITALS DE WASHINGTON DE 1974 À 2009				450 JOUEURS			52 QC		11,56 %

AVANTS

SAISON	NOM	PRÉNOM	P	PJ	B	A	PTS	PUN	
1974-75	Peloffy	André	C	9	0	0	0	0	

DÉFENSEURS

SAISON	NOM	PRÉNOM	P	PJ	B	A	PTS	PUN	
1991-2003	Côté	Sylvain	D	622	75	195	270	336	
1977-80	Picard	Robert	D	230	42	114	156	308	
1986-88	Galley	Garry	D	76	8	33	41	54	
1975-78	Lemieux	Jean-Luc	D	64	13	25	38	4	
1981-82	Murray	Terry	D	74	3	22	25	60	
1978-82	Bouchard	Pierre	D	106	8	16	24	54	
1992-94	Anderson	Shawn	D	110	2	15	17	30	
2005-06	Biron	Mathieu	D	52	4	9	13	50	
1999-2002	Zettler	Rob	D	90	1	10	11	130	
2001-04	Fortin	Jean-François	D	71	1	4	5	42	
1993-99	Ciccone	Enrico	D	89	3	1	4	277	
1995-97	Charron	Éric	D	29	1	2	3	24	
1996-2002	Boileau	Patrick	D	7	0	1	1	4	
2003-04	Grand-Pierre	Jean-Luc	D	13	1	0	1	14	
1978-80	Tremblay	Brent	D	10	1	0	1	6	
1985-88	Beaudoin	Yves	D	11	0	0	0	5	
1989-90	Côté	Alain	D	2	0	0	0	7	

GARDIENS

SAISON	NOM	PRÉNOM	P	PJ	V	D	N	MOY	%
1975-79	Wolfe	Bernie	G	120	20	61	21	4,17	
2008-09	Théodore	José	G	57	32	17	5	2,85	,901
1974-76	Belhumeur	Michel	G	42	0	29	4	5,32	
2002-04	Charpentier	Sébastien	G	26	6	14	4	2,93	,902
2003-04	Ouellet	Maxime	G	6	2	3	1	3,12	,910
2005-07	Cassivi	Frédéric	G	5	0	2	1	3,04	,886
2003-04	Yeats	Matthew	G	5	1	3	0	3,03	,908
1998-99	Brochu	Martin	G	2	0	2	0	3,01	,891
1987-88	Raymond	Alain	G	1	0	1	0	3,06	,900

JETS DE WINNIPEG DE 1979 À 1996				243 JOUEURS			30 QC		12,35%

AVANTS

SAISON	NOM	PRÉNOM	P	PJ	B	A	PTS	PUN	
1981-92	Deblois	Lucien	A	235	87	101	188	208	
1980-83	Dupont	Normand	A	181	47	67	114	36	
1986-89	Hamel	Gilles	A	143	35	32	67	59	
1980-82	Geoffrion	Daniel	A	79	20	26	46	87	
1979-81	Drouin	Jude	A	85	8	16	24	54	
1979-84	Mann	Jimmy	A	202	9	12	21	598	
1986-87	Baillargeon	Joël	A	15	0	2	2	27	
1979-81	Daley	Patrick	A	12	1	0	1	13	
1979-80	Guindon	Bob	A	6	0	1	1	2	
1988-91	Larose	Guy	C	10	0	1	1	14	
1995-96	Chassé	Denis	A	15	0	0	0	12	
1979-80	Tomalty	Glen	A	1	0	0	0	0	

DÉFENSEURS

SAISON	NOM	PRÉNOM	P	PJ	B	A	PTS	PUN	
1985-92	Marois	Mario	D	255	17	116	133	378	
1983-86	Picard	Robert	D	160	20	43	63	158	
1993-95	Quintal	Stéphane	D	124	14	35	49	197	
1988-92	Donnelly	Gord	D	173	12	17	29	726	
1981-83	Savard	Serge	D	123	6	21	27	55	
1983-86	Dollas	Bobby	D	56	0	5	5	66	
1980-81	Mulhern	Richard	D	19	0	4	4	14	
1995-96	Doig	Jason	D	15	1	1	2	28	
1988-89	Fletcher	Steven	D	3	0	0	0	5	
1979-80	Maciver	Don	D	6	0	0	0	2	

GARDIENS

SAISON	NOM	PRÉNOM	P	PJ	V	D	N	MOY	%
1985-90	Berthiaume	Daniel	G	120	50	45	13	3,63	
1989-94	Beauregard	Stéphane	G	74	16	30	11	3,48	,885
1979-81	Hamel	Pierre	G	64	12	39	7	4,34	
1885-86	Bouchard	Daniel	G	32	11	14	2	3,79	
1986-88	Penney	Steve	G	15	3	8	2	4,64	
1980-81	Dion	Michel	G	14	3	6	3	4,83	
1998-96	Draper	Tom	G	9	3	5	0	4,80	
1995-96	Roussel	Dominic	G	7	2	2	0	3,37	,881

Chapitre 4

Les joueurs québécois dans la LNH

Dans ce chapitre, je vous propose un résumé statistique de tous les hockeyeurs québécois qui ont joué dans la LNH depuis sa fondation en 1917. J'ai divisé tous les joueurs en deux groupes : les hockeyeurs dont la carrière a débuté avec ou après la saison 1970-1971 et les hockeyeurs qui ont commencé leur carrière entre la saison 1917-1918 et 1969-1970.

Les tableaux correspondant à tous ces hockeyeurs sont numérotés comme suit :

- Les centres : tableaux 4.5 et 4.6
- Les ailiers : tableaux 4.7 et 4.8
- Les gardiens de but : tableaux 4.9 et 4.10
- Les défenseurs : tableaux 4.11 et 4.12

Enfin, le tableau 4.13 regroupe la participation annuelle de tous les Québécois dans la LNH depuis 1970.

Les joueurs de centre de 1970 à 2009

- Entre la saison 1970-1971 et la saison 2008-2009, il y a eu 107 joueurs québécois de centre qui ont joué au moins 1 match dans la LNH.
- Il y a eu 46 joueurs de centre en 40 ans qui ont joué plus de 200 matchs (3 ans).
- Sur les 46 joueurs de centre, il y a eu 39 francophones.
- Une proportion de 44,31 % des joueurs de centre francophones ont joué plus de 200 matchs.

Les ailiers de 1970 à 2009

- Entre la saison 1970-1971 et la saison 2008-2009, 199 ailiers québécois ont joué au moins un match dans la LNH.
- En 40 ans, il y a eu 77 ailiers qui ont joué plus de 200 matchs (3 ans).
- Sur les 77 ailiers, il y a eu 60 francophones.
- Une proportion de 37,97 % d'ailiers québécois francophones ont joué plus de 200 matchs.

Les gardiens de but de 1970 à 2009

- Entre la saison 1970-1971 et la saison 2008-2009, 96 gardiens de but québécois ont joué au moins 1 match dans la LNH.
- Il y a eu 31 gardiens francophones qui ont joué plus de 200 matchs (3 ans). Aucun gardien anglophone n'a joué plus de 200 matchs.
- Une proportion de 39,24 % de gardiens de but québécois francophones ont joué plus de 200 matchs.

Les défenseurs de 1970 à 2009

- Entre la saison 1970-1971 et la saison 2008-2009, 119 défenseurs québécois ont joué au moins 1 match dans la LNH.
- Il y a eu 64 défenseurs qui ont joué plus de 200 matchs (3 ans).
- Il y a eu 46 défenseurs francophones.
- Une proportion de 50,54 % de défenseurs québécois francophones ont joué plus de 200 matchs.

TABLEAU 4.1

**Comparatif par position des joueurs québécois francophones de 1970 à 2009
Qui ont joué plus de 200 matchs**

POSITIONS	TOTAL	POURCENTAGE
Les centres	39/88	44,31 %
Les ailiers	60/158	37,97 %
Les gardiens	31/79	39,24 %
Les défenseurs	46/91	50,54 %
TOTAL	176/416	42,31 %

Conclusion du tableau 4.1

Le tableau 4.1 montre que ce sont les défenseurs québécois franco-phones qui réussissent dans une plus grande proportion à faire une carrière de plus de 200 matchs dans la LNH.

Le style de jeu défensif prétendument déficient des Québécois francophones que l'on décrie tant sur la planète hockey canadienne-anglaise est une thèse qui ne tient plus. Si les défenseurs québécois francophones avaient tant de déficiences, ils ne seraient pas aussi nombreux à avoir joué plus de 200 matchs dans la LNH. Ce qui est aussi surprenant, c'est le pourcentage élevé de réussite des défenseurs comparativement aux trois autres positions.

TABLEAU 4.2

Comparatif de la participation des hockeyeurs québécois par année*

JOUEURS QUÉBÉCOIS	DÉCENNIE 1970-1979										MOYENNE
	1970	1971	1972	1973	1974	1975	1976	1977	1978	1979	
FRANCOPHONES 154	53	62	64	65	74	71	64	68	68	89	67,8
ANGLOPHONES 53	17	11	15	14	15	17	18	16	14	21	15,8
TOTAL 207	70	73	79	79	89	88	82	84	82	110	83,6

JOUEURS QUÉBÉCOIS	DÉCENNIE 1980-1989										MOYENNE
	1980	1981	1982	1983	1984	1985	1986	1987	1988	1989	
FRANCOPHONES 173	78	82	73	62	62	60	57	63	60	69	66,6
ANGLOPHONES 47	16	17	15	14	15	16	19	21	23	23	17,9
TOTAL 220	94	99	88	76	77	76	76	84	83	92	84,5

JOUEURS QUÉBÉCOIS	DÉCENNIE 1990-1999										MOYENNE
	1990	1991	1992	1993	1994	1995	1996	1997	1998	1999	
FRANCOPHONES 185	74	75	80	83	77	79	86	79	97	94	82,4
ANGLOPHONES 43	23	25	25	27	19	23	16	17	18	15	20,8
TOTAL 228	97	100	105	110	96	102	102	96	115	109	103,2

JOUEURS QUÉBÉCOIS	DÉCENNIE 2000-2008										MOYENNE
	2000	2001	2002	2003	2004	2005	2006	2007	2008	2009	
FRANCOPHONES 178	86	88	81	80	NIL	83	76	70	67	–	78,9
ANGLOPHONES 23	14	11	11	10	NIL	7	6	6	4	–	8,6
TOTAL 201	100	99	92	90	NIL	90	82	77	71	–	87,5

* **N.B.** Le nombre inclus sous les années représente le nombre de participants à au moins 1 partie.
Le chiffre à côté des années représente le total de joueurs participants.

TABLEAU 4.3

Comparatif de la participation des hockeyeurs québécois par décennie

DÉCENNIE	TOTAL PAR DÉCENNIE	JOUEURS FRANCOPHONES	%	JOUEURS ANGLOPHONES	%
1970-1979	207	154	74,40%	53	25,60%
1980-1989	220	173	78,64%	47	21,36%
1990-1999	228	185	81,14%	43	18,86%
2000-2008	201	178	87,00%	23	13,00%

La disparition des Québécois... anglophones !

Le lundi 23 juin 2008, le journaliste sportif du *Journal de Montréal* (*Rue Frontenac*) posait la question suivante : « Pourquoi le nombre de joueurs québécois évoluant dans la Ligue nationale de hockey diminue-t-il ? » Le tableau 4.2 lui donne raison en partie, car la diminution des Québécois dans la LNH, c'est surtout du côté des Québécois anglophones qu'elle se produit. Que se passe-t-il avec nos compatriotes hockeyeurs québécois anglophones ? Dans les décennies précédentes, les Québécois anglophones représentaient en moyenne entre 19 % et 28 % des hockeyeurs provenant du Québec, un taux relativement très élevé, comparativement à leur pourcentage de population dans la province de Québec (8,5 %). Présentement leur pourcentage de représentativité est de 5,63 % avec seulement 4 hockeyeurs québécois anglophones ayant joué dans la LNH durant la saison 2008-2009. Les Québécois anglophones savent maintenant ce que c'est que d'être québécois dans la LNH. Pour ce qui est des Québécois francophones, il y en avait 67, un nombre qui est supérieur à la moyenne des années 1970 et 1980, alors qu'il tournait autour des 65,5 par année. Le tableau 4.13 page 212 montre la participation annuelle de tous les Québécois dans la LNH depuis la saison 1970-1971.

Le match des étoiles de la LNH

Le match des étoiles de la LNH est un match qui honore les meilleurs joueurs de chaque équipe de la Ligue nationale de hockey. Dans le monde du hockey québécois, on entend souvent dire que la majorité des Québécois francophones qui réussissent à faire carrière dans la LNH sont des joueurs de premier plan. Le tableau 4.4 leur donne grandement raison, puisqu'on y constate que 68 Québécois francophones ont participé aux matchs des étoiles de la LNH depuis la saison 1970. Ce nombre représente près de 40 % des Québécois francophones qui ont joué plus de 200 matchs dans la LNH.

TABLEAU 4.4

Participation des joueurs québécois au match des étoiles de la LNH

	JOUEUR	ANNÉE DE PARTICIPATION								TOTAL
1	Hubert (Pit) Martin	1971	1972	1973	1974					4
2	Gilles Villemure	1971	1972	1973						3
3	Jean-Claude Tremblay	1971	1972							2
4	Jean Ratelle	1971	1972	1973	1980					4
5	Gilbert Perreault	1971	1972	1977	1978	1980	1984			6
6	Yvan Cournoyer	1971	1972	1973	1974	1978				5
7	Dale Tallon	1971	1972							2
8	Richard Martin	1972	1973	1974	1975	1976	1977	1978		7
9	Simon Nolet	1972	1975							2
10	Carol Vadnais	1972	1975	1976	1978					4
11	Lorne Worsley	1972								1
12	Rodrigue Gilbert	1972	1975	1977						3
13	Dave Keon	1973								1
14	Guy Lapointe	1973	1975	1976						3
15	Jacques Lemaire	1973								1
16	René Robert	1973	1975							2
17	Serge Savard	1973	1977	1978						3
18	Bob Berry	1973								1
19	Gilles Marotte	1973								1
20	Rogatien Vachon	1973	1975	1978						3
21	Bernard Parent	1974	1975	1977						3
22	Henri Richard	1974								1
23	Denis Potvin	1974	1975	1976	1977	1978	81-83	84-87		11
24	Jocelyn Guèvremont	1974								1
25	Gilles Gilbert	1974								1
26	Marcel Dionne	1975	1976	1977	1978	1980	1981	83-85		9
27	Denis Dupéré	1975								1
28	Guy Lafleur	1975	1976	1977	1978	1980	1991			6
29	Jean Pronovost	1975	1976	1977	1978					4
30	Bill Clément	1976	1978							2
31	Pierre Larouche	1976	1984							2
32	André Dupont	1976								1
33	Guy Charron	1977								1
34	Ian Turnbull	1977								1
35	Bob Sirois	1978								1
36	Michael Bossy	1978	1980	1981	1982	1983	1985	1986		7
37	Réal Cloutier	1980								1
	JOUEUR	ANNÉE DE PARTICIPATION								TOTAL

#	JOUEUR	ANNÉE DE PARTICIPATION							TOTAL
38	Gilles Meloche	1980	1982						2
39	Robert Picard	1980	1981						2
40	Mario Lessard	1981							1
41	Raymond Bourque	1981-86, 1988-94, 1996-2001							19
42	Michel Dion	1982							1
43	Marc Tardif	1982							1
44	Denis Savard	1982	1983	1984	1986	1988	1991	1996	7
45	Michel Goulet	1983	1984	1985	1986	1988			5
46	Kevin Lowe	1984	1985	1986	1988	1989	1990		6
47	Mario Lemieux	1985-1987	1989-1990	1992	1996-1997	2001-2002			10
48	Mario Gosselin	1986							1
49	Sylvain Turgeon	1986							1
50	Patrick Roy	1988	1990-1994	1997-1998	2001-2003				11
51	Kevin Dineen	1985	1989						2
52	Luc Robitaille	1988-1993	1999	2001					8
53	Steve Duchesne	1989	1990	1993					3
54	Réjean Lemelin	1989							1
55	Stéphane Richer	1990							1
56	Pierre Turgeon	1990	1993	1994	1996				4
57	Vincent Damphousse	1991	1992	2002					3
58	Garry Galley	1991	1994						2
59	Éric Desjardins	1992	1996	2000					3
60	Félix Potvin	1994							2
61	Martin Brodeur	1996-1999	2000-2001	2003-2004	2007				9
62	Donald Audette	2001							1
63	Simon Gagné	2001	2007						2
64	José Théodore	2002	2004						2
65	Éric Dazé	2002							1
66	Jocelyn Thibault	2003							1
67	Martin St-Louis	2003	2004	2007	2008	2009			5
68	Vincent Lecavalier	2003	2006	2008	2009				4
69	Patrick Lalime	2003							1
70	Roberto Luongo	2004	2007	2009					3
71	Alex Tanguay	2004							1
72	Philippe Boucher	2007							1
73	Yanic Perreault	2007							1
74	Daniel Brière	2007							1
75	Mike Ribeiro	2008							1
76	Stéphane Robidas	2009							1
77	Jean-Sébastien Giguère	2009							1
	JOUEUR	**ANNÉE DE PARTICIPATION**							**TOTAL**

LES TROPHÉES INDIVIDUELS DES JOUEURS DE LA LNH

Les trophées individuels des joueurs de la LNH sont remis à la fin de la saison, lors d'un grand banquet qui réunit les commanditaires prestigieux de la LNH ainsi que les dirigeants de toutes les équipes.

Le trophée Hart est attribué au joueur le plus utile à son équipe. Voici la liste des Québécois qui ont obtenu le trophée Hart :

1976-1977 : Guy Lafleur	**1995-1996 :** Mario Lemieux
1977-1978 : Guy Lafleur	**2001-2002 :** José Théodore
1987-1988 : Mario Lemieux	**2003-2004 :** José Théodore
1992-1993 : Mario Lemieux	

Le trophée Art-Ross est décerné au champion marqueur en saison régulière. Voici la liste des Québécois qui l'ont gagné :

1975-1976 : Guy Lafleur	**1988-1989 :** Mario Lemieux
1976-1977 : Guy Lafleur	**1991-1992 :** Mario Lemieux
1977-1978 : Guy Lafleur	**1992-1993 :** Mario Lemieux
1979-1980 : Marcel Dionne	**1996-1997 :** Mario Lemieux
1987-1988 : Mario Lemieux	**2003-2004 :** Martin St-Louis

Le trophée Maurice-Richard est remis au meilleur marqueur de buts en saison régulière. En 2006-2007, c'est un Québécois, Vincent Lecavalier, qui l'a gagné.

Le trophée Calder est attribué au meilleur joueur recrue. Voici la liste des Québécois qui l'ont gagné :

1970-1971 : Gilbert Perreault	**1984-1985 :** Mario Lemieux
1973-1974 : Denis Potvin	**1986-1987 :** Luc Robitaille
1977-1978 : Michael Bossy	**1993-1994 :** Martin Brodeur
1979-1980 : Raymond Bourque	

De 1926-1927 à 1981-1982, le trophée Vézina était remis au gardien d'une équipe ayant accordé le moins de buts. Depuis 1982-1983, il est attribué au meilleur gardien par vote des directeurs généraux. Voici la liste des Québécois à qui il a été décerné :

1970-1971 : Gilles Villemure	**1988-1989 :** Patrick Roy
1973-1974 : Bernard Parent	**1989-1990 :** Patrick Roy
1974-1975 : Bernard Parent	**1991-1992 :** José Théodore
1976-1977 : Michel Larocque	**2002-2003 :** Martin Brodeur
1977-1978 : Michel Larocque	**2003-2004 :** Martin Brodeur
1978-1979 : Michel Larocque	**2006-2007 :** Martin Brodeur
1979-1980 : Robert Sauvé	**2007-2008 :** Martin Brodeur
1980-1981 : Richard Sévigny, Michel Larocque et Denis Herron	

Le trophée Conn-Smythe est attribué au joueur le plus utile à son équipe dans les séries éliminatoires.
Voici la liste des Québécois qui l'ont remporté :

1972-1973 : Yvan Cournoyer	**1990-1991 :** Mario Lemieux
1973-1974 : Bernard Parent	**1991-1992 :** Mario Lemieux
1974-1975 : Bernard Parent	**1994-1995 :** Claude Lemieux
1976-1977 : Guy Lafleur	**2000-2001 :** Patrick Roy
1981-1982 : Michael Bossy	**2002-2003 :** Jean-Sébastien Giguère
1985-1986 : Patrick Roy	

Le trophée James-Norris est décerné au meilleur défenseur.
Voici la liste des Québécois qui l'ont remporté :

1975-1976 : Denis Potvin	**1987-1988 :** Raymond Bourque
1977-1978 : Denis Potvin	**1989-1990 :** Raymond Bourque
1978-1979 : Denis Potvin	**1990-1991 :** Raymond Bourque
1986-1987 : Raymond Bourque	**1993-1994 :** Raymond Bourque

Le trophée Frank-J.-Selke est attribué au meilleur attaquant défensif. Voici la liste des Québécois qui l'ont obtenu :

1981-1982 : Steve Kasper	**1987-1988 :** Guy Carbonneau
1986-1987 : Guy Carbonneau	**1991-1992 :** Guy Carbonneau

Le trophée Lester-B.-Pearson est attribué au joueur par excellence choisi au moyen d'un vote à travers l'Association des joueurs. Voici la liste des Québécois qui l'ont reçu :

1971-1972 : Jean Ratelle	**1985-1986 :** Mario Lemieux
1975-1976 : Guy Lafleur	**1987-1988 :** Mario Lemieux
1976-1977 : Guy Lafleur	**1992-1993 :** Mario Lemieux
1977-1978 : Guy Lafleur	**1995-1996 :** Mario Lemieux
1978-1979 : Marcel Dionne	**2003-2004 :** Martin St-Louis
1979-1980 : Marcel Dionne	

Le trophée Bill-Masterton est attribué au joueur alliant persévérance, esprit sportif et dévouement au hockey. Voici la liste des Québécois qui l'ont obtenu :

1970-1971 : Jean Ratelle	**1978-1979 :** Serge Savard
1973-1974 : Henri Richard	**1992-1993 :** Mario Lemieux
1975-1976 : Rodrigue Gilbert	

Le trophée King-Clancy est attribué au joueur pour ses qualités de meneur et sa contribution communautaire. En 1991-1992, c'est Raymond Bourque qui l'a remporté et en 2007-2008, c'est Vincent Lecavalier.

Le trophée Jennings est remis au gardien ayant accordé le moins de buts. Voici la liste des Québécois qui l'ont obtenu :

1981-1982 : Denis Herron	**1996-1997 :** Martin Brodeur
1984-1985 : Robert Sauvé	**1997-1998 :** Martin Brodeur
1986-1987 : Patrick Roy	**2001-2002 :** Patrick Roy
1988-1989 : Patrick Roy	**2002-2003 :** Martin Brodeur
1989-1990 : Réjean Lemelin	**2003-2004 :** Martin Brodeur

Le trophée Roger-Crozier est attribué au gardien ayant le meilleur pourcentage d'arrêts. En 2001-2002, c'est José Théodore qui l'a remporté.

Le trophée Plus-Moins est attribué au joueur qui présente le meilleur ratio +/- en saison régulière. En 2003-2004, c'est à Martin ST. LOUIS qu'il a été décerné.

Le trophée Lady-Bing est attribué au joueur le plus gentilhomme. Voici la liste des Québécois qui l'ont obtenu :

1971-1972 : Jean Ratelle	**1982-1983 :** Michael Bossy
1972-1973 : Gilbert Perreault	**1983-1984 :** Michael Bossy
1974-1975 : Marcel Dionne	**1985-1986 :** Michael Bossy
1975-1976 : Jean Ratelle	**1992-1993 :** Pierre Turgeon
1976-1977 : Marcel Dionne	

À talent égal, traitement inégal

La discrimination est liée à un traitement inéquitable. Il y a eu 176 hockeyeurs québécois francophones qui ont joué plus de 200 matchs dans la LNH entre 1970-1971 et 2008-2009. Des 176 joueurs francophones qui ont joué, il y en a 74, soit une proportion de 42 %, qui ont remporté des honneurs individuels dans la LNH. Ce fait prouve hors de tout doute que seuls les hockeyeurs québécois francophones de haut niveau ont réussi à faire une carrière de plus de 200 matchs dans la LNH. Les autres hockeyeurs québécois ont été rapidement éliminés de la LNH.

TABLEAU 4.5

Les joueurs de centre de 1970 à 2009*

	NOM	PRÉNOM	SAISON	MJ	B	A	PTS	PUN.
1	Dionne	Marcel	1971-89	1348	731	1040	1771	600
2	Lemieux	Mario	1984-06	915	690	1033	1723	834
3	Savard	Denis	1980-97	1196	473	865	1338	1336
4	Turgeon	Pierre	1987-07	1294	515	812	1327	452
5	Perreault	Gilbert	1970-87	1191	512	814	1326	500
6	Damphousse	Vincent	1986-04	1378	432	773	1205	1190
7	Larouche	Pierre	1974-88	812	395	427	822	237
8	Lecavalier	Vincent	1998-09	787	302	367	669	561
9	Carbonneau	Guy	1980-00	1318	260	403	663	820
10	Chouinard	Guy	1974-84	578	205	370	575	120
11	Juneau	Joé	1991-04	828	156	416	572	272
12	Krushelnysky	Mike	1981-95	897	241	328	569	699
13	Perreault	Yannick	1993-08	859	247	269	516	402
14	Savard	André	1973-84	790	211	271	482	411
15	Brière	Daniel	1997-09	591	204	269	473	459
16	Kasper	Steve	1980-93	821	177	291	468	554
17	Mondou	Pierre	1977-85	548	194	262	456	179
18	Haworth	Allan	1980-88	524	189	211	400	425
19	Ribeiro	Mike	1999-09	515	117	256	373	212
20	Clement	Bill	1971-82	719	148	208	356	383
21	Richard	Jacques	1972-83	556	160	187	347	307
22	Lalonde	Bobby	1971-82	641	124	210	334	298
23	St-Laurent	André	1973-84	644	129	187	316	749
24	Laperrière	Ian	1993-09	1001	118	198	316	1794
25	Lapointe	Claude	1990-04	879	127	178	305	721
26	Lebeau	Stéphane	1988-95	373	118	159	277	105
27	Bouchard	Pierre-Marc	2002-09	425	77	190	267	136
28	Bélanger	Éric	2000-09	557	106	152	258	251
29	Daoust	Dan	1982-90	522	87	167	254	544
30	Comeau	Reynald	1971-80	564	98	141	239	175
31	Bergeron	Patrice	2003-09	303	80	148	228	88
32	Sauvé	Jean-François	1980-87	290	65	138	203	114
	NOM	PRÉNOM	SAISON	MJ	B	A	PTS	PUN.

* Le classement est établi selon le nombre de points accumulés en carrière.

Les joueurs de centre de 1970 à 2009 (suite)

	NOM	PRÉNOM	SAISON	MJ	B	A	PTS	PUN.
33	Statsny	Paul	2006-09	193	63	122	185	88
34	Lombardi	Matthew	2003-09	366	70	113	183	239
35	Vermette	Antoine	2003-09	376	87	93	180	213
36	Bureau	Marc	1989-00	567	55	83	138	327
37	Bélanger	Jesse	1991-01	246	59	76	135	56
38	Lemieux	Richard	1971-76	274	39	82	121	132
39	Perrin	Éric	2003-09	245	32	72	104	92
40	Fortier	Marc	1997-93	212	42	60	102	135
41	Bordeleau	Sébastien	1995-02	251	37	61	98	118
42	Valentine	Chris	1981-84	105	43	52	95	127
43	Rhéaume	Pascal	1996-06	318	39	52	91	144
44	Bordeleau	Paulin	1973-76	183	33	56	89	47
45	Talbot	Maxime	2005-09	261	42	38	80	228
46	Chouinard	Marc	2000-07	320	37	41	78	123
47	Perron	David	2007-09	143	28	49	77	88
48	Lemieux	Alain	1981-87	119	28	44	72	38
49	Dubinsky	Steve	1993-03	375	25	45	70	164
50	Leduc	Richard	1972-83	130	28	38	66	69
51	Thibodeau	Gilles	1986-91	119	25	37	62	40
52	White	Peter	1993-04	220	23	37	60	36
53	Lapierre	Maxim	2005-09	179	28	30	58	160
54	Morin	Stéphane	1989-94	90	16	39	55	52
55	St-Sauveur	Claude	1975-76	79	24	24	48	23
56	Martins	Steve	1995-06	267	21	25	46	142
57	Guité	Ben	2005-09	169	19	26	45	93
58	Orlando	Gates	1984-87	98	18	26	44	51
59	Pouliot	Marc-Antoine	2005-09	141	14	25	39	53
60	Jomphe	Jean-François	1995-99	111	10	29	39	102
61	Montgomery	Jim	1993-03	122	9	25	34	80
62	Brady	Neil	1989-94	89	9	22	31	95
63	Aubin	Normand	1981-83	69	18	13	31	30
64	Mongrain	Robert	1979-86	81	13	14	27	14
65	Brassard	Dérick	2007-09	48	11	16	27	23
	NOM	PRÉNOM	SAISON	MJ	B	A	PTS	PUN.

	NOM	PRÉNOM	SAISON	MJ	B	A	PTS	PUN.
66	Perreault	Joël	2005-09	87	11	14	25	68
67	Corso	Daniel	2000-04	77	14	11	25	20
68	Mongeau	Michel	1989-93	54	6	19	25	10
69	Chouinard	Éric	2000-06	90	11	11	22	16
70	Murphy	Rob	1987-94	125	9	12	21	152
71	Mitchell	Tory	2007-08	82	10	10	20	50
72	Larose	Guy	1988-94	70	10	9	19	63
73	Savard	Jean	1977-80	43	7	12	19	29
74	Tardif	Patrice	1994-96	65	7	11	18	78
75	Larouche	Steve	1994-96	26	9	9	18	10
76	Galarneau	Michel	1980-83	78	7	10	17	34
77	Parizeau	Michel	1971-72	58	3	14	17	18
78	Faust	André	1992-94	47	10	7	17	14
79	Cloutier	Roland	1977-80	34	8	9	17	2
80	Gratton	Benoit	1997-04	58	6	10	16	58
81	Statsny	Yan	2005-09	87	5	10	15	58
82	Landry	Éric	1997-02	68	5	9	14	47
83	Stewart	Anthony	2005-09	105	4	8	12	38
84	Savage	Réginald	1990-94	34	5	7	12	28
85	Couturier	Sylvain	1988-92	33	4	5	9	4
86	Verret	Claude	1983-85	14	2	5	7	2
87	Reid	Brandon	2002-07	13	2	4	6	0
88	Houde	Éric	1996-99	30	2	3	5	4
89	Delisle	Xavier	1998-01	16	3	2	5	6
90	Lehoux	Yanick	2006-07	10	2	2	4	6
91	Dubé	Christian	1996-99	33	1	1	2	4
92	Grenier	Richard	1972-73	10	1	1	2	2
93	Desjardins	Martin	1989-90	8	0	2	2	2
94	Yates	Ross	1983-84	7	1	1	2	4
95	Walter	Ben	2005-09	9	1	0	1	4
96	Roy	Stéphane	1987-88	7	1	0	1	0
97	Bolduc	Alexandre	2008-09	4	0	1	1	4
98	Dupuis	Philippe	2008-09	8	0	0	0	4
99	Holts	Greg	1975-78	11	0	0	0	0
	NOM	PRÉNOM	SAISON	MJ	B	A	PTS	PUN.

➲

Les joueurs de centre de 1970 à 2009 (suite)

	NOM	PRÉNOM	SAISON	MJ	B	A	PTS	PUN.
100	Péloffy	André	1974-75	9	0	0	0	0
101	Cloutier	Sylvain	1998-99	7	0	0	0	0
102	Thyer	Mario	1989-90	5	0	0	0	0
103	Dusablon	Benoit	2003-04	3	0	0.	0	2
104	Richer	Bob	1972-73	3	0	0	0	0
105	Hughes	Ryan	1995-96	3	0	0	0	0
106	Guay	François	1989-90	1	0	0	0	0
107	Vachon	Nicholas	1996-97	1	0	0	0	0
	NOM	PRÉNOM	SAISON	MJ	B	A	PTS	PUN.

TABLEAU 4.6

Les centres dont la carrière a débuté avant la saison 1970-71*

	NOM	PRÉNOM	SAISON	MJ	B	A	PTS	PUN.
1	Ratelle	Jean	1960-81	1281	491	776	1267	276
2	Béliveau	Jean	1950-71	1125	507	712	1219	1029
3	Richard	Henri	1955-75	1256	358	688	1046	928
4	Keon	Dave	1961-82	1296	396	590	986	117
5	Lemaire	Jacques	1968-79	853	366	469	835	217
6	Martin	Hubert (Pit)	1961-79	1101	324	485	809	609
7	Goyette	Philippe	1956-72	941	207	467	674	131
8	Cowley	Bill	1934-47	549	195	353	548	143
9	Charron	Guy	1969-81	730	221	309	530	146
10	Henry	Camille	1953-70	727	279	249	528	88
11	Stewart	Nels	1925-40	650	324	191	515	953
12	Boudrias	André	1963-76	662	151	340	491	216
13	Sloan	Todd	1947-61	745	220	262	482	831
14	Drouin	Jude	1969-81	666	151	305	456	346
15	Watson	Phil	1935-48	590	144	265	409	532
16	O'connor	Buddy	1941-51	509	140	257	397	34
17	Barry	Marty	1927-40	509	195	192	387	231
18	Mackell	Fleming	1947-60	665	149	220	369	562
19	Mosdell	Ken	1941-58	693	141	168	309	475
20	Connelly	Wayne	1960-72	543	133	174	307	156
21	Lépine	Pit	1925-38	526	143	98	241	392
22	Lacroix	André	1968-80	325	79	119	198	44
23	Haynes	Paul	1930-41	391	61	134	195	164
24	Blinco	Russ	1933-39	268	59	66	125	24
25	Bordeleau	Christian	1969-72	205	38	65	103	82
26	Peters	Jimmy	1964-75	309	37	36	73	48
27	Leclair	Jackie	1954-57	160	20	40	60	56
28	Thurier	Fred	1940-45	80	25	27	52	18
29	Keats	Duke	1926-29	82	30	19	49	113
30	Brière	Michel	1969-70	76	12	32	44	20
31	Leblanc	J.-P.	1969-79	153	14	30	44	87
	NOM	PRÉNOM	SAISON	MJ	B	A	PTS	PUN.

* Le classement est établi selon le nombre de points accumulés en carrière.

Les centres dont la carrière a débuté avant la saison 1970-71 (suite)

	NOM	PRÉNOM	SAISON	MJ	B	A	PTS	PUN.
32	Mahaffy	John	1942-44	37	11	25	36	4
33	Hardy	Joe	1969-71	63	9	14	23	51
34	Rozzini	Gino	1944-45	31	5	10	15	20
35	Campeau	Todd	1943-49	42	5	9	14	16
36	Boileau	Marc	1961-62	54	5	6	11	8
37	Crutchfield	Nels	1934-35	41	5	5	10	20
38	Lépine	Hector	1925-26	33	5	2	7	2
39	Broden	Connie	1955-58	6	2	1	3	2
40	Desaulniers	Gérard	1950-54	8	0	2	2	4
41	Gilbert	Jeannot	1962-65	22	0	1	1	4
42	Dineen	Gary	1968-69	12	0	1	1	0
43	White	Moe	1945-46	4	0	1	1	2
44	Burnett	Kelly	1952-53	3	1	0	1	0
45	Tremblay	Nils	1945-46	3	0	1	1	0
46	Joanette	Rosario	1944-45	2	0	1	1	4
47	Haworth	Gord	1952-53	2	0	1	1	0
48	Boileau	René	1925-26	7	0	0	0	0
49	Bourcier	Conrad	1935-36	6	0	0	0	0
50	Buchanan	Ron	1966-70	5	0	0	0	0
51	Burchell	Fred	1950-54	4	0	0	0	2
52	Lee	Bobby	1942-43	1	0	0	0	0
53	Read	Mel	1946-47	1	0	0	0	0
	NOM	PRÉNOM	SAISON	MJ	B	A	PTS	PUN.

TABLEAU 4.7

Les ailiers de 1970 à 2009*

	NOM	PRÉNOM	SAISON	MJ	B	A	PTS	PUN.
1	Robitaille	Luc	1986-06	1431	668	726	1394	1177
2	Lafleur	Guy	1971-91	1127	560	793	1353	399
3	Goulet	Michel	1979-94	1089	548	604	1152	825
4	Bossy	Michael	1977-87	752	573	553	1126	210
5	Mellanby	Scott	1985-07	1431	364	476	840	2479
6	Richer	Stéphane	1984-02	1054	421	398	819	614
7	Lemieux	Claude	1983-09	1215	379	407	786	1777
8	Dineen	Kevin	1984-03	1188	355	405	760	2229
9	Robert	René	1970-82	744	284	418	702	597
10	Martin	Richard	1971-82	685	384	317	701	477
11	Gélinas	Martin	1988-08	1273	309	351	660	820
12	Mckegney	Tony	1978-91	912	320	319	639	517
13	St-Louis	Martin	1998-09	690	238	347	585	226
14	Tremblay	Mario	1974-86	852	258	326	584	1043
15	Tanguay	Alex	1999-09	659	193	387	580	345
16	Hogue	Benoit	1987-02	863	222	321	543	877
17	Deblois	Lucien	1977-92	993	249	276	525	814
18	Audette	Donald	1990-2004	735	260	249	509	584
19	Turgeon	Sylvain	1983-95	669	269	226	495	691
20	Gagné	Simon	2000-09	606	242	242	484	231
21	Lambert	Yvon	1972-82	683	206	273	479	340
22	Dumont	Jean-Pierre	1998-09	678	187	272	459	328
23	Duchesnes	Gaétan	1981-95	1028	179	254	433	617
24	Dazé	Éric	1994-06	601	226	172	398	176
25	Errey	Bobby	1983-98	895	170	212	382	1005
26	Lapointe	Martin	1991-08	991	181	200	381	1417
27	Mckay	Randy	1997-03	932	162	201	363	1731
28	Momesso	Sergio	1983-97	710	152	193	345	1557
29	Cloutier	Réal	1979-85	317	146	198	344	119
30	Daigle	Alexandre	1993-06	616	129	198	327	186
31	Matteau	Stéphane	1990-03	848	144	172	316	742
	NOM	PRÉNOM	SAISON	MJ	B	A	PTS	PUN.

* Le classement est établi selon le nombre de points accumulés en carrière.

➲

Les ailiers de 1970 à 2009 (suite)

	NOM	PRÉNOM	SAISON	MJ	B	A	PTS	PUN.
32	Plante	Pierre	1971-80	599	125	172	297	599
33	Côté	Alain	1979-89	696	103	190	293	383
34	Hamel	Gilles	1980-89	519	127	147	274	276
35	Brunet	Benoit	1988-02	539	101	161	262	229
36	Hough	Mike	1986-99	707	100	156	256	675
37	Pominville	Jason	2003-09	304	99	145	244	90
38	Poulin	Patrick	1991-02	634	101	134	235	299
39	Bordeleau	Jean-Pierre	1971-80	519	97	126	223	143
40	Sirois	Bob	1974-80	286	92	120	212	42
41	Marois	Daniel	1988-96	350	117	93	210	419
42	Jarry	Pierre	1971-78	344	88	117	205	142
43	Brashear	Donald	1993-09	989	85	119	204	2561
44	Dupuis	Pascal	2000-09	506	95	107	202	228
45	Smith	Derek	1976-83	335	78	116	194	60
46	Dupéré	Denis	1970-78	421	80	99	179	66
47	Gillis	Jere	1977-87	386	78	95	173	230
48	Lemieux	Jocelyn	1986-98	598	80	84	164	740
49	Mckenna	Sean	1981-90	414	82	80	162	181
50	Stern	Ronnie	1987-00	638	75	86	161	2077
51	Laraque	Georges	1997-09	667	52	98	150	1098
52	Gagnon	Germain	1971-76	259	40	101	141	72
53	Monahan	Hartland	1973-81	334	61	80	141	163
54	Dionne	Gilbert	1990-96	223	61	79	140	108
55	Dupont	Normand	1979-84	256	55	85	140	52
56	Bergeron	Michel	1974-79	229	80	58	138	165
57	Lacroix	Éric	1993-01	472	67	70	137	361
58	Odjick	Gino	1990-02	605	64	73	137	2567
59	Corbet	René	1993-01	362	58	74	132	420
60	Forbes	Dave	1973-79	363	64	64	128	341
61	Milks	Hib	1925-33	317	87	41	128	179
62	Sheppard	Johnny	1926-34	308	68	58	126	224
63	Bernier	Steve	2005-09	258	60	62	122	155
64	Currie	Glen	1979-88	326	39	79	118	100
	NOM	**PRÉNOM**	**SAISON**	**MJ**	**B**	**A**	**PTS**	**PUN.**

	NOM	PRÉNOM	SAISON	MJ	B	A	PTS	PUN.
65	Ouellet	Michel	2005-09	190	52	64	116	58
66	Lacombe	Normand	1984-91	319	53	62	115	196
67	Girard	Robert	1975-80	305	45	69	114	140
68	Aubin	Serge	1998-06	374	44	64	108	361
69	Daigle	Alain	1974-80	389	56	50	106	122
70	Burrows	Alexandre	2005-09	288	50	53	103	483
71	Sleigher	Louis	1979-86	194	46	53	99	146
72	Veilleux	Stéphane	2002-09	361	43	47	90	254
73	Bégin	Steve	1997-09	409	47	39	86	482
74	Cyr	Denis	1980-86	193	41	43	84	36
75	Gratton	Normand	1971-76	201	39	44	83	64
76	Latendresse	Guillaume	2006-09	209	46	36	82	133
77	Picard	Michel	1990-01	166	28	42	70	103
78	Burns	Robin	1970-76	190	31	38	69	139
79	Roy	André	1995-09	515	35	33	68	1169
80	Simpson	Bobby	1976-83	175	35	29	64	98
81	Dagenais	Pierre	2000-06	142	35	23	58	58
82	Vilgrain	Claude	1987-94	89	21	32	53	78
83	Geoffrion	Daniel	1979-82	111	20	32	52	99
84	Aubry	Pierre	1980-85	202	24	26	50	133
85	Worrel	Peter	1997-04	391	19	27	46	1554
86	Dufour	Luc	1982-85	167	23	21	44	199
87	Léveillé	Normand	1981-83	75	17	25	42	49
88	Vincelette	Daniel	1987-92	193	20	22	42	351
89	Leroux	Jean-Yves	1996-01	220	16	22	38	146
90	Garland	Scott	1975-79	91	13	24	37	115
91	Sullivan	Bob	1982-83	62	18	19	37	18
92	Lanthier	Jean-Marc	1983-88	105	16	16	32	29
93	Boivin	Claude	1991-95	132	12	19	31	364
94	Hamel	Denis	1999-07	192	19	12	31	77
95	Mann	Jimmy	1979-88	293	10	20	30	895
96	Abid	Ramzi	2002-07	68	14	16	30	78
97	Smrke	John	1977-80	103	11	17	28	33
98	Roy	Jean-Yves	1994-98	61	12	16	28	26
	NOM	PRÉNOM	SAISON	MJ	B	A	PTS	PUN.

➲

Les ailiers de 1970 à 2009 (suite)

	NOM	PRÉNOM	SAISON	MJ	B	A	PTS	PUN.
99	Shank	Daniel	1989-92	77	13	14	27	175
100	Maltais	Steve	1989-01	120	9	18	27	53
101	Stock	P.-J.	1997-04	235	5	21	26	523
102	Chassé	Denis	1993-97	132	11	14	25	292
103	Darche	Mathieu	2000-08	101	8	16	24	26
104	Grenier	Lucien	1970-72	128	12	11	23	16
105	Charbonneau	José	1987-95	71	9	13	22	67
106	Courteney	Ed	1991-93	44	7	13	20	10
107	Meloche	Éric	2001-07	74	9	11	20	36
108	Sarault	Yves	1994-02	106	10	10	20	51
109	Fontaine	Len	1972-74	46	8	11	19	10
110	Dubé	Normand	1974-76	57	8	10	18	54
111	Lacroix	Daniel	1993-00	188	11	7	18	379
112	Logan	Robert	1986-89	42	10	5	15	0
113	Goneau	Daniel	1996-00	53	12	3	15	14
114	Cossette	Jacques	1975-79	64	8	6	14	29
115	Roberge	Mario	1990-95	112	7	7	14	314
116	Gamache	Simon	2002-08	48	6	7	13	18
117	Ritchie	Robert	1976-78	29	8	4	12	10
118	Boisvert	Serge	1982-88	46	5	7	12	8
119	Leblanc	Fernand	1976-79	34	5	6	11	0
120	Larose	Claude	1979-80	25	4	7	11	2
121	Quintin	Jean-François	1991-93	22	5	5	10	4
122	Preston	Yves	1978-81	28	7	3	10	4
123	Godin	Eddy	1977-79	27	3	6	9	12
124	Nantais	Richard	1974-77	63	5	4	9	79
125	Sévigny	Pierre	1993-98	78	4	5	9	64
126	Langlais	Alain	1973-75	25	4	4	8	10
127	David	Richard	1979-83	31	4	4	8	10
128	Courteau	Yves	1984-87	22	2	5	7	4
129	Gaulin	Jean-Marc	1982-86	26	4	3	7	8
130	Blouin	Sylvain	1996-03	115	3	4	7	336
131	Giroux	Alexandre	2005-09	22	3	3	6	12
	NOM	PRÉNOM	SAISON	MJ	B	A	PTS	PUN.

	NOM	PRÉNOM	SAISON	MJ	B	A	PTS	PUN.
132	Bréault	François	1990-93	27	2	4	6	42
133	Gendron	Martin	1994-98	30	4	2	6	10
134	Lefebvre	Guillaume	2001-06	38	2	4	6	13
135	Simard	Martin	1990-93	44	1	5	6	183
136	Lebeau	Patrick	1990-99	15	3	2	5	6
137	Doré	Daniel	1989-91	17	2	3	5	59
138	Matte	Christian	1996-01	25	2	3	5	12
139	Langevin	Christian	1983-86	22	3	1	4	22
140	Brousseau	Paul	1995-01	26	1	3	4	29
141	Lessard	Junior	2005-08	27	3	1	4	23
142	Lessard	Francis	2001-06	91	1	3	4	268
143	Heindl	Bill	1970-73	18	2	1	3	0
144	Gosselin	David	1999-02	13	2	1	3	11
145	Rioux	Pierre	1982-83	14	1	2	3	4
146	Chicoine	Daniel	1977-80	31	1	2	3	12
147	Côté	Patrick	1995-01	105	1	2	3	377
148	Dupré	Yannick	1991-96	35	2	0	2	16
149	Gainey	Steve	2000-06	33	0	2	2	34
150	Baron	Normand	1983-86	27	2	0	2	51
151	Rodgers	Marc	1999-00	21	1	1	2	10
152	Baillargeon	Joël	1986-89	20	0	2	2	31
153	Bethel	John	1979-80	17	0	2	2	4
154	Picard	Alexandre	2005-09	58	0	2	2	48
155	Létourneau Leblond	Pierre-Luc	2008-09	8	0	1	1	22
156	Daley	Patrick	1979-81	12	1	0	1	13
157	Saunders	Bernie	1979-81	10	0	1	1	8
158	Bilodeau	Gilles	1979-80	9	0	1	1	25
159	Bélanger	Alain	1977-78	9	0	1	1	0
160	Ferland	Jonathan	2005-06	7	1	0	1	2
161	Guindon	Bob	1979-80	6	0	1	1	0
162	Giroux	Pierre	1982-83	6	1	0	1	17
163	Parenteau	P.-A.	2006-07	5	0	1	1	2
164	Jacques	Jean-François	2005-09	60	1	0	1	44
165	L'abbe	Moe	1972-73	5	0	1	1	0
	NOM	PRÉNOM	SAISON	MJ	B	A	PTS	PUN.

➲

Les ailiers de 1970 à 2009 (suite)

	NOM	PRÉNOM	SAISON	MJ	B	A	PTS	PUN.
166	Bertrand	Éric	1999-01	15	0	0	0	4
167	Lafrenière	Roger	1972-73	10	0	0	0	0
168	James	Val	1981-87	11	0	0	0	30
169	Fleming	Gerry	1993-95	11	0	0	0	42
170	Morissette	Dave	1998-00	11	0	0	0	57
171	Bélanger	Francis	2000-01	10	0	0	0	29
172	Labelle	Marc	1996-97	0	0	0	0	46
173	Roberge	Serge	1990-91	9	0	0	0	24
174	Routhier	Jean-Marc	1989-90	8	0	0	0	9
175	Gosselin	Benoit	1977-78	7	0	0	0	33
176	Gauthier	Daniel	1994-95	5	0	0	0	0
177	Mailhot	Jacques	1988-89	5	0	0	0	33
178	Audet	Philippe	1998-99	4	0	0	0	0
179	Forey	Connie	1973-74	4	0	0	0	2
180	Bergeron	Yves	1974-77	3	0	0	0	0
181	Fletcher	Steven	1988-89	3	0	0	0	5
182	Johnson	Brian	1983-84	3	0	0	0	5
183	Royer	Gaétan	2001-02	3	0	0	0	2
184	Archambault	Michel	1976-77	3	0	0	0	0
185	Drouin	P-C.	1996-97	3	0	0	0	0
186	Lefebvre	Patrice	1998-99	3	0	0	0	2
187	Carter	Ron	1979-80	2	0	0	0	0
188	Boland	Mike	1974-75	2	0	0	0	0
189	Brulé	Steve	2002-03	2	0	0	0	0
190	Guérard	Daniel	1994-95	2	0	0	0	0
191	Charbonneau	Stéphane	1991-92	2	0	0	0	0
192	Drolet	René	1971-75	2	0	0	0	0
193	Tanguay	Christian	1981-82	2	0	0	0	0
194	Robitaille	Louis	2005-06	2	0	0	0	5
195	Héroux	Yves	1986-87	1	0	0	0	0
196	St-Amour	Martin	1992-93	1	0	0	0	2
197	Delisle	Jonathan	1998-99	1	0	0	0	0
198	Ratwell	Jake	1974-75	1	0	0	0	0
199	Tomalty	Greg	1979-80	1	0	0	0	0
	NOM	PRÉNOM	SAISON	MJ	B	A	PTS	PUN.

TABLEAU 4.8

Les ailiers dont la carrière a débuté avant la saison 1970-71*

	NOM	PRÉNOM	SAISON	MJ	B	A	PTS	PUN.
1	Gilbert	Rodrigue	1960-78	1065	406	615	1021	508
2	Richard	Maurice	1942-60	978	544	421	965	1285
3	Cournoyer	Yvan	1963-79	968	428	435	863	255
4	Geoffrion	Bernard	1950-68	883	393	429	822	689
5	Pronovost	Jean	1969-82	998	391	383	774	413
6	Rousseau	Bobby	1960-75	942	245	458	703	359
7	Moore	Dickie	1951-68	719	261	347	608	652
8	Provost	Claude	1955-70	1005	254	335	589	469
9	Marshall	Don	1951-72	1176	265	324	589	127
10	Marcotte	Don	1965-82	868	230	254	484	317
11	Houle	Réjean	1969-83	635	161	247	408	395
12	Tardif	Marc	1969-83	517	194	207	401	443
13	Gendron	Jean-Guy	1956-72	863	182	201	383	701
14	Berry	Bob	1969-77	541	159	191	350	344
15	Nolet	Simon	1968-77	562	150	182	332	187
16	Tremblay	Gilles	1960-69	509	168	162	330	161
17	Peters	Jimmy	1945-54	574	125	150	275	186
18	Chamberlain	Murph	1937-49	510	100	175	275	769
19	Bonin	Marcel	1952-62	454	97	175	272	336
20	Rochefort	Léon	1960-76	617	121	147	268	93
21	Gagnon	Johnny	1930-40	454	120	141	261	295
22	Fleming	Reggie	1960-71	749	108	132	240	1468
23	Finnigan	Frank	1923-37	553	115	88	203	407
24	Pronovost	André	1956-68	556	94	104	198	408
25	Bernier	Serge	1969-81	302	78	119	197	234
26	Mantha	Georges	1928-41	488	89	102	191	148
27	Robinson	Earl	1928-40	417	83	98	181	133
28	Malone	Joe	1917-24	126	143	32	175	57
29	Lemieux	Réal	1967-74	456	51	104	155	262
30	Cleghorn	Odie	1918-28	181	95	34	129	142
31	Mondou	Armand	1928-40	386	47	71	118	99
32	Fillion	Bob	1943-50	327	42	61	103	84
	NOM	PRÉNOM	SAISON	MJ	B	A	PTS	PUN.

* Le classement est établi selon le nombre de points accumulés en carrière.   ➲

Les ailiers dont la carrière a débuté avant la saison 1970-71 (suite)

	NOM	PRÉNOM	SAISON	MJ	B	A	PTS	PUN.
33	Pitre	Didier	1917-23	127	64	33	97	87
34	Gauthier	Fern	1943-49	229	46	50	96	35
35	Dineen	Bill	1953-58	323	51	44	95	122
36	Sinclair	Reg	1950-53	208	49	43	92	139
37	Gravelle	Léo	1946-51	223	44	34	78	42
38	Berlinguette	Louis	1917-26	193	45	33	78	129
39	Drouin	Polly	1934-41	160	23	50	73	80
40	Heffernan	Gerry	1941-44	83	33	35	68	27
41	Lorrain	Rod	1935-42	179	28	39	67	30
42	Bartlett	Jim	1954-61	191	34	23	57	273
43	Laforge	Claude	1957-69	193	24	35	57	82
44	Sarrazin	Dick	1968-72	100	20	35	55	22
45	Gray	Terry	1961-70	147	26	28	54	64
46	Majeau	Fern	1943-45	56	22	24	46	43
47	Trottier	Guy	1969-72	115	28	17	45	37
48	Bouchard	Edmond	1921-29	211	19	21	40	117
49	Mcinenly	Bert	1930-36	166	19	15	34	144
50	Aubuchon	Ossie	1942-43	50	20	12	32	4
51	Bellefeuille	Pete	1925-30	92	26	4	30	58
52	Connelly	Bert	1934-38	87	13	15	28	37
53	Langlois	Charlie	1924-28	151	22	5	27	189
54	Gaudreault	Armand	1944-45	44	15	9	24	27
55	Morin	Pete	1941-42	31	10	12	22	7
56	Caron	Alain	1967-69	60	9	13	22	18
57	Leclerc	René	1969-71	87	10	11	21	105
58	Gladu	Jean-Paul	1944-45	40	6	14	20	2
59	Plamondon	Gerry	1945-51	74	7	13	20	10
60	Rivard	Bob	1967-68	27	5	12	17	4
61	Locas	Jacques	1947-49	59	7	8	15	66
62	Gaudreault	Léo	1927-33	67	8	4	12	30
63	Raymond	Paul	1932-39	76	2	3	5	6
64	Cline	Bruce	1956-57	30	2	3	5	10
65	Bell	Billy	1917-24	66	3	2	5	14
	NOM	PRÉNOM	SAISON	MJ	B	A	PTS	PUN.

	NOM	PRÉNOM	SAISON	MJ	B	A	PTS	PUN.
66	Ramsey	Les	1944-45	11	2	2	4	2
67	Picard	Roger	1967-68	15	2	2	4	21
68	Dubé	Gilles	1949-50	12	1	2	3	2
69	Toupin	Jacques	1943-44	8	1	2	3	0
70	Sheppard	Frank	1927-28	8	1	1	2	0
71	Finnigan	Ed	1934-36	15	1	1	2	2
72	Denis	Jean-Paul	1946-50	10	0	2	2	2
73	Lafrance	Léo	1926-28	33	2	0	2	6
74	Alexandre	Art	1931-33	11	0	2	2	8
75	Dufour	Marc	1963-69	14	1	0	1	2
76	Robert	Claude	1950-51	23	1	0	1	9
77	Corriveau	André	1953-54	3	0	1	1	0
78	Bourcier	Jean	1935-36	9	0	1	1	0
79	Rousseau	Guy	1954-57	4	0	1	1	0
80	Perreault	Fern	1947-50	3	0	0	0	0
81	Malone	Cliff	1951-52	3	0	0	0	0
82	Mcdonagh	Bill	1949-50	4	0	0	0	2
83	Mcnaughton	Georges	1919-20	1	0	0	0	0
84	Hinse	André	1967-68	4	0	0	0	0
85	Imlach	Brent	1965-67	3	0	0	0	0
86	Fillion	Marcel	1944-45	1	0	0	0	0
87	Harnott	Walter	1933-34	6	0	0	0	2
88	Cormier	Roger	1925-26	1	0	0	0	0
89	Cusson	Jean	1967-68	2	0	0	0	0
90	Davis	Bob	1932-33	3	0	0	0	0
91	Labadie	Mike	1952-53	3	0	0	0	0
92	Latreille	Phil	1960-61	4	0	0	0	2
93	Buchanan	Bucky	1948-49	2	0	0	0	0
94	Cardin	Claude	1967-68	1	0	0	0	0
	NOM	PRÉNOM	SAISON	MJ	B	A	PTS	PUN.

TABLEAU 4.9

Les gardiens de but de 1970 à 2009*

	NOM	PRÉNOM	SAISON	MJ	V	D	N	MOY	%
1	Roy	Patrick	1984-03	1029	551	315	131	2,54	,910
2	Brodeur	Martin	1991-09	999	557	299	128	2,21	,914
3	Meloche	Gilles	1970-88	788	270	351	131	3,64	,875
4	Bouchard	Dan	1972-86	655	286	232	113	3,26	,876
5	Potvin	Félix	1991-04	635	266	260	85	276	,905
6	Thibeault	Jocelyn	1993-08	586	238	238	75	2,75	,904
7	Luongo	Roberto	1999-09	544	230	232	64	2,57	,919
8	Lemelin	Réjean	1978-93	507	236	162	63	3,46	,884
9	Théodore	José	1995-09	501	215	214	45	2,67	,908
10	Herron	Denis	1972-86	462	146	203	76	3,70	,879
11	Giguère	J.-Sébastien	1996-09	457	210	169	56	2,49	,914
12	Biron	Martin	1995-09	433	199	162	45	2,59	,911
13	Lalime	Patrick	1996-09	421	196	161	46	2,57	,905
14	Sauvé	Robert	1976-89	420	182	154	54	3,48	,876
15	Gilbert	Gilles	1969-83	416	192	143	60	3,27	
16	Fiset	Stéphane	1989-02	390	164	153	44	3,07	,899
17	Brodeur	Richard	1979-88	385	131	175	62	3,85	,864
18	Cloutier	Dan	1997-08	351	139	142	37	2,77	,899
19	Denis	Marc	1996-09	349	112	179	31	3,02	,902
20	Fernandez	Emmanuel	1994-09	325	143	123	35	2,50	,912
21	Larocque	Michel	1973-84	312	160	89	45	3,33	,811
22	Plasse	Michel	1970-82	299	92	136	54	3,79	
23	Cloutier	Jacques	1981-94	255	82	102	24	3,64	,874
24	Gosselin	Mario	1983-94	242	91	107	14	3,74	,871
25	Lessard	Mario	1978-84	240	92	97	39	3,74	,838
26	Fleury	Marc-André	2003-09	235	111	85	26	2,87	,907
27	Dion	Michel	1979-85	227	60	118	32	4,24	,856
28	Aubin	Sébastien	1998-08	218	80	83	16	2,93	,900
29	Berthiaume	Daniel	1986-94	215	81	90	21	3,67	,878
30	Roussel	Dominic	1991-01	205	77	70	23	3,12	,895
31	Garon	Mathieu	2000-09	204	94	83	13	2,84	,905
	NOM	PRÉNOM	SAISON	MJ	V	D	N	MOY	%

* Le classement est établi selon le nombre de matchs joués en carrière.

	NOM	PRÉNOM	SAISON	MJ	V	D	N	MOY	%
32	Riendeau	Vincent	1987-95	184	85	65	20	3,30	,880
33	Sévigny	Richard	1979-87	176	80	54	20	3,21	,867
34	Romano	Roberto	1982-94	126	46	63	8	3,97	,881
35	Leclaire	Pascal	2003-09	125	45	55	12	2,82	,907
36	Wolfe	Bernard	1975-79	120	20	61	21	4,17	
37	Micalef	Corado	1981-86	113	26	59	15	4,24	,858
38	Waite	Jimmy	1988-99	106	28	41	12	3,35	,871
39	Fichaud	Éric	1995-01	95	22	47	10	3,14	,897
40	Caron	Sébastien	2003-07	92	25	47	12	3,45	,892
41	Penney	Steve	1983-88	91	35	38	12	3,62	,859
42	Beauregard	Stéphane	1989-94	90	19	39	11	3,65	,879
43	Baron	Marco	1979-85	86	34	38	9	3,63	,861
44	Hrivnac	Jim	1989-94	85	34	30	3	3,73	,877
45	Bélanger	Yves	1974-80	78	29	33	6	3,76	
46	Bergeron	Jean-Claude	1990-97	72	21	33	7	3,69	,866
47	McRae	Gord	1972-78	71	30	22	10	3,49	
48	Hamel	Pierre	1974-81	69	13	41	7	4,40	
49	Racicot	André	1989-94	68	26	23	8	3,50	,880
50	Belhumeur	Michel	1972-76	65	9	36	7	4,61	
51	Blackburn	Dan	2001-03	63	20	32	4	3,22	,894
52	Tremblay	Vincent	1979-84	58	12	26	8	4,80	8,31
53	Sabourin	Dany	2004-09	57	18	25	4	2,87	,898
54	Draper	Tom	1988-96	53	19	23	5	3,70	,877
55	Gratton	Gilles	1975-77	47	13	18	9	4,02	
56	Holland	Robbie	1979-81	44	11	22	9	4,08	
57	Brunetta	Mario	1987-90	40	12	17	1	3,90	,871
58	Dannis	Yan	2005-09	37	13	19	3	2,84	,910
59	Sauvé	Philippe	2004-07	32	10	14	3	3,45	,888
60	Chabot	Frédéric	1990-99	32	4	8	4	2,95	,894
61	Parent	Rich	1997-01	32	7	11	5	3,15	,882
62	Cousineau	Marcel	1996-00	26	4	10	1	2,92	,900
63	Corsi	Jim	1979-80	26	8	14	3	3,63	
64	Charpentier	Sébastien	2001-04	26	6	14	1	2,93	,902
65	St-Laurent	Sam	1985-90	22	3	12	3	3,67	,874
	NOM	PRÉNOM	SAISON	MJ	V	D	N	MOY	%

Les gardiens de but de 1970 à 2009 (suite)

	NOM	PRÉNOM	SAISON	MJ	V	D	N	MOY	%
66	Wilkinson	Derek	1995-99	22	3	12	3	3,67	,874
67	O'neill	Mike	1991-97	21	0	9	2	4,28	,859
68	Champoux	Bob	1973-74	17	2	11	3	5,20	
69	Laxton	Gord	1975-79	17	4	9	0	5,55	
70	Labbé	Jean-François	1999-03	15	3	6	0	3,44	,889
71	Cassivi	Frédéric	2001-07	13	3	6	9	3,63	,892
72	Ouellet	Maxime	2000-06	12	2	6	2	3,08	,903
73	Deslauriers Drouin Jeff		2008-09	10	4	3	0	3,33	,901
74	Brochu	Martin	1998-04	9	0	5	0	3,58	,876
75	Dumas	Michel	1974-77	8	2	1	2	3,98	
76	Pelletier	J.-M.	1999-04	7	1	4	0	3,90	,857
77	Crawford	Corey	2005-08	7	1	2	1	2,52	,915
78	Damphousse	J.-F.	2001-02	6	1	3	0	2,45	,896
79	Sneddon	Bob	1970-71	5	0	2	0	5,60	
80	Yeats	Matthew	2003-04	5	1	3	0	3,20	,908
81	Bernier	Jonathan	2007-08	4	1	3	0	4,03	
82	Legris	Claude	1980-82	4	0	1	1	2,64	
83	Derouville	Philippe	1994-97	3	1	2	0	3,16	,903
84	Larocque	Michel	2000-01	3	0	2	0	3,55	,847
85	Tordjman	Josh	2008-09	2	0	2	0	4,07	,871
86	Labrecque	Patrick	1995-96	2	0	1	0	4,29	,851
87	Levasseur	Jean-Louis	1979-80	1	0	1	0	7,00	
88	Chouinard	Mathieu	2003-04	1	0	0	0	,00	1,000
89	Houle	Martin	2006-07	1	0	0	0	30,00	,667
90	Lajeunesse	Simon	2001-02	1	0	0	0	,00	1,000
91	Pageau	Paul	1980-81	1	0	1	0	8,00	
92	Raymond	Alain	1987-88	1	0	1	0	3,00	,900
93	Soucy	Christian	1993-94	1	0	0	0	,00	
94	Centomo	Sébastien	2001-02	1	0	0	0	4,50	,750
95	Michaud	Olivier	2001-02	1	0	0	0	,00	1,000
96	Sharples	Scott	1991-92	1	0	0	1	3,69	,900
	NOM	PRÉNOM	SAISON	MJ	V	D	N	MOY	%

TABLEAU 4.10

Les gardiens de but dont la carrière a débuté avant la saison 1970-71*

	NOM	PRÉNOM	SAISON	MJ	V	D	N	MOY	%
1	Worsley	Lorne Gump	1952-74	861	335	352	150	2,88	
2	Plante	Jacques	1952-73	837	437	246	145	2,38	
3	Vachon	Rogatien	1966-82	795	355	291	127	2,99	
4	Parent	Bernard	1965-79	608	271	198	121	2,55	
5	Johnston	Eddie	1962-78	592	234	257	80	3,25	
6	Myre	Phil	1969-83	439	149	198	76	3,53	
7	Chabot	Lorne	1927-37	411	201	147	52	2,03	
8	Hodge	Charlie	1954-71	358	150	125	61	2,70	
9	Dejordy	Denis	1962-74	316	124	128	51	3,13	
10	McNeil	Gerry	1947-57	276	119	105	52	2,36	
11	Bibeault	Paul	1940-47	214	81	107	25	3,65	
12	Villemure	Gilles	1963-77	205	100	64	29	2,81	
13	Vézina	Georges	1917-26	190	103	81	5	3,28	
14	Paille	Marcel	1957-65	107	32	52	22	3,42	
15	Caron	Jacques	1967-74	72	24	29	11	3,29	
16	Gardner	George	1965-72	66	16	30	6	3,75	
17	Rivard	Fern	1968-75	55	9	27	11	3,98	
18	Dion	Connie	1943-45	38	23	11	4	3,13	
19	Perreault	Bob	1955-63	31	8	16	7	3,38	
20	Rhéaume	Herb	1925-26	31	10	20	1	2,92	
21	Brophy	Frank	1919-20	21	3	18	0	7,11	
22	Pelletier	Marcel	1950-63	8	1	6	0	4,86	
23	Courteau	Maurice	1943-44	6	2	4	0	5,50	
24	Evans	Claude	1954-58	5	1	2	1	3,69	
25	Gill	André	1967-68	5	3	2	0	2,89	
26	Boisvert	Gilles	1959-60	3	0	3	0	3,00	
27	Marois	Jean	1943-44	3	1	2	0	5,00	
28	Pronovost	Claude	1955-59	3	1	1	0	3,50	
29	Cyr	Claude	1958-59	1	0	0	0	3,00	
30	Murphy	Hal	1952-53	1	1	0	0	4,00	
31	Ouimet	Ted	1968-69	1	0	1	0	2,00	
32	Binette	André	1954-55	1	0	0	0	4,00	
	NOM	PRÉNOM	SAISON	MJ	V	D	N	MOY	%

* Le classement est établi selon le nombre de matchs joués en carrière.

TABLEAU 4.11

Les défenseurs de 1970 à 2009*

	NOM	PRÉNOM	SAISON	MJ	B	A	PTS	PUN.
1	Bourque	Raymond	1979-01	1612	410	1169	1579	1141
2	Potvin	Denis	1973-88	1060	310	742	1052	1356
3	Duschesne	Steve	1986-02	1113	227	525	752	824
4	Galley	Gary	1984-01	1149	125	475	600	1218
5	Desjardins	Éric	1988-06	1143	136	439	575	757
6	Turnbull	Ian	1973-83	628	123	317	440	736
7	Côté	Sylvain	1984-03	1171	122	313	435	545
8	Marois	Mario	1977-92	955	76	357	433	1746
9	Lowe	Kevin	1979-98	1254	84	348	432	1498
10	Picard	Robert	1977-90	899	104	319	423	1025
11	Brisebois	Patrice	1990-09	1009	98	322	420	623
12	Hardy	Marc	1979-94	915	62	306	368	1293
13	Tallon	Dale	1970-80	642	98	238	336	568
14	Petit	Michel	1982-98	827	90	238	328	1839
15	Guèvremont	Jocelyn	1971-80	571	84	223	307	319
16	Boucher	Philippe	1992-09	748	94	206	300	702
17	Daigneault	Jean-Jacques	1984-01	899	53	197	250	687
18	Dupont	André	1970-83	800	59	185	244	1986
19	Quintal	Stéphane	1988-04	1037	63	180	243	1320
20	Gingras	Gaston	1979-89	476	61	174	235	161
21	Racine	Yves	1989-98	508	37	194	231	439
22	Dandenault	Mathieu	1995-09	868	68	135	203	516
23	Lefebvre	Sylvain	1989-03	945	30	154	184	674
24	Bergevin	Marc	1984-04	1191	36	145	181	1090
25	Bergeron	Marc-André	2002-09	339	62	98	160	161
26	Rochefort	Normand	1980-94	598	39	119	158	570
27	Dollas	Bobby	1983-01	646	42	96	138	467
28	Robidas	Stéphane	1999-09	561	30	105	135	418
29	Dykhus	Karl	1991-04	644	42	91	133	495
30	Lacroix	Pierre	1979-83	274	24	108	132	197
31	Tremblay	Yannick	1996-07	390	38	87	125	178
32	Delorme	Gilbert	1981-90	541	31	92	123	520
	NOM	PRÉNOM	SAISON	MJ	B	A	PTS	PUN.

* Le classement est établi selon le nombre de points accumulés en carrière.

	NOM	PRÉNOM	SAISON	MJ	B	A	PTS	PUN.
33	Hamel	Jean	1972-84	699	26	95	121	766
34	Mulhern	Richard	1975-81	303	27	93	120	217
35	Finn	Steven	1985-97	725	34	78	112	1724
36	Faubert	Mario	1974-82	231	21	90	111	292
37	Bouchard	Pierre	1970-82	595	24	82	106	433
38	Bouillon	Francis	1999-09	485	21	81	102	371
39	Velischek	Randy	1982-92	509	21	76	97	401
40	Doré	André	1978-85	257	14	81	95	261
41	Carriere	Larry	1972-80	367	16	74	90	462
42	Beauchemin	François	2002-09	246	21	69	90	172
43	Lemieux	Jean	1973-78	204	23	63	86	39
44	Murray	Terry	1972-82	302	4	76	80	199
45	Gauthier	Denis	1997-09	554	17	60	77	748
46	Vlasic	Marc-Édouard	2006-09	245	11	65	76	84
47	Bouchard	Joël	1994-06	364	22	53	75	264
48	Messier	Éric	1996-04	406	25	50	75	146
49	Plavsic	Adrien	1989-97	214	16	56	72	161
50	Zettler	Rob	1988-02	560	5	65	70	920
51	Donnely	Gord	1983-95	554	28	41	69	2069
52	Weir	Wally	1979-85	320	21	45	66	625
53	Traverse	Patrick	1995-06	279	14	51	65	113
54	Anderson	Shawn	1986-95	255	11	51	62	117
55	Letang	Kristopher	2006-09	144	18	34	52	51
56	Laflamme	Christian	1996-04	324	2	45	47	282
57	Gervais	Bruno	2005-09	207	6	39	45	103
58	Girard	Jonathan	1998-03	150	10	34	44	46
59	Biron	Mathieu	1999-06	253	12	32	44	177
60	Dufresne	Donald	1988-97	268	6	36	42	258
61	Picard	Alexandre	2005-09	139	12	30	42	39
62	Logan	Dave	1975-81	218	5	29	34	470
63	Trépanier	Pascal	1997-03	229	12	22	34	252
64	Lupien	Gilles	1977-82	226	5	25	30	416
65	Ciccone	Enrico	1991-01	374	10	18	28	1469
66	Chychrun	Jeff	1986-94	262	3	22	25	744
67	Doig	Jason	1995-04	158	6	18	24	285
	NOM	PRÉNOM	SAISON	MJ	B	A	PTS	PUN.

➲

Les défenseurs de 1970 à 2009 (suite)

	NOM	PRÉNOM	SAISON	MJ	B	A	PTS	PUN.
68	Leroux	François	1988-98	249	3	20	23	577
69	Grand-Pierre	Jean-Luc	1998-04	269	7	13	20	311
70	Côté	Alain	1985-94	119	2	18	20	124
71	Boileau	Patrick	1996-04	48	5	11	16	26
72	Lavoie	Dominic	1988-94	38	5	8	13	32
73	Hynes	Gord	1991-93	52	3	9	12	22
74	St-Jacques	Bruno	2001-06	67	3	7	10	47
75	Meighan	Ron	1981-83	48	3	7	10	18
76	Charron	Éric	1992-00	130	2	7	9	127
77	Houde	Claude	1974-76	59	3	6	9	40
78	Therrien	Gaston	1980-83	22	0	8	8	12
79	Doyon	Mario	1988-91	28	3	4	7	16
80	Vigneault	Alain	1981-83	42	2	5	7	82
81	Laperriere	Daniel	1992-96	48	2	5	7	27
82	Poudrier	Daniel	1985-88	25	1	5	6	10
83	Richer	Stéphane	1992-95	27	1	5	6	20
84	Fortin	J.-F.	2001-04	71	1	4	5	42
85	Nasreddine	Alain	1998-08	74	1	4	5	84
86	Lajeunesse	Serge	1970-75	103	1	4	5	103
87	Lachance	Michel	1978-79	21	0	4	4	22
88	Roy	Mathieu	2005-08	30	2	1	3	57
89	Proulx	Christian	1993-94	7	1	2	3	20
90	Richard	Jean-Marc	1987-90	5	2	1	3	2
91	Descoteaux	Mathieu	2000-01	5	1	1	2	4
92	Cloutier	Réjean	1979-82	5	0	2	2	2
93	Poulin	Daniel	1981-82	3	1	1	2	2
94	Tremblay	Brent	1978-80	10	1	0	1	6
95	Groleau	François	1995-98	8	0	1	1	6
96	Grenier	Martin	2001-07	18	1	0	1	14
97	Coulombe	Patrick	2006-07	7	0	1	1	4
98	Germain	Éric	1987-88	4	0	1	1	13
99	Guérard	Stéphane	1987-90	34	0	0	0	40
100	Royer	Rémi	1998-99	18	0	0	0	67
101	Beaudoin	Yves	1985-88	11	0	0	0	5
	NOM	PRÉNOM	SAISON	MJ	B	A	PTS	PUN.

	NOM	PRÉNOM	SAISON	MJ	B	A	PTS	PUN.
102	Bolduc	Michel	1981-83	10	0	0	0	6
103	Pollock	James	2003-04	9	0	0	0	6
104	Côté	J.-Philippe	2005-06	8	0	0	0	4
105	Cornforth	Mark	1995-96	6	0	0	0	4
106	Maciver	Don	1979-80	6	0	0	0	2
107	Larocque	Mario	1998-99	5	0	0	0	16
108	Allan	Jeff	1977-78	4	0	0	0	2
109	Beaudoin	Serge	1979-80	3	0	0	0	0
110	Gauthier	Luc	1990-91	3	0	0	0	2
111	Gaul	Michael	1998-01	3	0	0	0	4
112	Gragnani	M.-A.	2007-09	6	0	0	0	6
113	Gauvreau	Jocelyn	1983-84	2	0	0	0	0
114	Folco	Peter	1973-74	2	0	0	0	0
115	Bisaillon	Sébastien	2006-07	2	0	0	0	0
116	Brochu	Stéphane	1988-89	1	0	0	0	0
117	Lavigne	Éric	1994-95	1	0	0	0	0
118	Mackasey	Blair	1976-77	1	0	0	0	2
119	Mormina	Joey	2007-08	1	0	0	0	0
	NOM	PRÉNOM	SAISON	MJ	B	A	PTS	PUN.

TABLEAU 4.12

Les défenseurs dont la carrière a débuté avant la saison 1970-71*

	NOM	PRÉNOM	SAISON	MJ	B	A	PTS	PUN.
1	Lapointe	Guy	1968-84	884	171	451	622	893
2	Vadnais	Carol	1966-83	1087	169	418	587	1813
3	Harvey	Doug	1947-69	1113	88	452	540	1216
4	Pilote	Pierre	1955-69	890	80	418	498	1251
5	Savard	Serge	1966-83	1040	106	333	439	592
6	Tremblay	Jean-Claude	1959-72	794	57	306	363	204
7	Pronovost	Marcel	1950-70	1206	88	257	345	851
8	Marotte	Gilles	1965-77	808	56	265	321	919
9	Talbot	Jean-Guy	1954-71	1056	43	242	285	1006
10	Laperriere	Jacques	1962-74	691	40	242	282	674
11	Vasko	Moose	1956-70	786	34	166	200	719
12	Morrison	Jim	1951-71	704	40	160	200	542
13	Bouchard	Émile Butch	1941-56	785	49	144	198	863
14	St-Laurent	Dollard	1950-62	652	29	133	162	496
15	Mantha	Sylvio	1923-37	542	63	78	141	671
16	Cleghorn	Sprague	1918-28	259	83	55	138	538
17	Langlois	Albert Junior	1957-66	497	21	91	112	488
18	Harris	Ron	1962-76	476	20	91	111	474
19	Leduc	Albert	1925-35	383	57	35	92	614
20	Mcmahon	Mike	1963-72	224	15	68	83	171
21	Buller	Hy	1943-54	188	22	58	80	215
22	Picard	Noël	1964-73	335	12	63	75	616
23	Léger	Roger	1943-50	187	18	53	71	71
24	Eddolls	Frank	1944-52	317	23	43	66	114
25	Buswell	Walt	1932-40	368	10	40	50	164
26	Lagacé	Jean-Guy	1968-76	197	9	39	48	251
27	Goupille	Red	1935-43	222	12	28	40	256
28	Gauthier	Jean	1960-70	166	6	29	35	150
29	Orlando	Jimmy	1936-43	199	6	25	31	375
30	Watson	Jim	1963-72	221	4	19	23	345
31	Wilcox	Archie	1929-35	208	8	14	22	158
	NOM	PRÉNOM	SAISON	MJ	B	A	PTS	PUN.

* Le classement est établi selon le nombre de points accumulés en carrière.

	NOM	PRÉNOM	SAISON	MJ	B	A	PTS	PUN.
32	Ritchie	Dave	1917-26	58	15	6	21	50
33	Blackburn	Bob	1968-71	135	8	12	20	105
34	Gorman	Ed	1924-28	111	14	6	20	108
35	Lacombe	François	1968-80	78	2	17	19	54
36	Zeidel	Larry	1951-69	158	3	16	19	198
37	Hollingworth	Gord	1954-58	163	4	14	18	201
38	Labrie	Guy	1943-45	42	4	9	13	16
39	Lamirande	Jean-Paul	1946-55	49	5	5	10	26
40	Campbell	Earl	1923-26	76	6	3	9	14
41	Hicks	Henry	1928-31	96	7	2	9	72
42	Johnstone	Ross	1943-45	42	5	4	9	14
43	Fortin	Raymond	1968-70	92	2	6	8	33
44	Pusie	Jean	1930-36	61	1	4	5	28
45	Lemieux	Jacques	1967-70	19	0	4	4	8
46	Lemieux	Bob	1967-68	19	0	1	1	12
47	Paulhus	Rollie	1925-26	33	0	0	0	0
48	Croghan	Maurice	1937-38	16	0	0	0	4
49	O'grady	George	1917-18	4	0	0	0	0
50	Manastersky	Tom	1950-51	6	0	0	0	0
51	Campbell	Dave	1920-21	2	0	0	0	0
52	Deslauriers	Jacques	1955-56	2	0	0	0	0
53	Leroux	Gaston	1935-36	2	0	0	0	0
54	Jacobs	Paul	1918-19	1	0	0	0	0
55	Laforce	Ernie	1942-43	1	0	0	0	0
56	Mailley	Frank	1942-43	1	0	0	0	0
57	Patrick	Lester	1926-27	1	0	0	0	2
58	Pelletier	Roger	1967-68	1	0	0	0	0
59	Roche	Ernie	1950-51	4	0	0	0	2
60	Rousseau	Roland	1952-53	2	0	0	0	0
	NOM	PRÉNOM	SAISON	MJ	B	A	PTS	PUN.

TABLEAU 4.13

Participation annuelle de tous les Québécois dans la LNH depuis 1970
1970-1979

NOM	PRÉNOM	70	71	72	73	74	75	76	77	78	79	SAISON
Archambeault	Michel							3				1
Baron	Marco										1	1
Beaudoin	Serge										3	1
Bélanger	Alain								9			1
Bélanger	Yves					11	31	3	20	5	6	6
Belhumeur	Michel			23		35	7					3
Béliveau	Jean	70										1
Bergeron	Michel					25	72	74	28	30		5
Bergeron	Yves					2	1					2
Bernier	Serge	77	70	75							32	4
Berry	Bob	77	78	78	77	80	80	69				7
Bethel	John										17	1
Bilodeau	Gilles										9	1
Blackburn	Bob	64										1
Boland	Mike					2						1
Bordeleau	Christian	78	66									2
Bordeleau	Jean-Pierre		3	73	64	59	76	60	76	63	45	9
Bordeleau	Paulin				68	67	48					3
Bossy	Michael								73	80	75	3
Bouchard	Daniel			34	46	40	47	42	58	64	53	8
Bouchard	Pierre	51	60	41	60	79	66	73	59	1	54	10
Boudrias	André	77	78	77	78	77	71					6
Bourque	Raymond										80	1
Brodeur	Richard										2	1
Burns	Robin	10	5	26		71	78					5
Caron	Jacques		28	30	10							3
Carrière	Larry			40	78	80	75	74	18		2	7
Carter	Ron										2	1
Champoux	Bob				17							1
Charron	Guy	39	64	75	76	77	78	80	80	80	33	10
Chicoine	Daniel								6	1	24	3
NOM	PRÉNOM	70	71	72	73	74	75	76	77	78	79	SAISON

NOM	PRÉNOM	70	71	72	73	74	75	76	77	78	79	SAISON
Chouinard	Guy					5	4	80	73	80	76	6
Clément	Bill		49	73	39	68	77	67	70	65	64	9
Cloutier	Réal										67	1
Cloutier	Rejean										3	1
Cloutier	Roland								1	19	14	3
Comeau	Reynald		4	77	78	75	79	80	79	70	22	9
Connelly	Wayne	28	15	53								3
Corsi	Jim										26	1
Cossette	Jacques						7		19	38		3
Côté	Alain										41	1
Cournoyer	Yvan	65	73	67	67	76	71	60	68	15		9
Currie	Glen										32	1
Daigle	Alain					52	71	73	53	74	66	6
Daley	Patrick										5	1
David	Richard										10	1
Deblois	Lucien									62	76	2
Dejordy	Denis	60	12	24	1							4
Dion	Michel										50	1
Dionne	Marcel		78	77	74	80	80	80	70	80	80	9
Doré	André									2	2	2
Drolet	René		1			1						2
Drouin	Jude	75	63	78	65	78	76	78	56		78	9
Dubé	Normand					56	1					2
Dumas	Michel					3	5					2
Dupéré	Denis	20	77	61	34	75	43	57	54			8
Dupont	André	7	60	71	75	80	75	69	69	77	58	10
Dupont	Normand										35	1
Faubert	Mario					10	21	47	18		49	5
Fleming	Reggie	70										1
Folco	Peter				2							1
Fontaine	Len			39	7							2
Forbes	Dave				63	69	79	73	77	2		6
Forey	Connie				4							1
Gagnon	Germain		4	63	62	14	80	36				6
Gardner	Georges	18										1
NOM	PRÉNOM	70	71	72	73	74	75	76	77	78	79	SAISON

Participation annuelle de tous les Québécois dans la LNH depuis 1970

1970-1979 (suite)

NOM	PRÉNOM	70	71	72	73	74	75	76	77	78	79	SAISON
Garland	Scott						16	69		6		3
Gendron	Jean-Guy	76	56									2
Geoffrion	Dan									32		1
Gilbert	Gilles	17	4	22	54	53	55	34	25	23	33	10
Gilbert	Rodrigue	78	73	76	75	76	70	77	19			8
Gillis	Jerry								79	78	67	3
Gingras	Gaston									34		1
Girard	Bob						80	68	77	79	1	5
Godin	Eddy								18	9		2
Gosselin	Benoit								7			1
Goulet	Michel										77	1
Goyette	Phillippe	60	45									2
Gratton	Gilles						6	41				2
Gratton	Normand		3	50	57	59	32					5
Grenier	Lucien	68	60									2
Grenier	Richard			10								1
Guèvremont	Jocelyn		75	78	72	66	80	80	66	34	20	9
Guindon	Bob										6	1
Hamel	Jean-Guy			55	45	80	77	71	32	52	49	8
Hamel	Pierre					4				1	35	3
Hardy	Joe	40										1
Hardy	Mark									15		1
Harris	Ron	42	61	70	63	34	3					6
Heindl	Bill	12	2	4								3
Herron	Denis			18	5	25	64	34	60	56	34	8
Hodge	Charlie	35										1
Holland	Robbie									34		1
Holts	Greg						2	5	4			3
Houde	Claude					34	25					2
Houle	Réjean	66	77	72				65	76	66	60	7
Jarry	Pierre		52	74	64	39	59	21	35			7
Johnston	Eddie	38	38	45	26	30	38	38	16			8
Keon	Dave	76	72	76	74	78					76	6
NOM	PRÉNOM	70	71	72	73	74	75	76	77	78	79	SAISON

NOM	PRÉNOM	70	71	72	73	74	75	76	77	78	79	SAISON
Labbe	Moe			5								1
Lachance	Michel									21		1
Lacombe	François	1									3	2
Lacroix	André	78	51								29	3
Lacroix	Pierre										76	1
Lafleur	Guy		73	70	73	70	80	80	78	80	74	9
Lafrenière	Roger			10								1
Lagacé	Jean-Guy	3		31	31	46	69					5
Lajeunesse	Serge	62	7	28	1	5						5
Lalonde	Bobby		27	77	36	74	71	68	73	78	74	9
Lambert	Yvon			1	60	80	80	79	77	79	77	8
Langlais	Alain					14	11					2
Laperrière	Jacques	49	73	57	42							4
Lapointe	Guy	78	69	76	71	80	77	77	49	69	45	10
Larocque	Michel			27	25	22	26	30	34	39		7
Larose	Claude									25		1
Larouche	Pierre					79	76	65	64	36	73	6
Laxton	Gord						8	6	2	1		4
Leblanc	Fern							3	2	29		3
Leblanc	J.-P.						46	74	3	24		4
Leclerc	René	44										1
Leduc	Richard			5	28						75	3
Lemaire	Jacques	78	77	77	66	80	61	75	76	50		9
Lemelin	Réjean									18	3	2
Lemieux	Jean				32	75	66	15	16			5
Lemieux	Réal	43	78	74	65							4
Lemieux	Richard		42	78	72	79	3					5
Lessard	Mario									49	50	2
Levasseur	Louis										1	1
Logan	Dave						2	34	54	76	45	5
Lowe	Kevin										64	1
Lupien	Gilles							46	72	56		3
Maciver	Don									6		1
Mackasey	Blair						1					1
Mann	Jimmy										72	1
NOM	PRÉNOM	70	71	72	73	74	75	76	77	78	79	SAISON

Participation annuelle de tous les Québécois dans la LNH depuis 1970

1970-1979 (suite)

NOM	PRÉNOM	70	71	72	73	74	75	76	77	78	79	SAISON
Marcotte	Don	75	47	78	78	80	58	80	77	79	32	10
Marois	Mario								8	71	79	3
Marotte	Gilles	78	72	78	68	77	57	47				7
Marshall	Don	62	50									2
Martin	Hubert (Pit)	62	78	78	78	70	80	75	74	64		9
Martin	Richard		73	75	78	68	80	66	65	73	80	9
Mckegney	Tony									52	80	2
Mcmahon	Mike	12	1									2
Mcrae	Gord			11		20	20	2	18			5
Meloche	Gilles	2	56	59	47	47	41	51	54	53	54	10
Monahan	Hartland				1	6	80	79	71	72		6
Mondou	Pierre								71	77	75	3
Mongrain	Robert										34	1
Morrison	Jim	73										1
Mulhern	Rich						12	79	79	73	41	5
Murray	Terry			23	58	9	3	59		5		6
Myre	Phil	30	9	46	36	40	37	43	53	39	41	10
Nantais	Richard					18	5	40				3
Nolet	Simon	74	67	70	52	72	80	52				7
Parizeau	Michel		21	37								2
Parent	Bernard	48	47		73	68	11	61	49	36		8
Perreault	Gilbert	78	76	78	55	68	80	80	79	79	80	10
Peters	Jim			77	25	3						3
Picard	Noël	75	15	57								3
Picard	Robert								75	77	78	3
Plante	Jacques	40	34	40								3
Plante	Pierre		24	51	78	80	74	76	77	70	69	9
Plasse	Michel	1		17	15	44	55	54	25	41	6	9
Potvin	Denis				77	79	78	80	80	73	31	7
Preston	Yves									9		1
Pronovost	Jean	78	68	66	77	78	80	79	79	75	80	10
Ratelle	Jean	78	63	78	68	79	80	78	80	80	67	10
Rathwell	Jake					1						1
NOM	PRÉNOM	70	71	72	73	74	75	76	77	78	79	SAISON

NOM	PRÉNOM	70	71	72	73	74	75	76	77	78	79	SAISON
Richard	Henri	75	78	71	75	16						5
Richard	Jacques			74	78	63	73	21		61	14	7
Richer	Bob			3								1
Ritchie	Robert							18	11			2
Rivard	Fern				13	15						2
Robert	René	5	61	75	76	74	72	80	67	68	69	10
Rochefort	Léon	57	64	74	56	76	11					6
Rousseau	Bobby	63	78	78	72	.8						5
Sarrazin	Dick			28								1
Saunders	Bernie										4	1
Sauvé	Robert							4	11	29	32	4
Savard	André				72	77	79	80	80	65	33	7
Savard	Jean								31	11	1	3
Savard	Serge	37	23	74	67	80	71	78	77	80	46	10
Sévigny	Richard										11	1
Simpson	Bobby							72	55		18	3
Sirois	Bob					3	44	45	72	73	49	6
Sleigher	Louis										2	1
Smith	Derek							5	36	43	79	4
Smrk	John								18	55	30	3
Sneddon	Bob	5										1
St-Laurent	André				42	78	67	72	79	76	77	7
St-Sauveur	Claude					79						1
Talbot	Jean-Guy	62										1
Tallon	Dale	78	69	75	65	35	80	70	75	63	32	10
Tardif	Marc	76	75	76							58	4
Tomalty	Glen										1	1
Tremblay	Mario					63	71	74	56	76	77	6
Tremblay	Jean-Claude	76	76									2
Tremblay	Vincent										10	1
Tremblay	Brent									1	9	2
Trottier	Guy	61	52									2
Turnbull	Ian				78	22	76	80	77	80	75	7
Vachon	Rogatien	47	29	53	65	54	51	68	70	50	59	10
Vadnais	Carol	42	68	78	78	79	76	74	80	77	66	10
NOM	PRÉNOM	70	71	72	73	74	75	76	77	78	79	SAISON

➲

Participation annuelle de tous les Québécois dans la LNH depuis 1970

1970-1979 (suite)

NOM	PRÉNOM	70	71	72	73	74	75	76	77	78	79	SAISON
Villemure	Gilles	34	37	34	21	45	15	6				7
Watson	Jim	78	66									2
Weir	Wally										73	1
Wolfe	Bernie						40	37	25	18		4
Worsley	Lorne Gump	24	34	12	29							4
NOM	PRÉNOM	70	71	72	73	74	75	76	77	78	79	SAISON

1980-1989

NOM	PRÉNOM	80	81	82	83	84	85	86	87	88	89	SAISON
Anderson	Shawn							41	23	33	16	
Aubin	Norm		43	26								2
Aubry	Pierre	1	62	77	37	25						5
Baillargeon	Joël							11	4	5		3
Baron	Marco	10	44	9	21	1						5
Baron	Normand				4		23					2
Beaudoin	Yves						4	6	1			3
Beauregard	Stéphane										19	1
Bergevin	Marc					60	71	66	58	69	18	6
Bernier	Serge	46										1
Berthiaume	Daniel							31	56	9	29	4
Boisvert	Serge			17		14	9	1	5			5
Bolduc	Michel		3	7								2
Bossy	Mike	79	80	79	67	76	80	63				7
Bouchard	Daniel	43	60	50	57	29	32					6
Bouchard	Pierre	50	1									2
Bourque	Raymond	67	65	65	78	73	74	78	78	60	76	10
Brady	Neil										19	1
Brochu	Stéphane								1			1
Brodeur	Richard	52	52	58	36	51	64	53	17			8
Brunet	Benoit									2		1
Brunetta	Mario							29	5	6		3
Bureau	Marc									5		1
Carbonneau	Guy	2		77	78	79	80	79	80	79	68	9
NOM	PRÉNOM	80	81	82	83	84	85	86	87	88	89	SAISON

NOM	PRÉNOM	80	81	82	83	84	85	86	87	88	89	SAISON
Charbonneau	José								16	22		2
Charron	Guy	47										1
Chouinard	Guy	52	64	80	64							4
Chychuin	Jeff						1	3	80	79		4 ·
Clément	Bill	78	69									2
Cloutier	Jacques		7	25		1	15	40	20	36	43	8
Cloutier	Réal	34	67	68	77	4						5
Cloutier	Réjean		2									1
Côté	Alain	51	79	79	77	80	78	80	76	55		9
Côté	Alain C.					32	3	2	31	2		5
Côté	Sylvain				67	2	67	67	78	28		6
Courteau	Yves					14	4	4				3
Couturier	Sylvain								16			1
Currie	Glen		43	68	80	44	12					6
Cyr	Denis	10	45	52	46	9	31					6
Daigneault	Jean-Jacques					67	64	77	28		36	5
Daley	Patrick	7										1
Damphousse	Vincent							80	75	80	80	4
Daoust	Daniel			52	78	79	80	33	67	68	65	8
David	Richard			5	16							2
Deblois	Lucien	74	65	79	80	51	61	40	74	73	70	10
Delorme	Gilbert			60	78	71	74	64	49	55	42	54	9
Desjardins	Éric									36	55	2
Desjardins	Martin										8	1
Dineen	Kevin					57	57	78	74	79	67	6
Dion	Michel	26	62	49	30	10						5
Dionne	Marcel	80	78	80	66	80	80	81	67	37		9
Dollas	Bobby						46		9	16		3
Donnelly	Gord				38	22	36	38	63	73	55	7
Doré	André	15	56	77	80	25						5
Doré	Daniel										16	1
Doyon	Mario									7	9	2
Draper	Tom									2	6	2
Drouin	Jude	7										1
Duchesne	Gaétan		74	77	79	67	80	74	80	70	72	9
NOM	PRÉNOM	80	81	82	83	84	85	86	87	88	89	SAISON

➲

Participation annuelle de tous les Québécois dans la LNH depuis 1970

1980-1989 (suite)

NOM	PRÉNOM	80	81	82	83	84	85	86	87	88	89	SAISON
Duchesne	Steve							75	71	79	79	4
Dufour	Luc			73	41	53						3
Dufresne	Donald									13	18	2
Dupont	André	63	60	46								3
Dupont	Normand	80	62	39	40							4
Errey	Bob				65	16	37	72	17	76	78	7
Faubert	Mario	72	14									2
Finn	Steve						17	36	75	77	64	5
Fiset	Stéphane										6	1
Fletcher	Steven								3			1
Fortier	Marcel								27	57	59	3
Galarneau	Michel	30	10	38								3
Galley	Garry					78	49	48	58	78	71	6
Gaulin	Jean-Marc			1	2	22	1					4
Gauvreau	Jocelyn				2							1
Gélinas	Martin										46	1
Geoffrion	Dan	78	1									2
Germain	Éric								4			1
Gilbert	Gilles	48	27	20								3
Gillis	Jerry	46	38	3	37	37		1				6
Gingras	Gaston	55	34	67	59	5	34	66	70	52		9
Giroux	Pierre			6								1
Gosselin	Mario				3	35	31	30	54	39	26	7
Goulet	Michel	76	80	80	75	69	75	75	80	69	65	10
Guay	François										1	1
Guérard	Stéphane								30		4	2
Hamel	Gilles	51	16	66	75	80	77	79	63	12		9
Hamel	Jean	68	40	51	79							4
Hamel	Pierre	29										1
Hardy	Mark	77	77	74	79	78	55	73	80	60	54	10
Haworth	Alan	49	57	74	75	76	71	50	72			8
Héroux	Yves							1				1
Herron	Denis	25	27	31	38	42	3					6
NOM	**PRÉNOM**	**80**	**81**	**82**	**83**	**84**	**85**	**86**	**87**	**88**	**89**	**SAISON**

NOM	PRÉNOM	80	81	82	83	84	85	86	87	88	89	SAISON
Hogue	Benoit								3	69	45	2
Holland	Robbie	10										1
Hough	Mike							56	17	46	43	4
Houle	Réjean	77	51	16								3
Hrivrnac	Jim										11	1
James	Val		7				4					2
Johnson	Brian				3							1
Kasper	Steve	76	73	24	27	77	80	79	79	78	77	10
Keon	Dave	80	78									2
Krushelnyski	Mike		17	79	66	80	54	80	76	78	63	9
Lacombe	Normand					30	25	40	53	64	33	6
Lacroix	Pierre	61	68	69								3
Lafleur	Guy	51	66	68	80	19				67	39	7
Lalonde	Bobby	62	1									2
Lambert	Yvon	73	77									2
Langevin	Chris				6		16					2
Lanthier	Jean-Marc				11	27	62		5			4
Lapointe	Guy	33	55	64	45							4
Larocque	Michel	36	50	18	5							4
Larose	Guy									3		1
Larouche	Pierre	61	77	38	77	65	28	73	10			8
Lavoie	Dominic									1	13	2
Lebeau	Stéphan									1	57	2
Leduc	Richard	22										1
Lefebvre	Sylvain										68	1
Legris	Claude	3	1									2
Lemelin	Réjean	29	34	39	51	56	60	34	49	40	43	10
Lemieux	Alain		3	42	17	49	7	1				6
Lemieux	Claude					1	10	76	78	69	39	6
Lemieux	Jocelyn							53	23	1	73	4
Lemieux	Mario					73	79	63	77	76	59	6
Leroux	François										3	1
Lessard	Mario	64	52	19	6							4
Léveillé	Normand		66	9								2
Logan	Dave	7										1
NOM	PRÉNOM	80	81	82	83	84	85	86	87	88	89	SAISON

➲

Participation annuelle de tous les Québécois dans la LNH depuis 1970

1980-1989 (suite)

NOM	PRÉNOM	80	81	82	83	84	85	86	87	88	89	SAISON
Logan	Bobby							22	16	4		3
Lowe	Kevin	79	80	80	80	80	74	77	70	76	78	10
Lupien	Gilles	51	1									2
Mailhot	Jacques								5			1
Maltais	Steve									8		1
Mann	Jimmy	37	37	40	38	25	35		9			7
Marcotte	Don	72	69									
Marois	Daniel									76	68	2
Marois	Mario	69	71	36	80	76	76	79	79	49	67	10
Martin	Richard	24	3									2
Mckay	Randy									3	33	2
Mckegney	Tony	80	73	78	75	57	70	75	80	71	62	10
Mckenna	Sean		3	46	78	65	75	69	70	3	5	9
Meighan	Ron		7	41								2
Mellanby	Scott						2	71	75	76	57	5
Meloche	Gilles	38	51	47	52	32	34	43	27			8
Micalef	Corrado		18	34	14	36	11					5
Momesso	Sergio						24	59	53	53	79	5
Monahan	Hartland	25										1
Mondou	Pierre	57	73	76	52	67						5
Mongeau	Michel										7	1
Mongrain	Robert	4	24			8	11					4
Morin	Stéphane										6	1
Mulhern	Richard	19										1
Murphy	Rob								5	8	12	3
Murray	Terry	71	74									2
Myre	Philippe	26	24	5								3
Orlando	Gates					11	60	27				3
Pageau	Paul	1										1
Penney	Steve				4	54	18	7	8			5
Perreault	Gilbert	56	62	77	73	78	72	20				7
Petit	Michel				44	69	32	69	74	69	63	7
Picard	Robert	67	62	64	69	78	68	78	65	74	44	10
NOM	PRÉNOM	80	81	82	83	84	85	86	87	88	89	SAISON

NOM	PRÉNOM	80	81	82	83	84	85	86	87	88	89	SAISON
Plasse	Michel	33	8									2
Plavsic	Adrien										15	1
Potvin	Denis	74	60	69	78	77	74	58	72			8
Poudrier	Daniel						13	6	6			3
Poulin	Daniel		3									1
Preston	Yves	19										1
Pronovost	Jean	80	10									2
Quintal	Stéphane									26	38	2
Racicot	André									1		1
Racine	Yves									28		1
Ratelle	Jean	47										1
Raymond	Alain							1				1
Richard	Jacques	78	59	35								3
Richard	Jean-Marc							4		1		2
Richer	Stéphane						65	57	72	68	75	5
Riendeau	Vincent								1	32	43	3
Rioux	Pierre			14								1
Robert	René	42	55									2
Robitaille	Luc							79	80	78	80	4
Rochefort	Normand	56	72	62	75	73	26	70	46	11	31	10
Romano	Roberto			3	18	31	46	26				5
Routhier	Jean-Marc									8		1
Roy	Patrick					1	47	46	45	48	54	6
Roy	Stéphane								12			1
Saunders	Bernie	6										1
Sauvé	Robert	35	55	54	40	27	38	46	34	15		9
Sauvé	Jean-François	20	69	9	39	64	75	14				7
Savard	André	79	62	68	60	35						5
Savard	Denis	76	80	78	75	79	80	70	80	58	60	10
Savard	Serge	77	47	76								3
Sévigny	Richard	33	19	38	40	20	11	4				7
Shank	Daniel									57		1
Simpson	Bobby		26	4								2
Sleigher	Louis		8	51	44	76	13					5
Smith	Derek	69	61	42								3
NOM	PRÉNOM	80	81	82	83	84	85	86	87	88	89	SAISON

Participation annuelle de tous les Québécois dans la LNH depuis 1970

1980-1989 (suite)

NOM	PRÉNOM	80	81	82	83	84	85	86	87	88	89	SAISON
St-Laurent	André	22	34	70	27							4
St-Laurent	Sam						4	6	6	4	14	5
Stern	Ronnie								15	17	34	3
Sullivan	Bob			62								1
Tanguay	Christian		2									1
Tardif	Marc	63	75	76								3
Therrien	Gaston	3	14	5								3
Thibaudeau	Gilles							9	17	32	41	4
Thyer	Mario										5	1
Tremblay	Mario	77	80	80	67	75	56					6
Tremblay	Vincent	3	40	1	4							4
Turgeon	Pierre								76	80	80	3
Turgeon	Sylvain				76	64	76	41	71	42	72	7
Turnbull	Ian	80	54	6								3
Vachon	Rogatien	53	38									2
Vadnais	Carol	74	50	51								3
Velishek	Randy			3	33	52	47	64	51	80	62	8
Verret	Claude				11	3						2
Vigneault	Alain		14	28								2
Vilgrain	Claude							6		6		2
Vincelette	Dan								69	66	13	3
Waite	Jimmy									11	4	2
Weir	Wally	54	62	58	59	14						5
Yates	Ross				7							1
Zettler	Rob									2	31	2
NOM	**PRÉNOM**	**80**	**81**	**82**	**83**	**84**	**85**	**86**	**87**	**88**	**89**	**SAISON**

1990-1999

NOM	PRÉNOM	90	91	92	93	94	95	96	97	98	99	SAISON
Anderson	Shawn	31		60	51							3
Aubin	J.-Sébastien									17	51	2
Aubin	Serge									1	15	2
Audette	Donald	8	63	44	77	46	23	73	75	49	63	10
NOM	**PRÉNOM**	**90**	**91**	**92**	**93**	**94**	**95**	**96**	**97**	**98**	**99**	**SAISON**

NOM	PRÉNOM	90	91	92	93	94	95	96	97	98	99	SAISON
Beauregard	Stéphane	16	26	16	13							4
Bégin	Steve								5		13	2
Bélanger	Jesse		4	19	1	1	9	6			16	7
Bergeron Jean-Claude		18		21	3	17	12	1				6
Bergevin	Marc	4	75	78	83	44	70	82	81	52	81	10
Berthiaume	Daniel	37	27	25	1							4
Bertrand	Éric										12	1
Biron	Martin						3			6	41	3
Biron	Mathieu										60	1
Blouin	Sylvain							6	1	5		3
Boileau	Patrick							1		4		2
Boivin	Claude		58	30	41	3						4
Bordeleau	Sébastien						4	28	53	72	60	5
Bouillon	Francis										74	1
Bouchard	Joël				2	4	76	44	64	54		6
Boucher	Philippe			18	38	15	53	60	45	45	1	8
Bourque	Raymond	76	80	78	72	46	82	62	82	81	79	10
Brady	Neil	3	7	55	5							4
Brashear	Donald				14	20	67	69	77	82	60	7
Breault	François	17	6	4								3
Brière	Daniel								5	64	13	3
Brisebois	Patrice	10	26	70	53	35	69	49	79	54	54	10
Brochu	Martin									2		1
Brodeur	Martin		4		47	40	77	67	70	70	72	8
Brousseau	Paul						8	6	11			3
Brunet	Benoit	17	18	47	71	45	26	39	68	60	50	10
Bureau	Marc	14	46	63	75	48	65	43	74	71	63	10
Carbonneau	Guy	78	72	61	79	42	71	73	77	74	69	10
Chabot	Frédéric	3		1	5				12	11		5
Charbonneau José						30	3					2
Charbonneau Stéphane				2								1
Charron	Éric			3	4	45	18	25	2	12	21	8
Chassé	Denis				3	47	60	22				4
Chychruin	Jeff	36	43	18	2							4
Ciccone	Enrico		11	31	57	41	66	67	39	59	3	9
NOM	PRÉNOM	90	91	92	93	94	95	96	97	98	99	SAISON

➲

Participation annuelle de tous les Québécois dans la LNH depuis 1970

1990-1999 (suite)

NOM	PRÉNOM	90	91	92	93	94	95	96	97	98	99	SAISON
Cloutier	Daniel								12	22	52	3
Cloutier	Jacques	25	26	3	14							4
Cloutier	Sylvain									7		1
Corbet	René				9	8	33	76	68	73	52	7
Conforth	Mark						6					1
Côté	Alain C.	28	13	2	6							4
Côté	Patrick						2	3	3	70	21	5
Côté	Sylvain	73	78	77	84	47	81	57	71	79	76	10
Courteney	Ed		5	39								2
Cousineau	Marcel							13	2	6	5	4
Couturier	Sylvain	3	14									2
Daigle	Alexandre				84	47	50	82	75	63	58	7
Daigneault	J.-J.	51	79	66	68	45	57	66	71	70	53	10
Damphousse	Vincent	79	80	84	84	48	80	82	76	77	82	10
Dandenault	Mathieu						34	65	68	75	81	5
Dazé	Éric					4	80	71	80	72	59	6
Deblois	Lucien	52	65									2
Delisle	Jonathan									1		1
Delisle	Xavier									2		1
Denis	Marc							1		4	23	3
Derouville	Philippe					1		2				2
Desjardins	Éric	62	77	82	84	43	80	82	77	68	81	10
Dineen	Kevin	61	80	83	71	40	46	78	54	67	67	10
Dionne	Gilbert	2	39	75	74	26	7					6
Doig	Jason						15		4	9	7	4
Dollas	Bobby	56	27	6	77	45	82	79	52	70	49	10
Donnelly	Gordon	57	71	60	18	16						5
Doré	Daniel	1										1
Doyon	Mario	12										1
Draper	Tom		26	11	7		1					4
Drouin	P.-C.							3				1
Dubé	Christian							27		6		2
Dubinsky	Steve				27	16	43	5	82	62	23	7
NOM	PRÉNOM	90	91	92	93	94	95	96	97	98	99	SAISON

NOM	PRÉNOM	90	91	92	93	94	95	96	97	98	99	SAISON
Duchesne	Gaétan	68	73	84	84	46						5
Duchesne	Steve	78	78	82	36	47	62	78	80	71	79	10
Dufresne	Donald	53	3	32	60	22	45	22				8
Dumont	Jean-Pierre									25	47	2
Dupré	Yanick		1			22	12					3
Dykhuis	Karl		6	12		33	82	62	78	78	72	8
Erry	Bobby	79	78	62	64	43	71	66	71			8
Faust	André			10	37							2
Fernandez	Emmanuel					1	5		2	1	24	5
Fichaud	Éric					24	34	17	9	9		5
Finn	Steven	71	65	80	80	40	66	54				7
Fiset	Stéphane	3	23	37	50	32	37	44	60	42	47	10
Fleming	Gerry				5	6						2
Fortier	Marc	14	39	16								3
Gagné	Simon										80	1
Galley	Gary	70	77	83	81	47	78	71	74	60	70	10
Gaul	Michael									1		1
Gauthier	Daniel					5						1
Gauthier	Denis									10	55	39	3
Gauthier	Luc	3										1
Gélinas	Martin	73	68	65	64	46	81	74	64	76	81	10
Gendron	Martin					8	20			2		3
Giguère	J.-Sébastien							8		15	7	3
Girard	Jonathan									3	23	2
Goneau	Daniel					·			41	11	1	3
Gosselin	David								·		10	1
Gosselin	Mario			16	7							2
Goulet	Michel	74	75	63	56							4
Grand-Pierre	Jean-Luc									16	11	2
Gratton	Benoit								6	16	10	3
Groleau	François							2	5	1		3
Guérard	Daniel					2						1
Hamel	Denis										3	3
Hardy	Mark	70	52	55	16							4
Hogue	Benoit	76	75	70	83	45	78	73	53	74	27	10
NOM	PRÉNOM	90	91	92	93	94	95	96	97	98	99	SAISON

➲

Participation annuelle de tous les Québécois dans la LNH depuis 1970

1990-1999 (suite)

NOM	PRÉNOM	90	91	92	93	94	95	96	97	98	99	SAISON
Houde	Éric							13	9	8		3
Hough	Mike	63	61	77	78	48	64	69	74	11		9
Hrivnac	Jim	9	12	30	23							4
Hugues	Ryan					3						1
Hynes	Gord		15	37								2
Jomphe	J.-François						31	64	9	7		4
Juneau	Joé		14	84	74	44	80	58	56	72	65	9
Kasper	Steve	67	16	68								3
Krushelnyski	Mike	64	72	84	54	20	50					6
Labbé	Jean-François										1	1
Labelle	Marc						9					1
Labrecque	Patrick					2						1
Lacombe	Normand	74										1
Lacroix	Daniel				4	24	25	74	56	4	1	7
Lacroix	Éric				3	45	72	81	82	64	70	7
Laflamme	Christian							4	72	73	65	4
Lafleur	Guy	59										1
Lalime	Patrick							39			38	2
Landry	Éric								12	3		2
Laperrière	Daniel			5	20	17	6					4
Laperrière	Ian				1	37	71	62	77	72	79	7
Lapointe	Claude	13	78	74	59	29	35	73	78	82	76	10
Lapointe	Martin		4	3	50	39	58	78	79	77	82	9
Laraque	Georges								11	39	76	3
Larocque	Mario									5		1
Larose	Guy	7	34	9	17							4
Larouche	Steve					18	8					2
Lavigne	Éric					1						1
Lavoie	Dominic	6	6	4	8							4
Lebeau	Patrick	2		1	4					8		4
Lebeau	Stéphan	73	77	71	56	38						5
Lecavalier	Vincent									82	80	2
Lefebvre	Patrice									3		1
NOM	PRÉNOM	90	91	92	93	94	95	96	97	98	99	SAISON

NOM	PRÉNOM	90	91	92	93	94	95	96	97	98	99	SAISON
Lefebvre	Sylvain	63	69	81	84	48	75	71	81	76	82	10
Lemelin	Réjean	33	8	10								3
Lemieux	Claude	78	74	77	79	45	79	45	78	82	83	10
Lemieux	Jocelyn	67	78	81	82	41	67	2	30			8
Lemieux	Mario	26	64	60	22		70	76				6
Leroux	François	1	4	1	23	40	66	59	50			8
Leroux	Jean-Yves							1	66	40	54	4
Lowe	Kevin	73	55	49	71	44	53	64	7			8
Luongo	Roberto										24	1
Maltais	Steve	7	12	63	4							4
Marois	Daniel	78	75	28	22		3					5
Marois	Mario	64	51									2
Martins	Steve						23	2	3	36	59	5
Matte	Christian							2	5	7	5	4
Matteau	Stéphane	78	24	79	77	41	78	74	73	68	69	10
Mckay	Randy	47	80	73	78	33	76	77	74	70	67	10
Mckegney	Tony	59										1
Mellanby	Scott	74	80	69	80	48	79	82	79	67	77	10
Messier	Éric							21	62	31	61	4
Momesso	Sergio	70	58	84	68	48	73	40				7
Mongeau	Michel	7	36	4								3
Montgomery	Jim				67	13	5					3
Morin	Stéphane	48	30	1	5							4
Morissette	Dave									10	1	2
Murphy	Rob	42	6	44	8							4
Nasreddine	Alain									15		1
O'neill	Mike		1	2	17			1				4
Odjick	Gino	45	65	75	76	23	55	70	48	23	59	10
Parent	Rich								1	10	14	3
Pelletier	Jean-Marc									1		1
Perreault	Yanic				13	26	78	41	79	76	58	7
Petit	Michel	73	70	35	63	40	54	38	32			8
Picard	Michel	5	25	25		24	17		16	45	2	8
Plavsic	Adrien	48	16	57	47	18	7	6				7
Potvin	Félix		4	48	66	36	69	74	67	16	56	9
NOM	**PRÉNOM**	**90**	**91**	**92**	**93**	**94**	**95**	**96**	**97**	**98**	**99**	**SAISON**

Participation annuelle de tous les Québécois dans la LNH depuis 1970

1990-1999 (suite)

NOM	PRÉNOM	90	91	92	93	94	95	96	97	98	99	SAISON
Poulin	Patrick			81	67	45	46	73	78	81	82	8
Proulx	Christian				7							1
Quintal	Stéphane	45	75	75	81	43	68	71	71	82	75	10
Quintin	Jean-François		8	14								2
Racicot	André	21	9	26	11							4
Racine	Yves	62	61	80	67	47	57	46	60			8
Rhéaume	Pascal							2	48	60	7	4
Ribeiro	Mike										19	1
Richer	Stéphane G.			24	2	1						3
Richer	Stéphane	75	74	78	80	45	73	63	40	64	56	10
Riendeau	Vincent	44	5	22	26	11						5
Roberge	Mario	5	20	50	28	9						5
Roberge	Serge	9										1
Robidas	Stéphane										1	1
Robitaille	Luc	76	80	84	83	46	77	69	57	82	71	10
Rodgers	Mark										21	1
Romano	Roberto				2							1
Roussel	Dominic			34	60	19	16			18	20	6
Roy	André						3	10			73	3
Roy	Jean-Yves					3	4	52	2			4
Roy	Patrick	48	67	62	68	43	61	62	65	61	63	10
Royer	Rémi									18		1
Sarault	Yves					8	25	28	2	11	11	6
Savage	Réginald	1		16	17							3
Savard	Denis	70	77	63	74	43	69	64				7
Sévigny	Pierre				43	19		13	3			4
Shank	Daniel	7	13									2
Simard	Martin	16	21	7								3
Soucy	Christian				1							1
St-Amour	Martin			1								1
St-Louis	Martin									13	56	2
Stern	Ronnie	44	72	70	71	39	52	79		78	67	9
Stock	P.-J.								38	5	11	3
NOM	PRÉNOM	90	91	92	93	94	95	96	97	98	99	SAISON

NOM	PRÉNOM	90	91	92	93	94	95	96	97	98	99	SAISON
Tanguay	Alex										76	1
Tardif	Patrice				27	38						2
Théodore	José						1	16		18	30	4
Thibaudeau	Gilles	20										1
Thibault	Jocelyn				29	18	50	61	47	62	60	7
Traverse	Patrick						5			46	66	3
Tremblay	Yannick							5	38	35	75	4
Trépanier	Pascal								15	45	37	3
Turgeon	Pierre	78	77	83	69	49	80	78	60	67	52	10
Turgeon	Sylvain	19	56	72	47	33						5
Vachon	Nicholas							1				1
Velishek	Randy	79	38									2
Vilgrain	Claude		71	4	2							3
Vincelette	Dan	16	29									2
Waite	Jimmy	1	17	20	15	2	1	2	17	16		9
White	Peter				26	9	27			3	21	5
Wilkinson	Derek						4	5	8	5		4
Worroll	Peter								19	62	48	3
Zettler	Rob	47	74	80	75	32	29	48	59	2	12	10

2000-2009

NOM	PRÉNOM	00	01	02	03	05	06	07	08	09	SAISON
Abid	Ramzi			33	16	6	13				4
Aubin	Jean-Sébastien	36	21	21	22	11	20	19			7
Aubin	Serge	81	71	66	66	74					5
Audette	Donald	76	33	54	23						4
Beauchemin	François			1		61	71	82	20		5
Bégin	Steve	4	51	50	52	76	52	44	62		8
Bélanger	Éric	62	53	62	81	65	80	75	79		8
Bélanger	Francis	10									1
Bélanger	Jesse	12									1
Bergeron	Marc-André			5	54	75	78	55	72		6
Bergeron	Patrice				71	81	77	10	64		5
Bergevin	Marc	38	30	70	61						4
Bernier	Jonathan							4			1
NOM	PRÉNOM	00	01	02	03	05	06	07	08	09	SAISON

Participation annuelle de tous les Québécois dans la LNH depuis 1970

2000-2009 (suite)

NOM	PRÉNOM	00	01	02	03	05	06	07	08	09	SAISON
Bernier	Steve					39	62	76	81		4
Bertrand	Éric	3									1
Biron	Martin	18	72	54	52	35	35	62	55		8
Biron	Mathieu	14	36	34	57	52					5
Bisaillon	Sébastien						2				1
Blackburn	Dan		31	32							2
Blouin	Sylvain	41	43	19							3
Boileau	Patrick		2	25	16						3
Bordeleau	Sébastien	14	20								2
Bolduc	Alexandre								7		1
Bouillon	Francis	29	28	24	73	67	62	74	54		8
Bouchard	Joël	32	1	34	28	25					5
Bouchard	Pierre-Marc			50	61	80	82	81	71		6
Boucher	Philippe	22	80	80	70	66	76	38	41		8
Bourque	Raymond	80									1
Brassard	Derick							17	31		2
Brashear	Donald	79	81	80	64	76	77	80	63		7
Brière	Daniel	30	78	82	82	48	81	79	29		7
Brisebois	Patrice	77	71	73	71	80	33	43	62		7
Brochu	Martin		6		1						2
Brodeur	Martin	72	73	73	75	73	78	77	31		7
Brousseau	Paul	1									1
Brulé	Steve			2							1
Brunet	Benoit	35	61								2
Burrows	Alexandre					43	81	82	82		4
Caron	Sébastien			24	40	26	2				4
Cassivi	Frédéric		6	2		1	4				4
Centomo	Sébastien		1								1
Charpentier	Sébastien		2	17	7						3
Chouinard	Marc	44	45	70	45	74	42				6
Chouinard	Mathieu				1						1
Cloutier	Dan	40	62	57	60	13	24	9			7
Corbet	René	43									1
NOM	**PRÉNOM**	**00**	**01**	**02**	**03**	**05**	**06**	**07**	**08**	**09**	**SAISON**

NOM	PRÉNOM	00	01	02	03	05	06	07	08	09	SAISON
Corso	Daniel	28	41	1							3
Côté	Jean-Philippe				8						1
Côté	Patrick	6									1
Côté	Sylvain	68	70	1							3
Coulombe	Patrick					7					1
Crawford	Corey				2		5				2
Dagenais	Pierre	9	42	9	50	32					5
Daigle	Alexandre			33	78	46					3
Daigneault	Jean-Jacques	1									1
Damphousse	Jean-François		6								1
Damphousse	Vincent	45	82	82	82						4
Dandenault	Mathieu	73	81	74	65	82	68	61	41		8
Danis	Yann					6			31		2
Darche	Mathieu	9	14	1	2		2	73			6
Dazé	Éric	79	82	54	19	1					5
Delisle	Xavier	14									1
Denis	Marc	32	42	77	66	49	44	10	1		8
Descoteaux	Mathieu	5									1
Desjardins	Éric	79	65	79	48	45					5
Dineen	Kevin	66	59	4							3
Doig	Jason	3		55	65						3
Dollas	Bobby	21									1
Drouin Deslau Jeff									10		1
Dubinsky	Steve	60	29	28							3
Duchesne	Steve	54	64								2
Dumont	Jean-Pierre	79	76	76	77	54	82	80	82		8
Dupuis	Pascal	4	76	80	59	67	71	78	71		8
Dupuis	Philippe								8		1
Dusablon	Benoit				3						1
Dykhuis	Karl	67	80	65	9						4
Ferland	Jonathan					7					1
Fernandez	Emmanuel	42	44	35	37	58	44	4	28		8
Fichaud	Éric	2									1
Fiset	Stéphane	7	2								2
Fleury	Marc-André				22	50	67	35	62		5
NOM	PRÉNOM	00	01	02	03	05	06	07	08	09	SAISON

➲

Participation annuelle de tous les Québécois dans la LNH depuis 1970

2000-2009 (suite)

NOM	PRÉNOM	00	01	02	03	05	06	07	08	09	SAISON
Fortin	J.-F.		36	33	2						3
Gagné	Simon	69	79	46	80	72	76	25	79		8
Gainey	Steve	1	5		7	20					4
Galley	Gary	56									1
Gamache	Simon			2	9	26		11			4
Garon	Mathieu	11	5	8	19	63	32	47	19		8
Gaul	Michael	2									1
Gauthier	Denis	62	66	72	80	62	43		65		7
Gélinas	Martin	79	72	81	76	82	82	57			7
Gervais	Bruno					27	51	60	69		4
Giguère	Jean-Sébastien	34	53	65	55	60	56	58	46		8
Girard	Jonathan	31	20	73							3
Giroux	Alexandre					1	9		12		3
Gosselin	David		3								1
Gragnani	Marc-André								4		1
Grand-Pierre	Jean-Luc	64	81	41	56						4
Gratton	Benoit	14	8		4						3
Grenier	Martin		5	3	7		3				4
Guité	Ben					1	39	79	50		4
Hamel	Denis	41	61	25	5	4	53				6
Hogue	Benoit	34	58								2
Houle	Martin						1				1
Jacques	Jean-François					7	37	9	7		4
Juneau	Joé	69	70	72	70						3
Labbé	Jean-François		3	11							2
Lacroix	Éric	55									1
Laflamme	Christian	39	8	47	16						4
Lajeunesse	Simon		1								1
Lalime	Patrick	60	61	67	57	31	12	32	24		8
Landry	Éric	51	2								2
Laperrière	Ian	79	81	73	62	82	81	70	74		8
Lapierre	Maxim					1	46	53	79		4
Lapointe	Claude	80	80	80	42						4
NOM	**PRÉNOM**	**00**	**01**	**02**	**03**	**05**	**06**	**07**	**08**	**09**	**SAISON**

NOM	PRÉNOM	00	01	02	03	05	06	07	08	09	SAISON
Lapointe	Martin	82	68	59	78	82	82	70			7
Laraque	Georges	82	80	64	66	72	73	71	33		8
Latendresse	Guillaume						80	73	56		3
Lecavalier	Vincent	68	76	80	81	80	82	81	77		8
Leclaire	Pascal				2	33	24	54	12		5
Lefebvre	Guillaume		3	14	12	9					4
Lefebvre	Sylvain	71	41	35							3
Lehoux	Yanick					3	7				2
Lemieux	Claude	42	82	68					18		4
Lemieux	Mario	43	24	67	10	26					5
Leroux	Jean-Yves	59									1
Lessard	Francis		5	18	62	6					4
Lessard	Junior					5	1	21			3
Letang	Kristopher						7	63	74		3
Létourneau-Blondeau P.-L.									8		1
Lombardi	Mathew				79	55	81	82	69		5
Luongo	Roberto	47	58	65	73	75	76	73	54		8
Maltais	Steve	26									1
Martins	Steve	59	14	42	25	4					5
Matte	Christian	3									1
Matteau	Stéphane	80	55	52							3
Mckay	Randy	77	69	75							3
Mellanby	Scott	63	64	80	68	71	69				6
Meloche	Éric		23	13	25		13				4
Messier	Éric	64	74	72	21						4
Michaud	Olivier		1								1
Mitchell	Torrey							82			1
Montgomery	Jim	28	8	1							3
Mormina	Joey							1			1
Nasreddine	Alain			3		6	44	6			4
Odjick	Gino	30	36								2
Ouellet	Maxime	2			6	4					3
Ouellet	Michel					50	73	64	3		4
Parent	Rich	7									1
Parenteau	P.-A.						5				1
NOM	PRÉNOM	00	01	02	03	05	06	07	08	09	SAISON

Participation annuelle de tous les Québécois dans la LNH depuis 1970

2000-2009 (suite)

NOM	PRÉNOM	00	01	02	03	05	06	07	08	09	SAISON
Pelletier	Jean-Marc			2	4						2
Perrault	Joé					5	26	49	7		4
Perreault	Yanic	76	82	73	69	69	66	53			7
Perrin	Éric				4		82	81	78		4
Perron	David							62	81		2
Picard (A)	Alexandre					17	23	3	15		4
Picard (D)	Alexandre					6	62	24	47		4
Picard	Michel	7									1
Pollock	James				9						1
Pominville	Jason				1	57	82	82	82		5
Potvin	Félix	23	71	42	28						4
Poulin	Patrick	52	28								2
Pouliot	M.-A.					8	46	24	63		4
Quintal	Stéphane	72	75	67	73						4
Reid	Brandon			7	3	0	3				4
Rhéaume	Pascal	8	61	67	42	13					5
Ribeiro	Mike	2	43	52	81	79	81	76	82		8
Richer	Stéphane	0	68								1
Robidas	Stéphane	65	56	76	59	75	75	82	72		8
Robitaille	Louis					2					1
Robitaille	Luc	82	81	81	80	65					5
Roussel	Dominic	21									1
Roy	André	64	65	62	33	42	56	63	44		8
Roy	Mathieu					1	16	13			3
Roy	Patrick	62	63	63							3
Royer	Gaétan		3								1
Sabourin	Dany				4	1	11	24	19		5
Sarault	Yves	20	1								2
Sauvé	Philippe				17	13	2				3
St-Jacques	Bruno		7	24	35	1					4
St-Louis	Martin	78	53	82	82	80	82	82	80		8
Stastny	Paul						82	66	45		3
Stastny	Yan					20	21	12	34		4
NOM	PRÉNOM	00	01	02	03	05	06	07	08	09	SAISON

NOM	PRÉNOM	00	01	02	03	05	06	07	08	09	SAISON
Stewart	Anthony					10	10	26	59		4
Stock	P.-J.	51	58	71	67						4
Talbot	Maxime					48	75	63	75		4
Tanguay	Alex	82	70	82	69	71	81	78	50		8
Théodore	José	59	67	57	67	43	33	53	57		8
Thibault	José	66	67	62	14	16	22	12			7
Traverse	Patrick	71	25	65		1					4
Torjman	Josh								2		1
Tremblay	Yannick	46	66	75	38		12				5
Trépanier	Pascal	57	74	1							3
Turgeon	Pierre	79	66	65	76	62	17				6
Veilleux	Stéphane			38	19	71	75	77	81		6
Vermette	Antoine				57	82	77	81	79		5
Vlasic	Marc-Édouard						81	82	82		3
Walter	Ben					6	4	8	4		4
White	Peter	77	48	6	3						4
Worrell	Peter	71	79	63	49						4
Yeats	Matthew				5						1
Zettler	Rob	29	49								2
NOM	PRÉNOM	00	01	02	03	05	06	07	08	09	SAISON

Chapitre 5

Les instructeurs

La clé principale pour faire carrière dans la Ligue nationale de hockey, c'est d'abord et avant tout un solide réseau de contacts dans le milieu anglophone. Dans ces conditions, vaut mieux se retrouver derrière un banc d'une équipe universitaire partout au Canada sauf au Québec.

JACQUES LAPORTE, entraîneur des Patriotes de l'Université du Québec à Trois-Rivières (en réponse au journaliste Serge Vleminckx du journal *Rue Frontenac.com*, 2 avril 2009)

La grande majorité des instructeurs québécois qui ont œuvré dans la LHJMQ et qui y sont toujours vivent la même situation que celle que Jacques Laporte décrit dans la citation ci-contre. Leur réseau de contacts se résume à deux équipes : le Canadien de Montréal et les Nordiques de Québec. Oups ! C'est vrai, j'oubliais ! Les Nordiques nous ont quittés. Donc, je recommence, la seule équipe qui peut avoir besoin des entraîneurs francophones de la LHJMQ et de la Ligue universitaire est le Canadien de Montréal.

La seule autre personne du monde du hockey professionnel qui donnait une chance aux instructeurs québécois, c'était Jacques Martin, le nouvel entraîneur du Canadien de Montréal. Ça va mal pour nos instructeurs, qui espèrent un jour avoir le privilège d'accéder à un échelon supérieur. Je reviens à la citation de Jacques Laporte, entraîneur des Patriotes de l'Université du Québec à Trois-Rivières. Il a parfaitement raison, et c'est exactement ce qui s'est produit quelques mois plus tard avec l'embauche de Guy Boucher par le Canadien, le 29 juin 2009. Guy Boucher a été choisi parmi une longue liste de candidats pour remplacer Don Lever à titre d'instructeur chef du club école du Canadien dans la ville de Hamilton. Je ne saurais dire si la pression médiatique y est pour quelque chose dans l'embauche d'un instructeur francophone du Québec, mais ça n'a sûrement pas été une nuisance. Guy Boucher a besoin d'adjoints et il est allé dans son réseau de contacts pour offrir la même occasion à deux autres entraîneurs québécois, Daniel Lacroix et Martin Raymond, qui, eux aussi, sont compétents et qualifiés pour accéder aux rangs professionnels. C'est ainsi que ça fonctionne dans la LNH, pour qu'un jour un instructeur du Québec ait enfin une fenêtre dans les rangs professionnels et qu'il ait ainsi la chance de démontrer qu'il est qualifié pour être instructeur dans la LNH.

Il y a eu 35 instructeurs québécois et franco-canadiens qui ont œuvré dans la LNH à titre d'entraîneurs chefs. De ce nombre, il y en a 21 qui ont participé à plus de 200 matchs. Le tableau 5.1 donne la liste de tous les instructeurs québécois et franco-ontariens avec leur équipe de départ et leurs statistiques principales depuis la saison 1970.

Tableau 5.1

RANG	SAISON	NOM ET PRÉNOM	ÉQUIPE	MATCHES JOUÉS	VICTOIRES	DÉFAITES	NULLES / PP	POINTS	% MOYENNE
1	1968-2002	Scotty Bowman	St. Louis	2141	1244	573	324	2812	,657
2	1981-2008	Bryan Murray	Washington	1239	620	465	154	1394	,563
3	1970-2008	Alger Arbour	St. Louis	1607	782	577	248	1812	,564
4	**1983-2009**	**Jacques Lemaire**	**Montréal**	**1131**	**540**	**414**	**177**	**1257**	**,556**
5	**1986-2008**	**Jacques Martin**	**St. Louis**	**1098**	**517**	**406**	**175**	**1209**	**,551**
6	1989-2004	Pat Burns	Montréal	1019	501	353	165	1167	,573
7	1979-1999	Jacques Demers	Québec	1007	409	468	130	948	,471
8	1979-1994	Bob Berry	Los Angeles	860	384	355	121	889	,517
9	**1989-2009**	**Terry Murray**	**Washington**	**819**	**394**	**314**	**111**	**899**	**,549**
10	1981-1990	Michel Bergeron	Québec	792	338	350	104	780	,492
11	1988-1998	Bob Hartley	Colorado	650	329	226	95	753	,579
12	1988-1998	Pierre Pagé	Minnesota	636	253	301	82	588	,462
13	**1998-2009**	**Alain Vigneault**	**Montréal**	**512**	**242**	**204**	**66**	**550**	**,537**
14	2001-2009	Michel Therrien	Montréal	462	212	182	68	492	,532
15	**2002-2009**	**Claude Julien**	**Montréal**	**402**	**213**	**134**	**55**	**481**	**,598**
16	1969-1981	Claude Ruel	Montréal	305	172	82	51	395	,648
17	1985-1989	Jean Perron	Montréal	287	142	110	35	319	,556
18	1969-1980	Bernard Geoffrion	NY Rangers	281	114	119	48	276	,491
19	2007-2009	Guy Carbonneau	Montréal	230	124	83	23	271	,589
20	1983-1985	Orval Tessier	Chicago	213	99	93	21	219	,514
21	1972-1978	Jean-Guy Talbot	St. Louis	200	82	90	28	192	,480
22	1996-1997	Mario Tremblay	Montréal	159	71	63	25	107	,525
23	1974-1976	Marc Boileau	Pittsburgh	151	66	61	24	156	,517
24	2007-2009	Denis Savard	Chicago	147	65	66	16	146	,497
25	1977-1979	Marcel Pronovost	Buffalo	104	52	29	23	127	,611
26	1987-1989	Ron Lapointe	Québec	89	33	50	6	72	,404
27	1999-2000	Kevin Lowe	Edmonton	82	32	26	24	88	,537
28	1987-1988	Pierre Creamer	Pittsburgh	80	36	35	9	81	,506
29	1992-2001	Guy Charron	Calgary	65	20	33	12	52	,400
30	1972-1973	Phil Goyette	NY Islanders	48	6	38	4	16	,167
31	1977-1978	André Beaulieu	Minnesota	32	6	23	3	15	,234
32	1987-1988	André Savard	Québec	24	10	13	1	21	,438
33	1984-1995	Rogatien Vachon	Los Angeles	10	4	3	3	11	,550
34	1981	Maurice Fillion	Québec	6	1	3	2	4	,333
35	1996	Jacques Laperrière	Montréal	1	–	–	–	–	,000

Caractère gras : instructeur actif en 2009-2010

Les résultats obtenus par ces grands instructeurs sont tout simplement fantastiques et phénoménaux. Quand j'ai décidé d'inclure les instructeurs dans ce livre, je ne m'attendais certainement pas à découvrir des résultats si impressionnants. Je savais qu'ils étaient tous très qualifiés et compétents, mais ça dépasse de beaucoup ce à quoi, je m'attendais. Je commence donc avec les entraîneurs québécois francophones et les Franco-Canadiens qui ont gagné le trophée Jack-Adams, lequel est remis annuellement depuis 1974 à l'entraîneur de la Ligue nationale de hockey qui a le plus contribué aux succès de son équipe. Le gagnant est choisi au moyen d'un vote à travers l'Association des diffuseurs de la LNH (NHL Broadcasters Association).

Depuis la saison 1974, il y a eu 35 remises du trophée Jack-Adams et c'est à 15 reprises que cet honneur a été gagné par 10 instructeurs québécois francophones ou franco-canadiens. Ce qui veut dire que 10 des 21 entraîneurs québécois francophones et franco-canadiens ont gagné ce trophée, ce qui donne une moyenne de 47,62 %. En remportant ainsi cet honneur à 15 reprises, ces instructeurs n'ont laissé que 20 fois le trophée libre pour les instructeurs du Canada anglais et des États-Unis. Voici la liste des gagnants du trophée Jack-Adams :

1977 : Scotty Bowman du Canadien de Montréal
1979 : Alger Arbour des Islanders de New York
1983 : Orval Tessier des Blackhawks de Chicago
1984 : Bryan Murray des Capitals de Washington
1987 : Jacques Demers des Red Wings de Detroit
1988 : Jacques Demers des Red Wings de Detroit
1989 : Pat Burns du Canadien de Montréal
1993 : Pat Burns des Maple Leafs de Toronto
1994 : Jacques Lemaire des Devils du New Jersey
1996 : Scotty Bowman des Red Wings de Detroit
1998 : Pat Burns des Bruins de Boston
1999 : Jacques Martin des Sénateurs d'Ottawa
2003 : Jacques Lemaire du Wild du Minnesota
2007 : Alain Vigneault des Canucks de Vancouver
2009 : Claude Julien des Bruins de Boston

Je n'ai pas terminé avec les honneurs décernés aux instructeurs. Depuis la saison 1970-1971, il y a eu 38 gagnants de la coupe Stanley et, à 18 reprises, la prestigieuse coupe a été remportée par une équipe qui avait comme instructeur un Québécois francophone ou un Franco-Canadien. Voici la liste des gagnants :

1972-1973 : Scotty Bowman du Canadien de Montréal
1975-1976 : Scotty Bowman du Canadien de Montréal
1976-1977 : Scotty Bowman du Canadien de Montréal
1977-1978 : Scotty Bowman du Canadien de Montréal
1978-1979 : Scotty Bowman du Canadien de Montréal
1979-1980 : Alger Arbour des Islanders de New York
1980-1981 : Alger Arbour des Islanders de New York
1981-1982 : Alger Arbour des Islanders de New York
1982-1983 : Alger Arbour des Islanders de New York
1985-1986 : Jean Perron du Canadien de Montréal
1991-1992 : Scotty Bowman des Penguins de Pittsburgh
1992-1993 : Jacques Demers du Canadien de Montréal
1994-1995 : Jacques Lemaire des Devils du New Jersey
1996-1997 : Scotty Bowman des Red Wings de Detroit
1997-1998 : Scotty Bowman des Red Wings de Detroit
2000-2001 : Bob Hartley de l'Avalanche du Colorado
2001-2002 : Scotty Bowman des Red Wings de Detroit
2002-2003 : Pat Burns des Devils du New Jersey

Le Canada a eu plusieurs premiers ministres qui étaient québécois anglophones, francophones et franco-canadiens. Si la nation canadienne accepte un premier ministre qui vient de notre nation, peut-être qu'à Hockey Canada – et je dis bien *peut-être* – il serait temps qu'on choisisse un instructeur chef de notre nation avec Team Canada pour les Jeux olympiques ou à tout le moins pour les Championnats du monde.

Chapitre 6
Conclusion

Selon les questions qu'on leur pose, les chiffres peuvent révéler bien des choses. Mais, une chose est certaine, on ne peut pas leur faire dire n'importe quoi. On interroge les chiffres pour avoir une réponse franche, précise et dépourvue de sentiments.

Dans ce livre, il y a plusieurs listes et tableaux. Vous pouvez poser toutes les questions qui vous viennent à l'esprit et vous aurez des réponses très claires, sans ambiguïté. Tout ce dont vous aurez de besoin, c'est d'un crayon, d'un bout de papier et d'une calculatrice. Vous allez rapidement constater que vous ne pourrez pas faire dire n'importe quoi aux chiffres. Les chiffres vont toujours vous donner une réponse honnête à votre question.

Au Canada, les francophones constituent une ethnie minoritaire. Or, la participation des Québécois francophones dans la Ligue nationale de hockey l'est encore plus. Cette participation au monde du hockey canadien et américain est demeurée très longtemps sans analyse, même si on dénonçait souvent les pratiques discriminatoires par des sous-entendus. Ce sont surtout les médias québécois qui, par leurs contacts étroits avec les hockeyeurs québécois et certains membres des organisations de la LNH, ont mis en évidence à plusieurs reprises certaines pratiques à tendance discriminatoire. La grande question qui revient constamment, c'est de savoir s'il y a un traitement égal ou inégal envers les hockeyeurs québécois dans la LNH au moment de procéder au repêchage, de former les équipes ou de choisir l'instructeur chef de la formation canadienne aux Jeux olympiques. La même question se pose aussi au sujet de Hockey Canada, en ce qui concerne la formation de l'Équipe Canada Junior (ÉCJ).

Finalement, c'est toujours ce fameux «talent égal, traitement inégal» qui revient perpétuellement dans l'actualité.

La question est d'envergure. Plusieurs universitaires et sociologues nord-américains l'ont examinée sous l'angle d'une possible discrimination envers les hockeyeurs francophones dans la LNH. En 1975, le premier sociologue à l'étudier, l'Américain David Marple[13], est arrivé à des conclusions surprenantes et choquantes. Après avoir analysé la situation des Noirs américains au basket-ball dans les années 1970, il s'est interrogé sur les analogies possibles avec les hockeyeurs francophones dans la LNH. Il a été le premier à analyser la représentativité et la productivité des joueurs de la LNH en rapport avec leur ethnicité. Pour Marple, il y a discrimination envers les joueurs francophones puisque, à l'image des Noirs américains, ils sont plus productifs tout en jouant moins de matchs. C'était des conclusions quand même fragiles, puisque les résultats de Marple ne reposaient que sur une seule saison de hockey.

Cette étude a constitué malgré tout un point de départ. Suite à cette observation, de 1970 à 2009, plusieurs autres sociologues et universitaires[14] ont étudié la même question sous plusieurs angles différents. Si les tendances observées par Marple se vérifiaient sur plusieurs années, nous serions alors en présence d'un fait sociologique malsain.

Dans les prochaines pages, comme je vous l'ai promis au chapitre 1, vous allez découvrir avec moi ce que plusieurs chercheurs universitaires ont découvert au cours des 40 dernières années. Plusieurs mythes et stéréotypes concernant les Québécois francophones s'effondrent avec les résultats de leurs recherches. De plus, les faits que vous découvrirez dans les conclusions de ce livre soutiendront leurs conclusions et vous étonneront.

Marc Lavoie, un professeur titulaire en sciences économiques à l'université d'Ottawa, est aussi un sportif de haut niveau. Il a été sept fois champion canadien au sabre individuel, a remporté la médaille d'argent aux jeux du Commonwealth et a participé deux fois aux Jeux olympiques. Il a aussi publié deux ouvrages sur le hockey dans la LNH : *Avantage numérique : l'argent et la Ligue nationale de hockey* et *Désavantage numérique : les francophones dans la LNH*.

Le 6 mars 1990, Marc Lavoie a été piqué au vif par un article de Guy Robillard de la *Presse canadienne* qui demandait « À quand une étude sérieuse sur le sort fait aux francophones dans le hockey professionnel ? ». Il a donc décidé à ce moment précis de la faire, cette étude sérieuse. Je vais commencer la conclusion de ce livre avec un des mythes que le professeur Lavoie a analysés, soit celui concernant la taille des Québécois francophones.

LES FRANCOPHONES SONT-ILS PLUS PETITS QUE LES ANGLOPHONES[15] ?

La taille des joueurs de hockey n'a cessé d'augmenter au cours des 20 dernières années. Ce qu'on entend régulièrement dire, c'est que les Québécois sont plus petits que les hockeyeurs de la Ligue junior de l'Ontario et de l'Ouest canadien. Cela n'est pas un mythe ou un préjugé. En effet, selon le tableau 6.1, les hockeyeurs du Québec sont systématiquement plus petits et moins pesants que les hockeyeurs juniors des deux autres ligues juniors canadiennes. Ce n'est donc pas un mythe, mais bien la réalité. Il faut toutefois rappeler que l'écart est de très faible importance.

TABLEAU 6.1

Comparatif de la taille moyenne et du poids moyen des joueurs des ligues juniors majeures canadiennes selon leur position, entre 1984 et 1988

JOUEURS	ATTAQUANTS		DÉFENSEURS		GARDIENS	
	TAILLE (po)	POIDS (lb)	TAILLE (po)	POIDS (lb)	TAILLE (po)	POIDS (lb)
LHJMQ	70,9	180,1	71,9	187,2	69,9	167,4
OHL	71,7	184,5	72,7	191,3	70,5	170,2
WHL	71,3	182,4	72,5	190,5	70,3	171,3

LHJMQ – OHL	- 0,8	- 4,4	- 0,8	- 4,1	- 0,6	- 2,8
LHJMQ – WHL	- 0,4	- 2,1	- 0,2	- 0,8	- 0,2	- 1,1

En centimètre, les hockeyeurs du Québec concédaient aux joueurs de l'Ontario **1,76 cm**
En kilogramme, les hockeyeurs du Québec concédaient aux joueurs de l'Ontario **1,93 kg**

En centimètre, les hockeyeurs du Québec concédaient aux joueurs de l'Ouest **1,01 cm**
En kilogramme, les hockeyeurs du Québec concédaient aux joueurs de l'Ouest **0,66 kg**

Conversion en centimètre : 1 pouce = 2,54 centimètres
Conversion en kilogramme : 2,2 livres = 1 kilogramme

L'étude de la taille des joueurs ne s'est pas arrêtée là. On a aussi vérifié si ces différences se retrouvaient dans la LNH. À la lecture des données, on a aussi constaté que les anglophones étaient plus grands que les francophones dans la LNH, mais ces différences étaient rarement significatives, contrairement à ce qu'on avait constaté dans le cas des joueurs juniors. Si bien que, lors de la saison 1993-1994, les attaquants francophones étaient plus gros que les attaquants anglophones. Même chose pour les défenseurs francophones en 1977-1978 et 1983-1984 : ils étaient plus gros que les défenseurs anglophones. Alors, quand on vous dira que les Québécois francophones sont trop petits comparativement aux anglophones, sachez qu'on parle d'un demi-pouce et de trois livres (1 cm et 1,4 kg)...

LE MYTHE DU JEU DÉFENSIF DÉFICIENT DES FRANCOPHONES[16]

On entend souvent dire que la Ligue de hockey junior majeur du Québec a un style uniquement porté sur l'offensive et que, en conséquence, les hockeyeurs francophones aiment se porter à l'attaque et attachent peu d'importance à la défensive. Ce stéréotype a-t-il un fond de vérité ? La seule façon de vérifier sérieusement si l'attaque est effectivement une priorité plus importante au hockey junior québécois, c'est de comparer le nombre de buts comptés par partie dans chacune des trois ligues juniors au pays. La ligue au style de jeu le plus offensif devrait avoir le plus grand nombre de buts de comptés par partie, tandis que la Ligue ayant le style de jeu le plus défensif devrait avoir le plus petit nombre de buts comptés par partie.

Les données du tableau 6.2 ont été compilées par Marc Lavoie, professeur en sciences économiques à l'université d'Ottawa, et sont extraites de *Désavantage numérique,* un ouvrage qu'il a publié en 1998. Les résultats sont absolument étonnants. Les données couvraient les saisons des ligues de hockey juniors canadiennes de 1979 à 1997, soit 18 saisons. On constate que les joueurs ne comptaient pas plus de buts par partie dans la LHJMQ que dans les deux autres ligues de hockey juniors canadiennes. Même qu'entre 1990 et 1997, ils ont compté moins de buts par partie dans la LHJMQ que dans la Ligue junior de l'Ontario et de l'ouest du Canada. Il s'en trouvera certainement pour dire que les gardiens de but des deux autres ligues juniors étaient très inférieurs aux gardiens québécois. Cette affirmation serait tout à fait gratuite. La réalité statistique démontre que les dépisteurs de la LNH et un très grand nombre d'analystes de la scène du hockey junior canadien ne peuvent plus affirmer que les francophones disposent d'habiletés défensives inférieures à celles des hockeyeurs juniors du reste du pays.

Les statistiques du tableau 6.2 nous montrent clairement que le mythe véhiculé par nombre de gens à travers le pays et même ici, au Québec, concernant le piètre jeu défensif des Québécois n'est rien d'autre qu'un préjugé de plus, sans doute très utile pour justifier les choix biaisés des dépisteurs de la LNH et des décideurs d'Équipe Canada Junior.

TABLEAU 6.2

Nombre de buts en moyenne, par partie et par équipe dans les ligues juniors majeures canadiennes, de 1979 à 1997

SAISON	LIGUE			RANG DE LA LHJMQ
	OHL	WHL	LHJMQ	
1979-1980	4,85	4,7	5,11	3
1980-1981	4,84	4,89	4,7	1
1981-1982	4,5	5,1	4,92	2
1982-1983	4,81	5,16	5,4	3
1983-1984	4,62	5,06	5,04	2
1984-1985	4,56	4,91	4,97	3
1985-1986	4,43	4,97	5	3
1986-1987	4,46	4,94	5,14	3
1987-1988	4,47	4,76	4,87	3
1988-1989	4,55	4,72	4,6	3
1989-1990	4,38	4,8	4,22	1
1990-1991	4,47	4,71	3,86	1
1991-1992	4,45	4,14	4,21	2
1992-1993	4,48	4,15	4,4	2
1993-1994	4,37	4,24	4,13	1
1994-1995	4,03	3,92	3,96	2
1995-1996	4,09	4	4,01	2
1996-1997	4,01	3,85	3,76	1
MOYENNE				
1979-1983	4,75	4,96	5,03	3
1983-1990	4,5	4,88	4,83	2
1990-1997	4,31	4,19	4,01	1
MOYENNE				
1979-1997	4,37	4,68	4,62	2
2007-2008	3,45	3	3,42	2

LES GARDIENS DE BUT QUÉBÉCOIS SONT LES MEILLEURS DE LA LNH[17]

FAUX. La proportion des gardiens de but francophones est relativement plus élevée par rapport au taux de représentation des francophones aux deux autres positions. C'est ce fait qui porte les gens à croire que les gardiens de but francophones sont si bons.

La performance moyenne des gardiens de but francophones est approximativement identique à celle des gardiens anglophones. Marc Lavoie est arrivé à ce constat après avoir compilé toutes les statistiques concernant les gardiens de but canadiens et québécois.

LA PERFORMANCE OFFENSIVE EN CARRIÈRE DES FRANCOPHONES EST SUPÉRIEURE À CELLE DES ANGLOPHONES[18]

VRAI. Le fait essentiel que tous les chercheurs ont découvert, que ce soit Marple (1975), Longley (2001), Coulombe, Lavoie (1985) ou Lavoie (1998), c'est que la performance moyenne des attaquants francophones est supérieure à celle des Canadiens anglais dans une proportion de 17 à 26% selon les saisons. De plus, la performance des défenseurs francophones dépasse celle des défenseurs canadiens-anglais dans une proportion de 11 à 41%.

Ce constat effectué par tous ces chercheurs universitaires ne confirme pas que les hockeyeurs québécois francophones sont de meilleurs joueurs offensifs, comparés aux hockeyeurs canadiens-anglais. Il confirme cependant la thèse du sociologue américain du sport, David Marple (1975), de l'université de Cincinnati. David Marple avait précédemment étudié la situation des Noirs par rapport à celle des Blancs au basket-ball et avait été immédiatement frappé par les analogies qui existaient entre les données qu'il avait amassées pour le basket-ball et celles qu'il venait de colliger pour le hockey. Il concluait son étude en se demandant si un francophone devait démontrer davantage de talent pour être engagé dans la Ligue nationale de hockey. Ces résultats ont prouvé qu'il avait vu juste.

Le tableau 4.4 (page 180) et la rubrique «Les trophées individuels dans la LNH» (page 182) montrent très bien que, des 176 joueurs québécois francophones qui ont joué plus de 200 matchs dans la LNH entre les saisons 1970-1971 et 2008-2009, un grand total de 74 joueurs ont mérité un trophée de la Ligue ainsi qu'une ou des participations aux matchs des étoiles de la LNH. On y voit aussi que plus de 42 % des joueurs québécois francophones ont remporté des honneurs de la LNH, ce qui prouve hors de tout doute que ces hockeyeurs étaient des joueurs de premier plan avec leurs équipes. Il est donc normal que les chercheurs universitaires aient découvert que la performance des Québécois francophones était nettement supérieure à celle des joueurs canadiens-anglais. «Seulement les hockeyeurs québécois francophones de premier plan peuvent espérer faire carrière dans la LNH.» Cette constatation souvent écrite et répétée par plusieurs représentants des médias québécois est donc vraie, authentique et incontestable.

LES FAITS CONCERNANT LA DISCRIMINATION ENVERS LES QUÉBÉCOIS FRANCOPHONES DANS LA LNH DE 1970 À 2009

- 17,06 % des hockeyeurs québécois repêchés entre 1970 et 2009 étaient des Québécois anglophones, ce qui représente 2 fois leur pourcentage de représentativité (8,5 %) dans la province de Québec.
- 19,80 % des hockeyeurs québécois qui ont été repêchés et qui ont joué au moins 1 match dans la LNH étaient des Québécois anglophones, ce qui équivaut à un peu plus de 2 fois leur taux de représentativité dans la province de Québec. De plus, 21,08 % des hockeyeurs québécois qui ont joué plus de 200 matchs étaient des Québécois anglophones, ce qui représente 2,5 fois leur taux de représentativité.
- Dans la LNH, le taux de joueurs non repêchés qui ont joué est de 10 %, tandis que celui des hockeyeurs québécois est de 19,06 %, soit presque le double.
- Les chances qu'ont les jeunes hockeyeurs de catégorie midget québécois d'être repêchés trois ans plus tard par une équipe de la LNH sont deux fois élevées pour les francophones que pour les anglophones.

Les francophones ont 1 chance sur 618, alors que les anglophones ont 1 chance sur 334.

- Le tableau 2.16 montre clairement qu'il y a une énorme différence entre les équipes du haut du tableau et celles qui sont en bas de l'échelle.
- En 13 saisons, un seul Québécois francophone a joué plus d'une saison (80 matchs) avec les Hurricanes de la Caroline.
- Plus de 42% des Québécois francophones qui ont joué plus de 200 matchs dans la LNH entre 1970 et 2009 ont remporté des honneurs individuels. Ce qui prouve hors de tout doute que les Québécois doivent être meilleurs que les autres pour réussir dans la LNH.

LES NORDIQUES AIDAIENT LA CAUSE DES QUÉBÉCOIS

Le départ des Nordiques a placé le Canadien dans une zone de confort en ce qui concerne le repêchage des joueurs québécois. L'équipe montréalaise ne ressentait plus autant cette obligation après le déménagement des Bleus à Denver. C'est du moins l'opinion de Serge Savard, directeur général à Montréal de 1983 à 1995.

ALBERT LADOUCEUR
(*Le Journal de Québec,*
16 novembre 2006)

VIVE LES NORDIQUES!

L'idée d'une nouvelle confrontation Canadiens-Nordiques vous réjouit-elle? Et les nouveaux Nordiques feraient peut-être plus d'efforts pour recruter des joueurs francophones.

RICHARD MARTINEAU
(*Le Journal de Montréal,*
26 juillet 2009)

La discrimination envers les Québécois francophones dans la LNH s'exerce ici, dans la province. Les faits sont assez clairs. À talent égal, dans la province de Québec, on a favorisé un Québécois anglophone. Il existe peu de solutions, mais je vais quand même en proposer deux : le retour d'une équipe à Québec et la formation d'une équipe Québec Junior.

UNE ÉQUIPE DE LA LNH À QUÉBEC : ÇA PRESSE !

La grande rivalité Canadiens-Nordiques qui a existé pendant 16 saisons a permis à 124 hockeyeurs québécois (Annexe, tableau II) d'avoir un grande visibilité dans la LNH. Plusieurs joueurs ont ainsi profité de cette vitrine pour montrer aux dirigeants des autres équipes de la LNH qu'il y avait d'excellents hockeyeurs dans la province de Québec.

Depuis le départ des Nordiques pour le Colorado, les hockeyeurs québécois sont en voie d'extinction avec le Canadien de Montréal (voir Annexe, tableau I) et ailleurs dans la LNH (voir tableau 4.2 page 178). Le retour d'une rivalité entre Québec et Montréal dans la LNH serait excitant pour les fans et favoriserait grandement l'intégration d'un plus grand nombre de hockeyeurs québécois dans la LNH. C'est la première solution pour augmenter le nombre de hockeyeurs du Québec dans la Ligue nationale de hockey, car ce qui manque le plus aux hockeyeurs québécois, c'est la visibilité.

L'autre façon d'obtenir de la visibilité pour nos hockeyeurs passe par la formation d'une équipe nationale junior pour représenter le Québec lors des championnats mondiaux de hockey.

TABLEAU 6.3

Résultats du repêchage des hockeyeurs de la nhl par nation entre 1994 et 2009

PAYS	1994	1995	1996	1997	1998	1999	2000	2001	2002	2003	2004	2005	2006	2007	2008	2009	TOTAL REPÊCHAGE	MOYENNE REPÊCHAGE	MOYENNE JOUEURS ACTIFS	NOMBRE JOUEURS ACTIFS
Canada*	118	105	109	109	100	91	77	91	90	101	107	92	64	91	99	81	1527	37,55%	44,97%	438
États-Unis	48	16	29	39	40	50	56	41	60	59	64	61	60	63	46	55	787	19,36%	22,17%	216
Russie	30	24	20	19	25	27	39	36	33	29	18	11	15	8	9	7	350	8,60%	3,28%	32
Québec	33	33	31	20	29	16	19	15	17	28	18	18	17	11	21	21	346	8,51%	7,29%	71
Suède	17	8	15	15	17	22	23	17	20	16	19	12	18	17	17	24	277	6,81%	5,44%	53
Tchéquie	16	21	11	16	21	18	24	31	26	18	21	12	8	5	3	3	254	6,25%	5,85%	57
Finlande	7	13	8	12	12	18	19	23	25	13	14	9	13	4	7	10	207	5,09%	4,31%	42
Slovaquie	4	7	7	6	6	12	16	15	3	10	10	8	4	3	0	5	116	2,85%	1,85%	18
Suisse	1	0	1	3	2	2	6	5	5	5	4	0	3	2	2	0	41	1,00%	0,51%	5
Allemagne	2	2	3	2	0	0	1	6	0	4	2	1	3	3	2	1	31	0,76%	0,92%	9
Kazakhstan	1	1	1	0	2	5	6	3	0	2	3	0	0	1	0	0	25	0,61%	0,20%	2
Ukraine	4	3	3	1	1	1	1	1	1	1	0	0	0	1	0	0	18	0,44%	0,41%	4
Lettonie	0	0	0	1	1	2	2	6	3	2	1	1	2	0	0	0	16	0,39%	0,10%	1
Biélorussie	1	0	1	1	0	2	0	0	1	2	4	1	0	0	1	1	15	0,37%	0,31%	3
Autriche	0	1	0	1	1	2	1	2	1	1	0	0	2	0	0	0	12	0,30%	0,31%	3
Autres pays	3	0	2	1	1	4	3	2	5	1	6	3	2	2	6	3	44	1,08%	2,05%	20
TOTAL	285	234	241	246	258	272	293	289	290	292	291	229	213	211	211	211	4066			974

* Excluant le Québec.

LE QUÉBEC COMME NATION

Chaque année, c'est la même chanson qui revient pendant la période des fêtes. Comment se fait-il que les Québécois n'arrivent pas à se tailler une plus grande place avec Équipe Canada Junior? On entend souvent dire que le hockey québécois se joue selon un style différent de celui des équipes des autres ligues juniors canadiennes. Lorsque vient le temps de composer la formation finale d'Équipe Canada Junior, il ne reste habituellement que quelques joueurs québécois. Depuis plusieurs années maintenant, le Canada s'affirme comme une puissance au hockey junior; cependant, les joueurs canadiens et québécois qui pourraient rivaliser dans ce tournoi mondial et, par le fait même, obtenir une plus grande visibilité, s'en trouvent exclus. Le hockey québécois a certainement tout ce qu'il lui faut pour former une bonne équipe représentative à chaque tournoi de hockey mondial junior. Vous n'avez qu'à examiner la liste des hockeyeurs québécois anglophones et francophones repêchés à chaque année par la LNH; vous remarquerez que le Québec aurait été très bien représenté lors des championnats mondiaux de hockey junior.

Mais au fait, quel rang occupe le Québec comme nation lors des séances de repêchage de la Ligue nationale de hockey? Et quelle était la représentation des Québécois dans la LNH lors de la dernière saison 2008-2009?

Les données du tableau 6.3 pour les 16 dernières années montrent que le Québec se classe au quatrième rang pour les joueurs repêchés. Pour ce qui est des joueurs actifs dans la LNH durant la saison 2008-2009, le Québec est classé troisième, directement derrière les hockeyeurs américains et canadiens. La très grande majorité des joueurs québécois qui jouent dans la LNH présentement ont été écartés par les dirigeants de l'équipe de Hockey Canada quand ils étaient d'âge junior. Malgré tout, les David Perron, Marc-Édouard Vlasic et les autres Québécois qui jouent régulièrement dans la LNH ont été capables d'adapter leur style de jeu au hockey professionnel. La raison toujours évoquée par Hockey Canada pour refuser bon nombre de hockeyeurs québécois est le style de jeu *canadian,* auquel les joueurs québécois ont supposément de la difficulté à s'adapter. Même Mario Lemieux n'aurait pas pu s'y adapter, prétend Hockey Canada. Mais justement, y a-t-il quelqu'un dans la salle qui pourrait m'instruire encore une fois ? Qu'est-ce que c'est, au juste, le style de jeu des Québécois ?

Au cours des 10 dernières années, 1,8 joueur québécois par année a réussi, en moyenne, à percer l'alignement d'Équipe Canada Junior. Cette réalité est très décevante et on accuse à tort la LHJMQ et Hockey Québec de tous les problèmes du développement de nos jeunes joueurs d'élite. Les faits sont d'une tout autre nature ! Si nos joueurs ne sont pas assez talentueux ou pas assez *canadian* pour jouer avec Équipe Canada Junior, mais que par ailleurs ils le sont assez pour jouer dans la LNH avant certains joueurs qui ont joué pour ÉCJ, il est forcément temps de passer à autre chose et de demander aux autorités supérieures du Québec de former une équipe Québec Junior le plus tôt possible pour participer aux championnats mondiaux de hockey junior. Malgré tout le mépris qu'éprouvent les grands penseurs de Hockey Canada envers les hockeyeurs québécois, le tableau 6.3 montre clairement que le Québec en tant que nation occupe toujours une place de choix dans la LNH. J'ajouterai que le fait de se retirer de l'Équipe Canada Junior ne se veut pas une insulte pour le Canada. Étant donné que nous sommes une nation, comme le dit si bien Stephen Harper, notre premier ministre du Canada, le Québec pourrait très bien avoir sa propre équipe lors des prochains championnats de hockey junior.

En ayant notre propre équipe, il est très probable que nous saurons finalement ce qu'est l'obscur style de jeu des Québécois, ce style de jeu qu'on nous colle à la peau et que les grands analystes du hockey *canadian* semblent mépriser si fort. Des situations aussi bizarres, comme de compliquer la vie à Mario Lemieux avec Équipe Canada Junior en 1983, ne se présenteraient certainement plus. Cela permettrait aussi à nos jeunes hockeyeurs de se mesurer enfin aux meilleurs hockeyeurs juniors de la planète. Ainsi, ils obtiendraient enfin la visibilité dont ils ont besoin pour ne plus être sous-évalués.

Le 10 juin 2007, Hockey Québec a adopté et entériné ses règlements généraux. Dans le chapitre 1, qui concerne les dispositions générales, on trouve la section 1.3.1 intitulée «La mission de Hockey Québec : assurer l'encadrement du hockey sur glace en vue d'en faire la promotion et le développement de la personne ». Plus loin, toujours dans le premier chapitre, à la rubrique « Juridiction », on affirme ceci :

- 1.3.2a) La juridiction de la corporation s'étend sur tout le territoire du Québec.
- 1.3.2b) La corporation doit, de plus, favoriser le développement de réseaux de participation au hockey canadien pour ses membres.
- 1.3.2c) La corporation doit, de plus, favoriser le développement de réseaux de participation au hockey international pour ses membres.

Peut-être bien naïvement, je demande aux dirigeants de Hockey Québec de se servir du règlement 1.3.2c de leur charte pour créer une équipe Québec Junior afin que, finalement, ses membres ne soient plus défavorisés par les grands théoriciens de Hockey Canada. La mise sur pied d'une telle équipe est très coûteuse ; il faudra certainement organiser des campagnes de souscription afin de recueillir les fonds nécessaires à sa création. L'autre aspect du projet est très important et très sensible : il s'agit de la négociation entre les gouvernements, Hockey Canada et la Fédération internationale de hockey sur glace. Quelle autorité supérieure pilotera ce dossier ?

Y A-T-IL UN PILOTE DANS L'AVION ?

Le 25 mars 2008, la ministre de l'Éducation, du Loisir et du Sport et de la Famille Michelle Courchesne a présenté des mesures visant à enrayer la violence au hockey junior dans la province de Québec.

> **LA CLAQUE ANNUELLE !**
>
> Ça commence à faire ! Un seul joueur du Québec sélectionné cette année, deux en 2007, trois en 2006, un en 2005 et deux en 2004. Qu'attendent certaines personnes en autorité pour exprimer publiquement leur mécontentement.
>
> MAURICE DUMAS
> (*Le Soleil*, 15 décembre 2007)

Madame la ministre Courchesne a pris cette décision pour protéger les jeunes hockeyeurs québécois d'une certaine violence gratuite qui sévissait principalement dans le hockey junior. En tant qu'ancien hockeyeur de la LHJMQ, je la félicite. Si elle veut être cohérente dans sa démarche de protection, elle doit donc appuyer toute demande venant de Hockey Québec pour protéger les jeunes hockeyeurs québécois de la discrimination qu'ils subissent de la part des Détritus de Hockey Canada, lorsque vient le temps de composer l'alignement final de l'équipe. J'espère que les dirigeants de Hockey Québec demanderont officiellement de se dissocier de Hockey Canada pour les championnats mondiaux de hockey junior et que, finalement, nos jeunes hockeyeurs d'élite de catégorie junior pourront se mesurer à leurs semblables des autres nations du monde.

LES MÉDIAS À LA RECHERCHE DES COUPABLES

Le travail d'un journaliste consiste à rassembler, à examiner et à commenter des faits pour les porter à l'attention du public à travers son média de communication. Les journalistes sportifs du Québec rapportent régulièrement des citations ou des faits concernant la situation des

Québécois dans la LNH ou dans le hockey junior québécois. Très souvent, les faits rapportés par nos journalistes sportifs viennent embraser notre grand village gaulois du nord de l'Amérique. Je ne sais pas si René Goscinny, le scénariste de la bande dessinée *Astérix et Obélix,* a déjà séjourné chez nous pendant la saison de hockey, mais, je ne serais pas surpris d'apprendre que c'est dans notre grand village qu'il a eu l'inspiration pour son quinzième album, *La zizanie.*

Astérix, Obélix et la zizanie

Jules César décide d'en finir une fois pour toutes avec le petit village gaulois qui résiste toujours au colonisateur romain. Il décide donc d'envoyer au village gaulois un fauteur de trouble notoire nommé Détritus. Ce personnage qui a un don inouï pour provoquer des disputes va semer la zizanie dans les rues et les chaumières du village.

Il n'y a aucun Jules César qui règne au sommet de la culture du hockey canadien anglais, bien que, maintenant que j'y pense... laissez tomber... Pendant un moment, j'avais cru reconnaître quelqu'un. Plusieurs intervenants du monde du hockey canadien-anglais sont des Détritus qui soufflent aux oreilles des décideurs de la LNH et de Hockey Canada des mythes et des faussetés conoornant nos jeunes hockeyeurs juniors. Lorsque nos médias nous rapportent les dires de ces décideurs, la zizanie frappe alors notre grand village. Les dirigeants de Hockey Québec sont alors lapidés verbalement dans les tribunes radiophoniques, nos entraîneurs de la LHJMQ sont tous traités d'incompétents, les débats télévisés et radiophoniques sur le sport deviennent alors des affrontements verbaux entre gens des médias et analystes du hockey. La grande tribu que nous sommes embarque alors dans cette foire qui ne se termine jamais, hélas! comme dans la bande dessinée, avec un grand festin au village. La grande différence entre ce village gaulois imaginaire et le nôtre, c'est qu'Astérix et Obélix, ils le règlent, le problème, eux.

Mais où sont-ils donc, nos Astérix et Obélix, me demanderez-vous? Ils sont un peu partout en Amérique, parcourant les grandes arènes de notre époque à la recherche de la potion magique. Ils reviennent l'été dans notre village pour revoir famille et amis. C'est exactement ce que je faisais lors de mes vacances estivales de hockeyeur.

Les grands coupables qui ont laissé agir les Détritus de la planète hockey anglophone, ne les cherchez plus. Je peux vous les nommer : ce sont justement nos Astérix et Obélix. Je les connais bien. Je faisais moi-même partie de ce groupe de hockeyeurs qui, chaque fois qu'ils entendaient un *fucking frog* ou un *fucking frenchman,* minimisaient la situation. C'est certain que nous ne voulions pas passer pour des chialeurs et que nous banalisions les insultes qui nous étaient adressées. Mais, voyez-vous, maintenant, le problème, c'est que plusieurs des hockeyeurs qui utilisaient ce langage primitif pour nous désigner sont présentement employés par plusieurs équipes de la LNH. Ils occupent des postes stratégiques à titre de dépisteurs, d'assistants-entraîneurs ou d'instructeurs dans les ligues mineures professionnelles et même dans la LNH. Alors pensez-vous que leur culture s'est civilisée avec le temps ? Non, ils sont aujourd'hui devenus de parfaits Détritus.

Les envahisseurs : l'identification de la source de la discrimination

Plus de 90 % des hockeyeurs qui ont composé les équipes de la Ligue nationale de hockey depuis la saison 1917-1918 jusque vers le milieu des années 1970 étaient des joueurs de nationalité canadienne. Jusqu'à la première expansion de 1967, les hockeyeurs québécois francophones jouaient très majoritairement pour le Canadien de Montréal. Avec les cinq autres équipes de la LNH, on trouvait seulement des Canadiens anglophones, leur groupe étant complété par un ou deux hockeyeurs québécois francophones d'exception. Avec l'arrivée de six nouvelles équipes dans la LNH en 1967, la demande pour des hockeyeurs a augmenté et tout le monde y a trouvé son compte. La même chose s'est produite avec l'arrivée de l'Association mondiale de hockey. Mais, même durant ces deux périodes, les hockeyeurs francophones étaient vus comme des voleurs de job. Aux yeux de plusieurs hockeyeurs canadiens-anglais, la seule place qui était réservée aux Québécois francophones, c'était chez le Canadien de Montréal. Vers la fin des années 1970, lorsque les joueurs suédois et finlandais sont arrivés, ils ont aussi été perçus comme des hockeyeurs voleurs de job. Même nous, les Québécois, nous avions des réflexions semblables à celles des Canadiens anglais. Cette culture qui est très imprégnée dans la mentalité de plusieurs Canadiens anglais est probablement la source principale de toute la discrimination qui affecte les joueurs des autres nations dans la Ligue nationale de hockey. Et, quand je parle des « autres nations », j'inclus les Québécois, parce que c'est exactement comme ça que nous sommes perçus : comme les envahisseurs d'une autre planète hockey.

Tous les joueurs étrangers qui jouent dans la LNH pour des équipes américaines doivent obtenir un visa H-1B, qui est remis par le gouvernement américain. Pour que le demandeur puisse obtenir un tel visa, il faut qu'aucun citoyen américain ne soit capable d'accomplir le même travail que lui. C'est exactement ce qui se passe dans la LNH. Du moment qu'ils sont supérieurs aux Canadiens anglais, les joueurs étrangers peuvent jouer dans la LNH. Il n'y a donc pas de place pour les autres catégories de joueurs. Dans la LNH, à talent égal, on choisit un Canadien anglais ou un Américain. C'est ce qu'on désigne comme étant une mesure protectionniste de l'emploi. Une des mesures du protectionnisme qu'utilisent les Canadiens anglais de la Ligue nationale de hockey pour contrer l'envahisseur, c'est la discrimination envers les joueurs étrangers. Nous, les hockeyeurs québécois, c'est exactement ce que nous sommes pour eux : des joueurs d'une autre nation. Le premier ministre du Canada Stephen Harper a raison : il y a vraiment deux nations dans ce pays.

RÉCAPITULATION DES RÉSULTATS

Il est maintenant temps pour moi de récapituler les nombreux faits que j'ai découverts afin de vous brosser le tableau de la situation des francophones qui existait et qui existe encore aujourd'hui dans la LNH.

- Le mythe concernant la grosseur des Québécois francophones est véridique, comme l'a prouvé le professeur Marc Lavoie de l'Université d'Ottawa. Mais on parle ici d'un demi-pouce et de trois livres (1 cm et 1,4 kg) !
- Le mythe concernant le jeu défensif déficient des francophones a été déboulonné par le professeur Marc Lavoie dans son essai intitulé *Désavantage numérique.* Marc Lavoie a analysé et comparé le nombre moyen de buts par partie, par équipe et par ligue junior au Canada. La LHJMQ a été la ligue dans laquelle, à plusieurs reprises, il se comptait le moins de buts par partie.
- Le tableau 4.1 (page 177) prouve que les défenseurs québécois sont ceux qui s'adaptent le plus rapidement au style de jeu de la LNH. De plus, toutes proportions gardées et toutes positions confondues, ce sont eux qui ont eu les meilleurs résultats. Il y a eu près de 51 % des défenseurs québécois francophones qui ont joué plus de 200 matchs, comparativement à 39 % pour les ailiers et les gardiens de but et à 44 % pour les joueurs de centre. Ce fait confirme que les défenseurs québécois francophones sont systématiquement sous-estimés par les équipes de la LNH, à cause des nombreux préjugés véhiculés par les dépisteurs de ces mêmes équipes.
- Le paragraphe «À talent égal, traitement inégal» du chapitre 4 nous apprend que 42 % des Québécois francophones qui ont joué plus de trois saisons (200 matchs) dans la LNH et ont remporté des honneurs individuels. Ce fait prouve hors de tout doute que les Québécois francophones doivent être meilleurs que les autres pour réussir dans la LNH. À talent égal, on choisit un Canadien anglais ou un Américain.
- Tous les faits établis au chapitre 2 prouvent que c'est ici, dans notre province, que, à talent égal, on a choisi un Québécois anglophone.

La conjonction de ces mythes et de ces faits confirme les conclusions des chercheurs universitaires et des sociologues qui, depuis plus de 40 ans, ont étudié la possible discrimination envers les Québécois francophones dans la LNH, à savoir que les francophones devaient démontrer davantage de talent pour y être engagés.

Reconnaître la discrimination et en repérer la source sont des démarches très importantes pour nous tous, car la discrimination est toujours très présente dans la Ligue nationale de hockey des Canadiens anglais.

C'est maintenant aux personnes en autorité d'agir !

Annexes

TABLEAU I

Les joueurs québécois avec le Canadien de Montréal
Nombre de matchs joués par saison

NOM	PRÉNOM	70-71	71-72	72-73	73-74	74-75	75-76	76-77	77-78	78-79	79-80	TOTAL	TOTAL SAISON
		***					***	***	***	***			
Béliveau	Jean	70											1
Cournoyer	Yvan	65	73	67	67	71	60	68	15				8
Tremblay	Jean-Claude	76	76										2
Lemaire	Jacques	78	77	77	66	80	61	75	76	50			9
Tardif	Marc	76	75	76									3
Richard	Henri	75	75	71	75	16							5
Lapointe	Guy	78	69	75	71	80	77	77	49	69	45		10
Houle	Réjean	66	77	72				65	76	66	60		7
Laperrière	Jacques	49	73	57	42								4
Rochefort	Léon	57											1
Savard	Serge	37	23	74	67	80	71	78	77	80	46		10
Charron	Guy	15											1
Bouchard	Pierre	51	60	41	60	79	66	73	59				8
Lafleur	Guy		73	69	73	70	80	80	78	80	74		9
Comeau	Reynald		4										1
Gagnon	Germain		4										1
Vachon	Rogatien	47	1										2
Myre	Philippe	30	9										2
Dejordy	Denis		7										1
Lambert	Yvon			1	60	80	80	79	77	79	77		8
Plasse	Michel			17	15								2
Larocque	Michel				27	25	22	26	30	34	39		7
Tremblay	Mario					63	71	74	56	76	77		6
Mondou	Pierre								71	77	75		3
Larouche	Pierre								44	36	73		3
Lupien	Gilles								46	72	56		3
Gingras	Gaston										34		1
Geoffrion	Daniel										32		1
Dupont	Normand										35		1
Herron	Denis										34		1
Sévigny	Richard										11		1
TOTAL JOUEURS QUÉBÉCOIS FRANCOPHONES		15	16	12	11	10	9	10	13	11	15	122	12,2
TOTAL JOUEURS UTILISÉS		30	28	27	25	26	25	22	27	26	28	264	26,4
MOYENNE ANNUELLE		50%	57%	44%	44%	38%	36%	45%	48%	42%	53%	46%	46%

*** : Coupe Stanley

JOUEURS		DÉCENNIE 1980-1989											TOTAL
NOM	PRÉNOM	80-81	81-82	82-83	83-84	84-85	85-86 ***	86-87	87-88	88-89	89-00	TOTAL	SAISON
Lafleur	Guy	51	66	68	80	19							5
Tremblay	Mario	77	80	80	67	75	56						6
Houle	Réjean	77	51	16									3
Lambert	Yvon	73											1
Larouche	Pierre	61	22										2
Mondou	Pierre	57	73	76	52	67							5
Gingras	Gaston	55	34	22			34	66	2				6
Savard	Serge	77											1
Lapointe	Guy	33	47										2
Picard	Robert	8	62	64	7								4
Carbonneau	Guy	2		77	78	79	80	79	80	79	68		9
Sévigny	Richard	33	19	38	40								4
Larocque	Michel	28											1
Herron	Denis	25	27										2
Delorme	Gilbert		60	78	27								3
Daoust	Daniel			4									1
Hamel	Jean				79								1
Lemieux	Claude				8	1	10	76	78	69	39		7
Baron	Normand				4								1
Gauvreau	Jocelyn				2								1
Momesso	Sergio				1		24	59	53				4
Penney	Steve				4	54	18						3
Roy	Patrick					1	47	46	45	48	54		6
Deblois	Lucien					51	61						2
Boisvert	Serge					14	9	1	5				4
Richer	Stéphane					1	65	57	72	68	51		6
Thibaudeau	Gilles							9	17	32			3
Charbonneau	José							16	9				2
Riendeau	Vincent								1				1
Desjardins	Éric									36	55		2
Dufresne	Donald									13	18		2
Brunet	Benoit									2			1
Lebeau	Stéphane									1	57		2
Lemieux	Jocelyn									1	34		2
Lefebvre	Sylvain										68		1
Daigneault	Jean-Jacques										36		1
Desjardins	Martin										8		1
Racicot	André										1		1
TOTAL JOUEURS QUÉBÉCOIS FRANCOPHONES		14	11	10	13	10	10	8	10	11	12	109	10,9
TOTAL JOUEURS UTILISÉS		30	29	29	41	34	31	29	31	32	34	320	32
MOYENNE ANNUELLE		47 %	38 %	34 %	32 %	29 %	32 %	28 %	32 %	34 %	35 %	34 %	34 %

Les joueurs québécois avec le Canadien de Montréal
Nombre de matchs joués par saison (suite)

NOM	PRÉNOM	90-91	91-92	92-93	93-94	94-95	95-96	96-97	97-98	98-99	99-00	TOTAL	TOTAL SAISON
				***									
Richer	Stéphane	75					63	14					3
Savard	Denis	70	77	63									3
Lebeau	Stéphane	73	77	71	34								4
Carbonneau	Guy	78	72	61	79								4
Desjardins	Éric	62	77	82	84	9							5
Lefebvre	Sylvain	63	69										2
Daigneault	Jean-Jacques	51	79	66	68	45	7						6
Dufresne	Donald	53	3	32									3
Turgeon	Sylvain	19	56										2
Côté	Alain	28	13										2
Brunet	Benoit	17	18	47	71	45	26	39	68	60	50		10
Brisebois	Patrice	10	26	70	53	35	69	49	79	54	54		10
Lebeau	Patrick	2											1
Roberge	Mario	5	20	50	28	9							5
Gauthier	Luc	3											1
Dionne	Gilbert	2	39	75	74	6							5
Roy	Patrick	48	67	62	68	43	22						6
Racicot	André	21	9	26	11								4
Bergeron	Jean-Claude	18											1
Chabot	Frédéric	3		1	1					11			4
Bélanger	Jesse		4	19							16		3
Damphousse	Vincent			84	84	48	80	82	76	65			7
Charron	Éric			3									1
Sévigny	Pierre				43	19		13					3
Brashear	Donald				14	20	67	10					4
Proulx	Christian				7								1
Turgeon	Pierre					15	80	9					3
Racine	Yves					47	25						2
Sarault	Yves					8	14						2
Quintal	Stéphane						68	71	71	82			4
Bureau	Marc						65	43	74				3
Groleau	François						2	5	1				3
Bordeleau	Sébastien						4	28	53				3
Thibault	Jocelyn						40	61	47	10			4
Labrecque	Patrick						2						1
Théodore	José						1	16		18	30		4
Houde	Éric							13	9	8			3
Poulin	Patrick								34	81	82		3
Morissette	Dave								10	1			2
Nasreddine	Alain								8				1
Jomphe	Jean-François								6				1
Blouin	Sylvain								5				1
Delisle	Jonathan								1				1
Bouillon	Francis									74			1
Ribeiro	Mike									19			1
Laflamme	Christian									15			1
Robidas	Stéphane										1		1
TOTAL JOUEURS QUÉBÉCOIS FRANCOPHONES		20	16	16	15	13	16	14	11	14	10	145	14,5
TOTAL JOUEURS UTILISÉS		36	34	34	37	39	40	37	35	40	38	370	37
MOYENNE ANNUELLE		56%	47%	47%	41%	33%	40%	38%	31%	35%	26%	39%	39%

| JOUEURS | | DÉCENNIE 2000-2008 | | | | | | | | | TOTAL |
NOM	PRÉNOM	00-01	01-02	02-03	03-04	05-06	06-07	07-08	08-09	TOTAL	SAISON
Brisebois	Patrice	77	71	73	71			43	62		6
Poulin	Patrick	52	28								2
Brunet	Benoit	35	16								2
Robidas	Stéphane	65	56								2
Landry	Éric	51	2								2
Bouillon	Francis	29	28	20	73	67	62	74	54		8
Traverse	Patrick	19	25	65							3
Delisle	Xavier	14									1
Chouinard	Éric	13									1
Laflamme	Christian	39									1
Descoteaux	Mathieu	5									1
Odjick	Gino	13	36								2
Bélanger	Francis	10									1
Ciccone	Enrico	3									1
Bertrand	Éric	3									1
Ribeiro	Mike	2	43	52	81	79					5
Théodore	José	59	67	57	67	38					5
Garon	Mathieu	11	5	8	19						4
Fichaud	Éric	2									1
Perreault	Yanic		82	73	69						3
Juneau	Joey		82	72	70						3
Quintal	Stéphane		75	67	73						3
Dykhuis	Karl		80								1
Audette	Donald		13	54	23						3
Gratton	Benoit		8		4						2
Fiset	Stéphane		2								1
Michaud	Olivier		1								1
Blouin	Sylvain			17							1
Beauchemin	François			1							1
Dagenais	Pierre				50	32					2
Bégin	Steve				52	76	52	44	42		5
Dandenault	Mathieu					82	68	61	41		4
Ferland	Jonathan					7					1
Côté	Jean-François					8					1
Lapierre	Maxim					1	46	53	79		4
Danis	Yann					6					1
Latendresse	Guillaume						80	73	56		3
Tanguay	Alex								50		1
Laracque	Georges								33		1
Denis	Marc								1		1
TOTAL JOUEURS QUÉBÉCOIS FRANCOPHONES		19	19	12	12	10	5	6	9	92	11,5
TOTAL JOUEURS UTILISÉS		46	40	32	34	32	29	30	34	277	34,6
MOYENNE ANNUELLE		41%	48%	38%	35%	31%	17%	20%	26%	33%	33%

TABLEAU II

Utilisation des joueurs québécois par le Canadien et les Nordiques*

MONTRÉAL				QUÉBEC		
	JOUEUR	SAISON			JOUEUR	SAISON
1	Normand Baron	1983-1984		1	Shawn Anderson	1990-1991
2	Jesse Bélanger	1992-1993		2	Pierre Aubry	1981-1984
3	Jean-Claude Bergeron	1990-1991		3	Joël Baillargeon	1988-1989
4	Serge Boisvert	1985-1986		4	Gilles Bilodeau	1979-1980
5	Donald Brashear	1993-1994		5	Serge Bernier	1979-1981
6	Patrice Brisebois	1991-1995		6	Michel Bolduc	1981-1983
7	Benoit Brunet	1988-1995		7	Daniel Bouchard	1980-1984
8	Guy Carbonneau	1982-1994		8	Mario Brunetta	1987-1990
9	José Charbonneau	1987-1988		9	Stéphane Charbonneau	1991-1992
10	Frédéric Chabot	1990-1999		10	Jacques Cloutier	1990-1992
11	Éric Charron	1992-1993		11	Réal Cloutier	1979-1983
12	**Alain C. Côté**	**1990-1991**		12	Roland Cloutier	1979-1980
13	Jean-Jacques Daigneault	1989-1995		13	René Corbet	1994-1995
14	Vincent Damphousse	1992-1995		14	Alain Côté	1979-1989
15	Dan Daoust	1982-1983		**15**	**Alain C. Côté**	**1993-1994**
16	**Lucien Deblois**	**1984-1986**		16	Richard David	1982-1983
17	**Gilbert Delorme**	**1981-1984**		**17**	**Lucien Deblois**	**1989-1991**
18	Éric Desjardins	1988-1994		**18**	**Gilbert Delorme**	**1985-1986**
19	Martin Desjardins	1989-1990		19	Michel Dion	1979-1980
20	Gilbert Dionne	1990-1994		20	Bobby Dollas	1987-1989
21	Donald Dufresne	1989-1990		21	Gord Donnelly	1983-1989
22	Normand Dupont	1979-1980		22	André Doré	1983-1984
23	Danny Geoffrion	1979-1980		23	Daniel Doré	1989-1990
24	Gaston Gingras	1979-1987		24	Mario Doyon	1989-1990
25	**Jean Hamel**	**1983-1984**		25	Gaétan Duchesne	1987-1989
26	Denis Herron	1979-1982		26	Steve Duchesne	1992-1993
27	Réjean Houle	1979-1983		27	Luc Dufour	1984-1985
28	**Guy Lafleur**	**1979-1985**		28	André Dupont	1980-1983
29	Yvon Lambert	1979-1981		29	Steven Finn	1985-1995
30	Guy Lapointe	1979-1982		30	Stéphane Fiset	1991-1995
31	Michel Larocque	1979-1981		31	Marc Fortier	1987-1992
32	Pierre Larouche	1979-1982		32	Jean-Marc Gaulin	1984-1985
33	Patrick Lebeau	1990-1991		33	Martin Gélinas	1993-1994
34	Stéphan Lebeau	1989-1994		34	Jerry Gillis	1981-1982
35	**Sylvain Lefebvre**	**1989-1992**		35	Mario Gosselin	1985-1989
36	Claude Lemieux	1983-1990		36	Michel Goulet	1979-1990
37	Jocelyn Lemieux	1988-1990		37	Stéphane Guérard	1987-1988

* Les joueurs apparaissant en caractères gras ont joué pour les deux formations.

MONTRÉAL		
	JOUEUR	SAISON
38	Gilles Lupien	1979-1980
39	Sergio Momesso	1985-1988
40	Pierre Mondou	1979-1985
41	Steve Penney	1983-1986
42	**Robert Picard**	**1980-1983**
43	Christian Proulx	1993-1994
44	André Racicot	1990-1992
45	Yves Racine	1994-1995
46	Stéphane Richer	1984-1991
47	Vincent Riendeau	1987-1988
48	Mario Roberge	1990-1995
49	Patrick Roy	1985-1995
50	Yves Sarault	1994-1995
51	Denis Savard	1990-1993
52	Serge Savard	1979-1981
53	Pierre Sévigny	1993-1995
54	**Richard Sévigny**	**1980-1984**
55	Gilles Thibaudeau	1986-1989
56	Mario Tremblay	1979-1986
57	Pierre Turgeon	1994-1995
58	Sylvain Turgeon	1990-1992

QUÉBEC		
	JOUEUR	SAISON
38	**Jean Hamel**	**1981-1983**
39	Alan Haworth	1987-1988
40	Mike Hough	1986-1993
41	Yves Héroux	1986-1987
42	François Lacombe	1979-1980
43	Pierre Lacroix	1979-1982
44	**Guy Lafleur**	**1989-1991**
45	Claude Lapointe	1990-1995
46	Richard Leduc	1979-1981
47	**Sylvain Lefebvre**	**1994-1995**
48	Alain Lemieux	1984-1985
49	Jacques Mailhot	1988-1989
50	Jimmy Mann	1983-1986
51	Mario Marois	1980-1990
52	Tony McKegney	1983-1991
53	Stéphane Morin	1989-1992
54	Michel Petit	1989-1990
55	**Robert Picard**	**1985-1990**
56	Pierre Plante	1979-1980
57	Michel Plasse	1980-1981
58	Daniel Poudrier	1986-1987
59	Serge Roberge	1990-1991
60	Jacques Richard	1079-1983
61	Jean Marc Richard	1987-1990
62	Normand Rochefort	1980-1988
63	Jean-François Sauvé	1983-1987
64	Réginald Savage	1993-1994
65	André Savard	1983-1985
66	**Richard Sévigny**	**1986-1987**
67	Louis Sleigher	1982-1985
68	John Smrke	1979-1980
69	Christian Tanguay	1981-1982
70	Marc Tardif	1979-1983
71	Gaston Therrien	1981-1983
72	Jocelyn Thibault	1993-1994
73	Daniel Vincelette	1989-1991
74	Wally Weir	1979-1984

Liste des abréviations

A : Passes ou mentions d'aide

AMH : Association mondiale de hockey

AUT : Autres ligues de hockey canadiennes

B : Buts

D : Défaites

LHJMQ : Ligue de hockey junior majeur du Québec

LIH : Ligue internationale de hockey

MJ : Matchs joués

MOY : Moyenne de buts accordés ou moyenne au sujet d'un pourcentage

N : Matchs nuls

ONT : Différentes ligues junior de l'Ontario

P : Position des hockeyeurs

PJ : Parties jouées

PTS : Points

PUN : Minutes de punition

REP : Repêchage des joueurs de hockey

É.-U. : Différentes ligues de hockey des États-Unis

V : Victoires

% Q.U. : Pourcentage de Québécois utilisés

U. C. : Université canadienne

Notes

1. MYTKO, Peter. *Le hockey et le développement d'une culture canadienne à la fin du 19ᵉ et au début du 20ᵉ siècle,* Musée McCord d'histoire canadienne, 2002.

2. LAVOIE, Marc. *Désavantage numérique. Les francophones dans la LNH,* Éditions Vents d'Ouest, 1997.

3. LONGLEY, Neil. «The underrepresentation of French Canadians on English Canadian on NHL Teams: Evidence from 1943 to 1998», *Journal of Sports Economics* vol. 1, n° 3, p. 236-256, mars 2001.

4. LESTER, Normand. *Le livre noir du Canada anglais,* Éditions les Intouchables, 2001.

5. Lavoie, *op.cit.* page 18.

6. LADOUCEUR, Albert. « Les Nordiques aidaient la cause des Québécois», *Le Journal de Québec,* 16 novembre 2006.

7. *Que les champions se lèvent.* www.remparts.qc.ca.

8. Lester, *op.cit.* page 38.

9. IMLACH, Punch. *Hockey Is a Battle,* Punch Imlach, Macmillan Company of Canada, 1969.

10. http : //www.ordre-national.gouv.qc.ca.

11. asdequebec.hockeydb.com.

12. MYTKO, *op. cit.* page 12.

13. Lavoie, *op.cit.* page 29.

14. Lavoie, Longley, *op. cit.*

15. Lavoie, *op.cit.* page 51.

16. Lavoie, *op.cit.* page 57.

17. Lavoie, *op.cit.* page 129.

18. Lavoie, *op.cit.* page 130.

Remerciements

Ce livre n'aurait jamais été terminé sans l'appui d'une grande équipe professionnelle aux Éditions de l'Homme. Je remercie mon fils Shawn pour la composition de l'essai sur la *French blue line.* Cela ma servi de motivation tout au long de la rédaction de ce livre. Je veux aussi souligner la collaboration et les précieux conseils de M. Marc Lavoie, professeur en science économique à l'université d'Ottawa, qui a aussi publié deux essais sur la situation des francophones dans la LNH. Ses idées et suggestions m'ont guidé à concevoir plusieurs tableaux. À mon bon ami, André Matteau, je veux tout simplement te dire un grand merci. Notre ami commun, François Vinet, doit être très fier là-haut. À mon associé, Neil Haché : «y é finalement terminé le livre !» Pendant les deux années qu'a duré la rédaction de ce livre, ma conjointe Suzanne rédigeait elle aussi un bouquin intitulé *Les travaux que Bob n'a pas réalisés à la maison depuis deux ans...* Faut que je me trouve un autre livre à écrire !

Table des matières

L'auteur vous invite à consulter le site suivant :

www.lequebecmisenechec.com